Super Visual

すぐに使える タイ語会話

Language Research Associates 編

チャウィウォン・櫻井
吹込：チャックリット・プンパイサンチャイ
　　　シリワン・アティチャートポンスック
日本語吹込：勝田直樹
校正協力：上原みどりこ

UNICOM

はじめに

　海外旅行をする時、「現地の人と、片言でもいいからその国の言葉で話せたらいいな」と思うことはありませんか。それができれば旅の楽しみも倍増しますよね。ちょっと言葉を交わしたことがきっかけで、友情が芽生えたり、観光客が行かないようなスポットを案内してもらえたり、また通り一遍の旅行では得られない経験ができたり、非常事態に出合ってもすんなり解決できたり…。

　片言でもいいから、短時間で話せるようになる方法はないでしょうか。そんな願いに応えるべく開発されたのがこの本です。この本の最大のポイントは、タイ語と日本語の構造をビジュアル的に対比することによって、教科書を丸暗記するようにではなく、文の構造の輪郭がわかった上で会話の練習ができることです。今までとは違った、すばらしい学習効果が期待されること間違いなしです。

　今までの学習法では文の構造を理解するために、まず文法による解説から入らなければなりませんでした。しかしはじめて外国語を学習する時は、文法と聞いただけで拒絶反応を起こす方もたくさんいるでしょう。でもこのスーパー・ビジュアル法なら、細かいことは取り敢えず横に置いておいて、基本的な言葉の枠組みを知ることができるのです。タイ語と日本語はこんな風に違っているのだ、ということがわかれば、後は構文と単語を体に覚えさせればいいわけです。

　本書がタイ語を少しでも速くものにしたいと思う多くの方々のお役にたてれば幸いです。

「スーパー・ビジュアル」って、何？

あなたは、トンパ文字を知っていますか。

トンパ文字とは、中国の雲南省に住むナシ族の人たちが今から1000年ぐらい前の宋の時代から経典として書き留めてきたもので、祈祷や厄除け安全、葬式などに引き継がれてきました。現在では一般には使われていませんが、それでも観光土産物などとして売られているそうです。かわいらしくて、なにかぬくもりがあって、デザイン的にも楽しいトンパ文字とは、どんな言語なのでしょうか。

これを日本語に訳すと…、

私はご飯を食べたい

…となります。と、言われても、これでだけではチンプンカンプンですよね。

しかし、これを次のように整理して、視覚的に配列するとどうでしょう。

(1)	(2)	(3)	(4)
私は ＋	**ご飯を** ＋	**食べ** ＋	**たい**

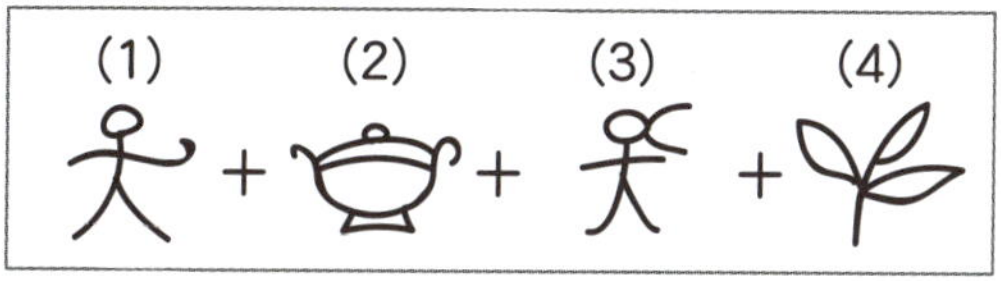

こうすると、なんとなく「🧍＝私は」、「🍲＝ご飯」、「🍴＝食べる」「🌿＝したい」を意味しているらしいことがわかります。

そこで、これをもう少し発展させて、次のようにします。

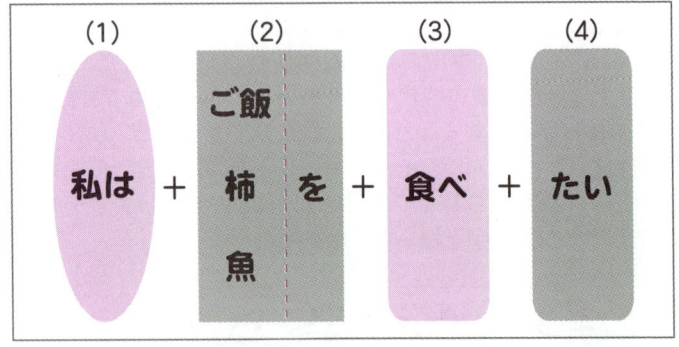

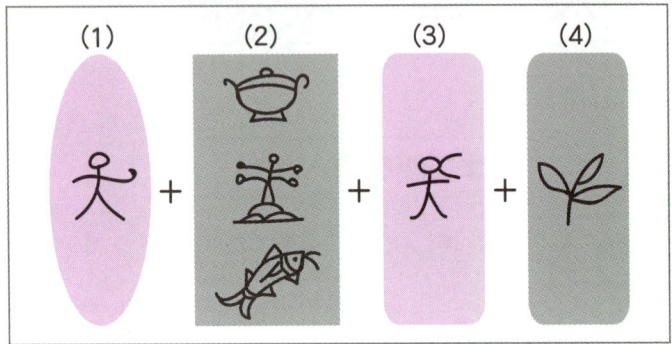

こうしてみると、トンパ語には（1）＋（2）＋（3）＋（4）という基本構造があって、その構造は英語や中国語と違って日本語と似ていることがわかります。次に、（2）の位置の言葉を入れ替えることによって、「私はご飯を食べたい」「私は柿を食べたい」「私は魚を食べたい」という3つの文が成り立っていることもわかります。そこで、（2）に入れる言葉をこの他にももっと増やせば、この表現は単語の数だけ広がっていくというわけです。

このように日本語と外国語を、文の構造を対比させて図解し、外国語の構造を理解するのが**スーパー・ビジュアル法**です。

この方法だとややこしい文法の説明がなくても、何となく見ているだけで、この言葉はこういうつくりなのかとわかります。

　言葉の仕組みがわかった上で学習するのとそうでないのとでは、その学習効果に天と地ほどの差が出てきます。例えば敵陣地を攻略する時、前もって飛行機などで偵察し、敵地の状況を知っていた方が有利でしょう。言葉を覚える時も一緒で、文の構造を把握していれば伸び方が違うのです。

　言葉の仕組みがわかれば、あとはそれに肉付けをするだけ、ひたすら努力あるのみです。付属のCDを繰り返し聞いて、声を出して、体に覚え込ませるしか方法はありません。でも、赤ん坊が何年もかかって言葉を覚えることを思うと、私たちは短期間で効率よく覚えようとするわけですから、ある程度の努力はしょうがないですよね。

本書の構成と学習法

Part 1: 最初の最初、必須表現 45

　この45の必須表現は、旅の最重要表現のエッセンス中のエッセンスです。これだけでも知っているのと、そうでないのとでは、旅の楽しみ方は非常に違ってきます。

　ほとんどが「決まり文句」ですから、すらすら口から出てくるようになるまで練習してください。

Part 2: すぐに使える重要表現 79 と基本単語 1000

　ここでは、海外での旅行・生活で重要となる表現 79 と、その表現に関連した基本単語約 1,000 語を収録しています。

　一つの重要表現を1ユニットとして、2ページ見開きで、タイ語の構造が日本語との対比で視覚的にわかるようにレイアウトされています**（スーパー・ビジュアル法）**。

【学習法】
1：まずタイ語の構造を、日本語との対比で理解しましょう。
2：タイ語の構文を理解したら、テキストを見ながらタイ語の語句の入れ替え練習をしてみましょう。ＣＤを聞き、声を出して練習してください。日本語を見ただけでタイ語がすらすら出てくるようになるまで練習しましょう。
3：語句は料理で言えば材料です。材料がなければ、料理はできませんから、「語句を覚えよう！」でしっかり語句の練習もしましょう。根気よく覚えるのがコツです。
4：「mini 会話」は、各 UNIT で習った表現が実際に使われる場面を想定した会話例です。会話の流れも一緒に練習しましょう。
5：「point」では、日本とタイの文化的な違いなどのコラムを織り交ぜて、表現上の注意などについて解説しています。

Part 3: とっさの時に役立つ単語集 2800

タイに行って「これ、タイ語で何て言うのかな」と思った時などに、アイウエオ順で引ける便利な単語集です。旅のお供にどうぞ。

●ＣＤの録音内容

Part 1 では、左ページの和文とそのタイ語部分が、
Part 2 では、右ページの５つのタイ語文の入れ替え練習
　　　　　　（UNIT82 以降は収録時間の関係で、
　　　　　　全文のみを各１回ずつ読んでいます）と、
　　　　　　「mini 会話」が収録されています。

ＣＤの録音時間：74 分 00 秒

目　次

はじめに --- 2

「スーパー・ビジュアル」って、何？ ------------------------- 3

本書の構成と学習法 -- 5

目次　　-- 7

Part 1　最初の最初、必須表現 45 ------------------------- 11

UNIT 1	タイ語の基本	12
UNIT 2	挨拶	20
UNIT 3	初対面の挨拶	22
UNIT 4	初対面と別れ	24
UNIT 5	重要表現（1）	26
UNIT 6	重要表現（2）	28
UNIT 7	重要表現（3）	30
UNIT 8	買物の時の表現	32
UNIT 9	大変だ！（緊急時の表現）	34
UNIT 10	数字を使った表現	36
UNIT 11	数字と月・曜日の言い方を覚えよう	38

Part 2　すぐに使える重要表現 79 と基本単語 1000 --------- 41

UNIT 12	私は～です／ではありません。	42
UNIT 13	あなたは～ですか。	44
UNIT 14	こちらは～です。	46
UNIT 15	私／私たちは～から来ました。	48
UNIT 16	これ／あれは～ですか。	50

UNIT 17	私は〜を持っています／持っていません。	52
UNIT 18	これは〜です／あれは〜ではありません。	54
UNIT 19	この辺に〜はありますか。	56
UNIT 20	〜はありますか。	58
UNIT 21	私は〜します。	60
UNIT 22	あなたは〜をしますか／しましたか。	62
UNIT 23	私は〜をしません。	64
UNIT 24	〜が欲しいのですが。	66
UNIT 25	〜をしたいのですが。	68
UNIT 26	〜して欲しいです。	70
UNIT 27	〜に行きたいです／行きたくないです。	72
UNIT 28	〜で行きたいです／行きたくないです。	74
UNIT 29	この〜は…行きですか。	76
UNIT 30	〜はいくらですか。	78
UNIT 31	まけてくれませんか。	80
UNIT 32	何時に〜しましょうか。	82
UNIT 33	〜はどこですか。	84
UNIT 34	〜は何人いますか。	86
UNIT 35	〜は何歳ですか。	88
UNIT 36	なぜ〜ですか。	90
UNIT 37	どのくらい〜ですか。	92
UNIT 38	どのくらいかかりますか。	94
UNIT 39	〜は何ですか。	96
UNIT 40	どちらが〜ですか。	98
UNIT 41	どんな〜が好きですか。	100
UNIT 42	〜はいかがですか／いかがでしたか。	102
UNIT 43	〜してくれませんか。	104
UNIT 44	私は〜しなければなりません。	106

UNIT 45	〜を教えてください。	108
UNIT 46	〜しましょう。	110
UNIT 47	どうやって〜するのですか。	112
UNIT 48	どうぞ〜してください。	114
UNIT 49	〜で降ります。	116
UNIT 50	私は〜を探しています。	118
UNIT 51	〜は好きですか。	120
UNIT 52	私は〜が好きです／嫌いです。	122
UNIT 53	〜を見せてください。	124
UNIT 54	〜はありますか。	126
UNIT 55	あなたは〜ができますか。	128
UNIT 56	私は〜ができます／できません。	130
UNIT 57	〜していいですか。	132
UNIT 58	〜しないでください。	134
UNIT 59	〜をお願いします。	136
UNIT 60	〜したいですか。	138
UNIT 61	私は〜です。	140
UNIT 62	あなたはとても〜ですね。	142
UNIT 63	彼／彼女は〜です。	144
UNIT 64	〜ですか。	146
UNIT 65	（天気が）〜ですね。	148
UNIT 66	〜（な天気）になりそうですね。	150
UNIT 67	〜すぎます。	152
UNIT 68	（味が）〜ですね。	154
UNIT 69	すてきな〜ですね。	156
UNIT 70	私は〜するつもりです。	158
UNIT 71	私は〜が痛いです。	160
UNIT 72	私は〜をなくしました。	162

UNIT 73	～が故障しました。	164
UNIT 74	～をありがとうございます。	166
UNIT 75	～してすみません。	168
UNIT 76	すみません、～ですか。	170
UNIT 77	～によろしくお伝えください。	172
UNIT 78	どうぞ～してください。	174
UNIT 79	あなたは～が上手ですね。	176
UNIT 80	～を見てとても感動しました。	178
UNIT 81	～にとても驚きました。	180
UNIT 82	～をとても嬉しく思います。	182
UNIT 83	～は楽しかったですか。	184
UNIT 84	～をしたことがありますか。	186
UNIT 85	私は～に興味があります／ありません。	188
UNIT 86	私はきっと～だと思います。	190
UNIT 87	あなたは～についてどう思いますか。	192
UNIT 88	～はどういう意味ですか。	194
UNIT 89	～をご存知ですか。	196
UNIT 90	～を助言してくださいませんか。	198

Part 3　とっさの時に役立つ単語集 2800 ………201

Part 1

最初の最初、必須表現 45

UNIT 1
CD-1

● これだけは覚えておこう
タイ語の基本

1. タイ語の基本的な構造

タイ文字には 44 の子音と 28 の母音、また 4 種類の声調符号があります。単語はそれぞれ母音、子音 (**頭子音**と**末子音**、右ページ参照)、そして声調符号の組み合わせでできていますが、末子音と声調符号がない単語もあります。

単語のしくみ

(1) 頭子音＋母音＋声調符号

(例)		頭子音	母音	声調符号
แม่	(メー)「母」	ม (マ)	แ (エー)	○́ (マイ・エーク)
ห้า	(ハー)「5」	ห (ハ)	า (アー)	○̌ (マイ・トー)

(2) 頭子音＋母音＋末子音＋声調符号

(例)		頭子音	母音	末子音	声調符号
ช้าง	(チャーンg)「象」	ช (チャ)	า (アー)	ง (ŋ)	○̌ (マイ・トー)
ลิ้น	(リン)「舌」	ล (ラ)	ิ (イ)	น (ン)	○̌ (マイ・トー)

(3) 声調符号がない単語

(例)		頭子音	母音	末子音	声調符号
เรือ	(ルーア)「船」	ร (ラ)	เ◯ือ (ウーア)	ー	ー
เขียน	(キーアン)「書く」	ข (カ)	เ◯ีย (イーア)	น (ン)	ー

＊ 実際に聞こえる音に近いふりがなをふってはありますが、カタカナでの厳密な表記は不可能なので、それぞれ CD で確認してください。

2．タイ文字と声調符号

● **44 字の子音**　タイ語の 44 の **พยัญชนะ**（パヤンチャナ）「子音字」には、日本語の「いろは」のように文字の伝統的な順番があり、小さい子どもに字を覚えさせるための、**ก.ไก่ ข.ไข่**（ゴー・ガイ コー・カイ）「ゴーは鶏、コーは卵」という字並べ歌や絵本もあります。子音字はそれぞれの発音の高低によって**高子音字・中子音字・低子音字**に分類されています。

なお一部の子音字には、**頭子音**と**末子音**という 2 つの働きがあります。単語の基本的なつくり「子音＋母音＋子音」のメインになっている最初の子音が頭子音で、例えば **ช้าง**（チャーング）「象」では "**ช**" になります。末子音の代表的なものは **ด ก บ ม น ง** で、母音を発音した後、それぞれ「ト」「ク」「プ」「ム」「ン」「ング」の口の形で発音をしないようにします。CD を聞きながら発音練習をして慣れておきましょう。タイ語には日本語にない発音が多いので、カタカナへの完全な置き換えは不可能ですが、なるべく本当の発音に近い表記にするため、本書では小さく薄い色（本文と point では黒のまま）で示しています。

代表的な末子音

oo ด	（だ行）	「ooト」または「ooット」
oo ก	（が行）	「ooク」または「ooック」
oo บ	（ば行）	「ooプ」または「ooップ」
oo ม	（ま行）	「ooム」
oo น	（な行）	「ooン」
oo ง	（が行）	「ooング」

子音の発音

(1) อักษรสูง (アックソーン・スーング)「高子音字」

高子音字	頭子音	(例)			末子音	(例)		
ข *1	か行	ขา	(カー)	「脚」	○○ク	สุข	(スック)	「幸せ」
ฉ	ちゃ行	ฉัน	(チャン)	「私」	—			
ฐ	た行	ฐาน	(ターン)	「基礎」	○○ト	รัฐ	(ラット)	「国家」
ถ		ถิ่น	(ティン)	「地元」		รถ	(ロット)	「車」
ผ	ぱ行	ผ้า	(パー)	「布」	—			
ฝ	ふぁ行	ไฝ	(ファイ)	「ほくろ」	—			
ศ	さ行	ศาล	(サーン)	「裁判所」	○○ト	เลิศ	(ルォート)	「立派」
ษ		บริษัท	(ボリサット)	「会社」		เศษ	(セート)	「かけら」
ส		เสือ	(スーア)	「虎」		ทาส	(タート)	「奴隷」
ห	は行	ให้	(ハイ)	「あげる」	—			

(2) อักษรกลาง (アックソーン・グラーング)「中子音字」

中子音字	頭子音	(例)			末子音	(例)		
ก *1	か行	กิน	(ギン)	「食べる」	○○ク	มาก	(マーク)	「たくさん」
จ *3	じゃ行	ใจ	(ジャイ)	「心」	○○ト	อาจ	(アート)	「多分」
ฎ	だ行	ฎีกา	(ディーガー)	「訴状」	○○ト	กฎ	(ゴット)	「規則」
ฏ	た行	ปฏิบัติ	(パティバット)	「遂行」	○○ト	ป่าชัฏ	(パーチャット)	「密林」
ด	だ行	ด้าน	(ダーン)	「側面」	○○ト	กด	(ゴット)	「抑える」
ต	た行	เต่า	(タウ)	「亀」	○○ト	ทูต	(トゥート)	「大使」
บ	ば行	บ้าน	(バーン)	「家」	○○プ	ดาบ	(ダープ)	「刀」
ป	ぱ行	ปาก	(パーク)	「口」	○○プ	บาป	(バープ)	「罪」
อ	あ行	อ่าน	(アーン)	「読む」	—			

* それぞれの語の和訳は参考程度のものなので、詳しくは巻末の単語集をご活用ください。

（3）อักษรต่ำ (アックソーン・タム)「低子音字」

低子音字	頭子音	(例)			末子音	(例)		
ค*1, (ฅ)	か行	คน	(コン)	「人」	○○ク	นาค	(ナーク)	「龍」
ง*2	が行	งาม	(ガーム)	「美しい」	○○ング	วัง	(ワング)	「宮殿」
ช, (ฌ)	ちゃ行	ช้าง	(チャーング)	「象」	○○ト	ราช	(ラート)	「国王の」
ซ	さ行	โซ่	(ソー)	「鎖」	—			
ญ, ย	や行	ยาก	(ヤーク)	「難しい」	*4 ○○イ	ซ้าย	(サーイ)	「左」
ฑ, (ฒ), ท, ธ	た行	ทาง	(ターング)	「道」	○○ト	บาท	(バート)	「バーツ」
(ณ), น	な行	นาย	(ナーイ)	「ボス」	○○ン	นั้น	(ナン)	「それ」
พ, ภ	ぱ行	เพื่อน	(プーアン)	「友達」	○○プ	ภาพ	(パープ)	「絵」
ฟ	ふぁ行	ฟัน	(ファン)	「歯」	—			
ม	ま行	ม้า	(マー)	「馬」	○○ム	ถาม	(ターム)	「質問する」
ร, ล, (ฬ)	ら行	เรือ	(ルーア)	「船」	○○ン	หาร	(ハーン)	「割り算」
ว	わ行	ไหว้	(ワーイ)	「合掌」	*4 ○○ウ	ดาว	(ダーウ)	「星」
(ฮ)	は行	นกฮูก	(ノックフーク)	「ふくろう」	—			

*1：ก は ข と ค と区別をつけるために「が行」で表記しています。例えば、กิน (ギン)「食べる」は日本語の"銀"と同じように発音します。

*2：ง は ก と同じように「が行」で表記していますが、例えば งาม (ガーム)「美しい」は、日本語の"拝む"の"が"と同じように発音します。

*3：จ は「じゃ行」で表記し、例えば ใจ (ジャイ)「心」は、日本語の"ジャイアンツ"の"ジャイ"と同じように発音します。

*4：末子音でも音声的に母音に近いものは、そのまま発音します。

* ( ) 内のタイ文字は、主に仏教とともにタイ語に導入されたインド語系統のパリー・サンスクリット語を書く時に使うもので、人名や場所名の他には日常生活にあまり出てこない文字です。

● **28組の母音**　タイ語の母音は子音の前後・上下につけて意味を持たせる役目があり、形や組み合わせによって1つの音を持つ**単母音**、2つの単母音の組み合わせでできた**複合母音**、それらに属さない独立した**余剰母音**の3つのグループにわかれ、更に発音によってそれぞれ音が短い**短音母音**と、音をのばす**長音母音**にわけられています。では例を見てみましょう。次の表は"ก"、"ร"、"ด"を子音の代表として、各母音と組み合わせて表示しています。

母音の種類と発音

(1) สระแท้ (サラテェー)「単母音」

短音	発音	子音+短母音		長音	発音	子音+長母音	
◌ะ	ア	กะ	(ガ)	◌า	アー	กา	(ガー)
◌ิ	イ	กิ	(ギ)	◌ี	イー	กี	(ギー)
◌ึ	ウ	กึ	(グ)	◌ื	ウー	กื	(グー)
◌ุ	ウ	กุ	(グ)	◌ู	ウー	กู	(グー)
เ◌ะ	エ	เกะ	(ゲ)	เ◌	エー	เก	(ゲー)
แ◌ะ	エ	แกะ	(ゲ)	แ◌	エー	แก	(ゲー)
โ◌ะ	オ	โกะ	(ゴ)	โ◌	オー	โก	(ゴー)
เาะ	オ	เกาะ	(ゴ)	◌อ	オー	กอ	(ゴー)
เ◌อะ	ウ	เกอะ	(グ)	เ◌อ	ウー	เกอ	(グー)

(2) สระประสม (サラプラソム)「複合母音」

短音	発音	子音+複合母音		長音	発音	子音+複合母音	
เ◌ียะ	イア	เรียะ	(リア)	เ◌ีย	ィーア	เรีย	(リーア)
เ◌ือะ	ウア	เรือะ	(ルア)	เ◌ือ	ゥーア	เรือ	(ルーア)
◌ัวะ	オア	รัวะ	(ルア)	◌ัว	オーア	รัว	(ローア)

（3）สระเกิน (サラグーン)「余剰母音」

余剰母音	発音	子音＋余剰母音	余剰母音	発音	子音＋余剰母音
○ำ	アム	ดำ (ダム)	ใ○	アイ	ใด (ダイ)
ไ○	アイ	ได (ダイ)	เ○า	アウ	เดา (ダウ)
ฤ	ル	พฤหัส (パルハッ)	(ฤๅ)	ルー	普段使われていない

●5段の声調と4つの声調符号　タイ語の特徴の1つは、各音節に発音の高低を示す **วรรณยุกต์** (ワンナユック)「声調符号」をふって初めて意味を持つ単語になるという点です。**เสียง** (スィーアエング)「声調」を徹底的にマスターするには専門的な学習と発声訓練が必要なので、ここでは参考程度に紹介しておきます。

5段の声調

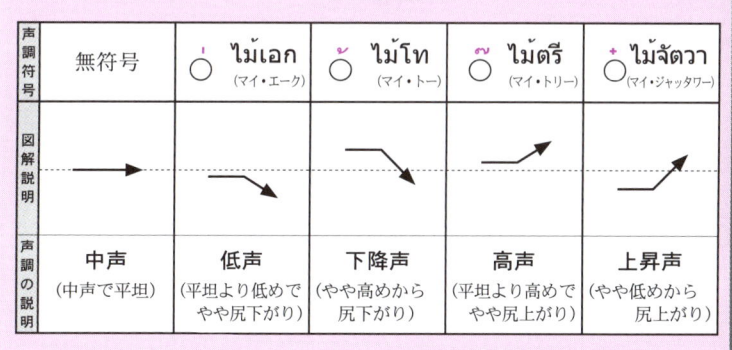

声調符号	無符号	◌่ ไม้เอก (マイ・エーク)	◌้ ไม้โท (マイ・トー)	◌๊ ไม้ตรี (マイ・トリー)	◌๋ ไม้จัตวา (マイ・ジャッタワー)
図解説明	→	↘	↘	↗	↗
声調の説明	中声 (中声で平坦)	低声 (平坦より低めでやや尻下がり)	下降声 (やや高めから尻下がり)	高声 (平坦より高めでやや尻上がり)	上昇声 (やや低めから尻上がり)

発音の例

声調符号	無符号	◌̀ ไม้เอก (マイ・エーク)	◌̂ ไม้โท (マイ・トー)	◌́ ไม้ตรี (マイ・トリー)	◌̊ ไม้จัตวา (マイ・ジャッタワー)
高子音字	ขา (カー) 上昇声	ข่า (カー) 低声	ข้า (カー) 下降声	―	―
中子音字	กา (ガー) 中声	ก่า (ガー) 低声	ก้า (ガー) 下降声	ก๊า (ガー) 高声	ก๋า (ガー) 上昇声
低子音字	คา (カー) 中声	ค่า (カー) 下降声	ค้า (カー) 高声	―	―

3．タイ語と日本語の違い

タイ語と日本語では構造がだいぶ違います。タイ語には助詞がないため、語順が重要になります。どんな順番で語を置くかによって、意味が違ってしまうのです。

● **タイ語の語順**　日本語と語順が大きく違うのは、名詞・動詞などを修飾する語が後ろにくることです。その他にもいろいろありますが、代表的なものを見てみましょう。

（1）基本的な語順（主語＋述語＋目的語）

เขา(カウ)「彼」 ＋ **กิน**(ギン)「食べる」 ＋ **ข้าว**(カーウ)「ご飯」 ＝ **เขากินข้าว** 彼はご飯を食べる

（2）修飾語は後ろに来る（名詞＋形容詞）

คน(コン)「人」 ＋ **สวย**(スーアイ)「きれい」 ＝ **คนสวย** きれいな人

(3) 否定形の表現 （主語＋否定句＋述語）

ผม (ポム)「僕」 ＋ ไม่ (マイ)「～ない」 ＋ ไป (パイ)「行く」 ＝ ผมไม่ไป 僕は行かない

(4) 未来形の表現 （主語＋未来形を表す句＋述語）

ผม (ポム)「僕」 ＋ จะ (ジャ)「～しようとする」 ＋ ไป (パイ)「行く」 ＝ ผมจะไป 僕は行きます

(5) 過去形の表現 （主語＋述語＋過去形を表す句）

ร้าน (ラーン)「店」 ＋ ปิด (ピット)「閉まる」 ＋ แล้ว (レーウ)「～した」 ＝ ร้านปิดแล้ว 店はもう閉まった

● **男性言葉・女性言葉** 「私は」にあたる一人称の主語と、文末の語が男女によって変わります。

＊この本では、男女で表現が変わる箇所は "男性形/女性形" のように表示しています。

男性： ผม (ポム)「僕」 ＋ สมชาย (ソムチャーイ)「ソムチャーイ」 ＋ ครับ (クラップ)「です」 ＝ ผมสมชายครับ 僕はソムチャーイです

女性： ดิฉัน (ディチャン)「私」 ＋ ดารณี (ダラニー)「ダラニー」 ＋ ค่ะ (カ)「です」 ＝ ดิฉันดารณีค่ะ 私はダラニーです

＊ ครับ/ค่ะ （クラップ/カ）「です」、ครับ/คะ （クラップ/カ）「ですか」はつけなくても意味が通じますが、つけた方が丁寧で正式なかたちなので、この本ではすべてつけています。

★タイ文字や文法の基本をくわしく勉強されたい方は、当社刊行の『キーワードで覚える！やさしいタイ語会話』でご学習なさることをお勧めします。

UNIT 2 挨拶
CD-2

| こんにちは。 | สวัสดีครับ/ค่ะ
サワッディー・クラップ/カ |

| おはよう
　　ございます。 | สวัสดีครับ/ค่ะ
サワッディー・クラップ/カ |

| お元気ですか。 | สบายดีหรือครับ/คะ
サバーイディー・ルー・クラップ/カ |

| お陰様で、
　　元気です。 | สบายดีครับ/ค่ะ ขอบคุณ
サバーイディー・クラップ/カ　コープクン |

| さようなら。 | ลาละครับ/ค่ะ สวัสดี
ラー・ラ・クラップ/カ　サワッディー |

20

▶ タイでは一日中 สวัสดีครับ/ค่ะ (サワッディー・クラップ/カ) の挨拶を使えます。それに ไหว้ (ワーイ)「合掌」と微笑みを加えれば完璧でしょう。สวัสดี (サワッディー) の本来の意味は「幸福・平安」なので、その気持ちを込めて挨拶しましょう。新年の挨拶は สวัสดีปีใหม่ (サワッディー・ピー・マイ) と言います。

▶ タイ人の挨拶は、言葉よりも合掌や微笑みで相手に対する気持ちを表すのが普通です。現在、挨拶の基本になっている สวัสดี (サワッディー) も、70年位前のラジオ放送開始とともにつくられた、わりと新しい言葉です。最近では Hi! など欧米人のような挨拶をする人もいますが、やはり ไหว้ (ワーイ)「合掌」が基本です。

▶ 誰かに会った時「お元気ですか」と挨拶するのは基本ですが、タイ人は出会った人によく ไปไหนมาครับ/ค่ะ (パイ・ナイ・マー・クラップ/カ)「どこへ行ってきたのですか」とか、ทานข้าวหรือยังครับ/ค่ะ (ターン・カーウ・ルー・ヤング・クラップ/カ)「ご飯は食べましたか」と聞きます。その程度ならプライバシー侵害になるわけではないので、これらの表現も使ってみたらいかがでしょう。

▶ 日本語の「お陰様で」を直訳するタイ語はありませんが、それに相当する言葉に ขอบคุณ (コープクン)「感謝」という表現があります。「お元気ですか」と挨拶されたら、สบายดีครับ/ค่ะ (サバーイディー・クラップ/カ)「元気です」に ขอบคุณ (コープクン) を加えて「元気です、ありがとう (お陰様で)」と答えるといいでしょう。

▶ โชคดีนะครับ/ค่ะ (チョークディー・ナ・クラップ/カ)「幸運を祈ります」という表現もよく使います。親しい人には、ไปละนะ (パイ・ラナ)「行くよ」と言ってもOKです。ลาก่อน (ラー・ゴーン) という言い方もありますが、日本語の「おいとまします」に近いややかたい表現です。また、ลาละครับ/ค่ะ (ラー・ラ・クラップ/カ) と言われた時は、同じ言葉を繰り返さずに โชคดีนะครับ/ค่ะ (チョークディー・ナ・クラップ/カ) と返すか、ไหว้ (ワーイ)「合掌」で受けましょう。

UNIT 3　初対面の挨拶
CD-3

はじめまして。	**สวัสดีครับ/ค่ะ** サワッディー・クラップ/カ
お名前は？	**คุณชื่ออะไรครับ/คะ** クン・チュー・アライ・クラップ/カ
私は 佐藤 です。	**ผม/ดิฉัน ซาโต้ ครับ/ค่ะ** ポム/ディチャン・サートー・クラップ/カ
はじめまして、よろしく。	**ยินดีที่ได้พบกันครับ/ค่ะ** インディー・ティー・ダーイ・ポップ・ガン・クラップ/カ
こちらこそ、よろしく。	**เช่นกันครับ/ค่ะ** チェンガン・クラップ/カ

＊ ☐ の名詞は場面に応じて入れ換えましょう。

▶ タイ語には日本語の「はじめまして」に相当する言葉はありません。その代わり、一日中使える便利な挨拶の言葉、สวัสดีครับ/ค่ะ (サワッディー・クラップ/カ)「こんにちは」が初対面の挨拶としても使えます。สวัสดีครับ/ค่ะ に ไหว้ (ワーイ)「合掌」を添えると完璧です。

▶ タイ人は初対面の時の礼儀として、相手の名前や年齢などプライベートなことを直接聞かないので、このように言う機会はまずないかもしれません。誰かに出会ったらまず、สวัสดีครับ/ค่ะ (サワッディー・クラップ/カ)「はじめまして (こんにちは)」と ไหว้ (ワーイ)「合掌」で挨拶し、次の項目のように自分から名乗ります。

▶ 相手が先に名乗ったらこのように自分の名前を言って、握手か ไหว้ (ワーイ)「合掌」で挨拶します。自分の名前を相手に言う時に日本人は苗字を言いますが、タイ人は ผมสมชายครับ (ポム・ソムチャーイ・クラップ)「僕はソムチャーイです」、ดิฉันสุมาลีค่ะ (ディチャン・スマリー・カ)「私はスマリーです」というように、名前 (ファーストネーム) を名乗るのが一般的です。

▶ 直訳すると「あなたにお会いできて嬉しいです」になります。フォーマルな場で第三者に紹介された時は、相手にこのように言いながら握手を求めるか ไหว้ (ワーイ)「合掌」を交わします。もっと正式に言いたい場合は、รู้สึกเป็นเกียรติที่ได้พบคุณครับ/ค่ะ (ルースック・ペン・キーアト・ティー・ダーイ・ポップ・クン・クラップ/カ)「あなたにお会いできて光栄に感じております」という表現もあります。

▶ ยินดีที่ได้พบกันครับ/ค่ะ (インディー・ティー・ダーイ・ポップ・ガン・クラップ/カ)「お会いできて嬉しいです (はじめまして)」と挨拶された時は、เช่นกันครับ/ค่ะ (チェンガン・クラップ/カ)「こちらこそ」と言って ไหว้ (ワーイ)「合掌」をすれば OK です。

UNIT 4 初対面と別れ
CD-4

お会いできて よかったです。	ดีใจมากครับ/ค่ะที่ได้พบคุณ
	ディージャイ・マーク・クラップ/カ・ティー・ダーイ・ポップ・クン

こちらこそ。	เช่นกันครับ/ค่ะ
	チェンガン・クラップ/カ

また会いましょう。	หวังว่าจะได้พบกันอีกนะครับ/คะ
	ワング・ワー・ジャ・ダーイ・ポップ・ガン・イーク・ナ・クラップ/カ

ソムチャーイさん によろしく。	ฝากสวัสดี คุณสมชาย ด้วยนะครับ/คะ
	ファーク・サワッディー・クン・ソムチャーイ・ドゥーアイ・ナ・クラップ/カ

楽しい ご旅行を！	เที่ยวให้สนุกนะครับ/คะ
	ティーアウ・ハイ・サヌック・ナ・クラップ/カ

▶ 直訳は「あなたに会えてとても嬉しかった」です。初対面の挨拶、**ยินดีที่ได้พบกัน**ครับ/ค่ะ (インディー・ティー・ダーイ・ポップ・ガン・クラップ/カ)「お会いできて嬉しいです (はじめまして)」とよく似ていますが、"その場で知り合って親しみを感じた"というニュアンスの別れの挨拶です。混乱しないようにしましょう。

▶ 本来の意味は「僕／私も同感です」で、「こちらこそ」という挨拶の時だけでなく、相手と同感だという気持ちを表す言い方として、会話中でもよく使われます。

▶ 旅先で世話になった人などと別れる時には、この表現を使って再会を望んでいる気持ちを伝えましょう。いつも会っている親しい人には、**แล้วเจอกันนะ** (レーウ・ジュ・ガン・ナ)「またね」だけで大丈夫です。

▶ "知っているけれどなかなか会えない人に、代わりに **สวัสดี** (サワッディー)と挨拶してくださいね"という意味合いになります。会ったこともないのに **ฝากสวัสดีภรรยาคุณด้วยนะครับ** (ファーク・サワッディー・パンラヤー・クン・ドゥーアイ・ナ・クラップ)「奥様によろしく」なんて言ったら、「いつ妻と会ったの？」とよからぬ疑いをかけられるかもしれません。日本と少し使い方が違うので注意しましょう。

▶ これから旅行に出かける人に言う表現で、「楽しい旅行をしてきてくださいね」という意味です。こう言われたら、**ขอบคุณ**ครับ/ค่ะ (コープクン・クラップ/カ)「どうもありがとう」と答えるのが普通ですが、**แล้วจะเที่ยวเผื่อ**ครับ/ค่ะ (レーウ・ジャ・ティーアウ・プーア・クラップ/カ)「あなたの分も楽しんできますよ」などと加えると、よりタイ人らしくなります。

25

UNIT 5 重要表現（1）

CD-5

ありがとう。	ขอบคุณครับ/ค่ะ
	コープクン・クラップ/カ

どういたしまして。	ไม่เป็นไรครับ/ค่ะ
	マイ・ペンライ・クラップ/カ

コーヒーをお願いします。	ขอ กาแฟ ครับ/ค่ะ
	コー・ガーフェー・クラップ/カ

ちょっとすみませんが。	ขอโทษครับ/ค่ะ
	コートート・クラップ/カ

大丈夫です。	ไม่เป็นไรครับ/ค่ะ
	マイ・ペンライ・クラップ/カ

▶ 日常生活で本当によく使う表現です。必ず覚えて、あらゆる場面の会話で、相手に感謝の気持ちを込めて使いましょう。また、その感謝を強調したい場合は ขอบคุณมากครับ/ค่ะ (コープクン・マーク・クラップ/カ)「どうもありがとうございます」と言い、丁寧な ไหว้ (ワーイ)「合掌」を忘れずに。

▶ ขอบคุณครับ/ค่ะ (コープクン・クラップ/カ)「ありがとう」、または ขอบคุณมากครับ/ค่ะ (コープクン・マーク・クラップ/カ)「どうもありがとうございます」と言われた時、このように返します。「ありがとう」とともに日常会話でよく使われる表現なので、セットで覚えておきましょう。

▶ ขอ〇〇〇ครับ/ค่ะ (コー・〇〇〇・クラップ/カ)「〇〇〇をお願いします」は、欲しいものを求める時に大変便利な表現です。ビールが飲みたい時は 〇〇〇 に เบียร์「ビール」を入れて、ขอเบียร์ครับ/ค่ะ (コー・ビーア・クラップ/カ)にします。日本語の「コーヒー」の発音は、やや卑猥な意味のタイ語とほぼ同音なので、コーヒーを飲みたい時は กาแฟ (ガーフェー) と発音するように気をつけましょう。

▶ タイへの旅行中、日本と違った習慣や考え方に戸惑うことも多いでしょう。そんな時は何かと人に聞かないといけないかもしれません。いきなり質問をする前には、ขอโทษครับ/ค่ะ (コートート・クラップ/カ) と呼びかけるのがエチケットで、そうすることで相手の対応もよりフレンドリーになるはずです。

▶ 転ぶなど、相手がちょっとした事故にあった時には、เป็นอะไรหรือเปล่าครับ/ค่ะ (ペン・アライ・ルー・プラーウ・クラップ/カ)「大丈夫ですか」と聞いてあげましょう。相当ひどい状態を除いて、たいていのタイ人は「大丈夫です」と答えます。これはマイペンライ精神 (UNIT64 の point 参照) といって、タイ人の国民性によるものです。

UNIT 6 重要表現（2）

はい。	ครับ/ค่ะ クラップ/カ
いいえ。	ไม่ใช่ครับ/ค่ะ マイ・チャイ・クラップ/カ
知りません。	ไม่ทราบครับ/ค่ะ マイ・サープ・クラップ/カ
知っています。	ทราบแล้วครับ/ค่ะ サープ・レーウ・クラップ/カ
もしもし。（電話）	ฮัลโหล ハロー

▶ タイ語ではフランス語などと違って単語には性別はありませんが、話し言葉では「はい」などの返事と話の区切りに、男性は ครับ (クラップ)、女性は ค่ะ (カ) をつけます。でも手紙や公式な書類などの文書にはつけないのが普通です。自分のことを言う時には、男性は ผม (ポム)「僕は」、女性は ดิฉัน (ディチャン)「私は」となります。

▶ 直訳すると「いいえ、違います」に相当します。タイ語には日本語の「いいえ」や英語の No. などのような単独の否定の返事がありません。「いいえ」は ไม่ (マイ) と訳しますが、ไม่ (マイ) だけでは質問に対する完全な返事になりません。例えば、ไปไหม (パイ・マイ)「行く？」には ไม่ไป (マイ・パイ)「行かない」、ง่วงไหม (グアング・マイ)「眠い？」には ไม่ง่วง (マイ・グアング)「眠くない」のように返事をするのです。

▶ บ้านคุณสมชายอยู่ที่ไหนครับ/คะ (バーン・クン・ソムチャーイ・ユー・ティーナイ・クラップ/カ)「ソムチャーイさんの家はどこですか」と、場所などを聞かれて知らない場合はこのように答えますが、รู้จักคุณสมชายไหมครับ/คะ (ルージャック・クン・ソムチャーイ・マイ・クラップ/カ)「ソムチャーイさんのことを知っていますか」のように、人のことを聞かれて知らない場合は ไม่รู้จักครับ/ค่ะ (マイ・ルージャック・クラップ/カ) と言います。

▶ 相手が言っていることを既に知っている場合の言い方です。親しい人には少しくだけた รู้แล้วครับ/คะ (ルー・レーウ・クラップ/カ) を使います。しかし、人のことを知っているという意味では รู้จัก (ルージャック) という言葉を使い、ผม/ดิฉันรู้จักคุณสมชายดีครับ/ค่ะ (ポム/ディチャン・ルージャック・クン・ソムチャーイ・ディー・クラップ/カ)「私はソムチャーイさんのことをよく知っています」というように言います。

▶ 電話がつながったらまずこのように言って、ขอเรียนสายกับคุณสมชายครับ/คะ (コー・リアンサーイ・ガップ・クン・ソムチャーイ・クラップ/カ)「ソムチャーイさんをお願いします」というように続けます。間違い電話をかけてしまったら、ต่อผิด ขอโทษครับ/คะ (トー・ピット コートート・クラップ/カ)「かけ間違えました。すみません」と謝りましょう。

29

UNIT 7　重要表現（3）
CD-7

ちょっと待ってください。	กรุณารอสักครู่ครับ/ค่ะ ガルナー・ロー・サック・クルー・クラップ/カ
トイレはどこですか。	ห้องน้ำอยู่ไหนครับ/คะ ホング・ナーム・ユー・ナイ・クラップ/カ
英語は話せますか。	พูดภาษาอังกฤษได้ไหมครับ/คะ プート・パーサー・アングリット・ダーイ・マイ・クラップ/カ
タイ語はわかりません。	ผม/ดิฉันฟังภาษาไทย ポム/ディチャン・ファング・パーサー・タイ ไม่เข้าใจครับ/ค่ะ マイ・カウジャイ・クラップ/カ
タイ語は話せません。	ผม/ดิฉันพูดภาษาไทย ポム/ディチャン・プート・パーサー・タイ・ ไม่ได้ครับ/ค่ะ マイ・ダーイ・クラップ/カ

▶ 親しい人には **รอเดี๋ยว**ครับ/ค่ะ (ロー・ディーアウ・クラップ/カ)「ちょっと待って」と言うだけで大丈夫です。**ขอเวลานิดหนึ่งได้ไหม**ครับ/ค่ะ (コー・ウェーラー・ニット・ヌング・ダーイ・マイ・クラップ/カ)「ちょっと時間をください」という表現も使います。

▶ **ห้องน้ำ** (ホング・ナーム) は「トイレ」という意味で、**ห้อง** (ホング)「部屋」と **น้ำ** (ナーム)「水」からできた語です。「トイレ」を表す語には、他に **ห้องสุขา** (ホング・スカー)「安らぎの部屋(=直訳)」、**ห้องส้วม** (ホング・スーアム) などもありますが、後者は「便所」に当たる言葉なので正式の場ではあまり使わない方がいいでしょう。

▶ 答は **พูดได้**ครับ/ค่ะ (プート・ダーイ・クラップ/カ)「話せます」、**พูดได้นิดหน่อย**ครับ/ค่ะ (プート・ダーイ・ニットノイ・クラップ/カ)「少し話せます」、または **พูดไม่ได้**ครับ/ค่ะ (プート・マイ・ダーイ・クラップ/カ)「話せません」などと言います。

▶ 日本人がタイに行った場合、特に中国系タイ人とは顔立ちがよく似ているので、現地の人からタイ語で話しかけられることがあるかもしれません。そんな時は **ขอโทษ**ครับ/ค่ะ (コートート・クラップ/カ)「すみません」と言ってさえぎり、この表現を使ってみましょう。

▶ タイ語を聞いてもわからないし話すこともできない、英語も片言しか話せないという場合、あせってしまいますね。そんな時はこの表現を使った後で、**มีใครพูดญี่ปุ่นได้บ้างไหม**ครับ/ค่ะ (ミー・クライ・プート・イープン・ダーイ・バーング・マイ・クラップ/カ)「誰か日本語を話せる人はいませんか」と助けを求めてみましょう。

UNIT 8 買物の時の表現
CD-8

いくらですか。	**เท่าไรครับ/คะ** タウライ・クラップ/カ
高いよ。	**แพงจังเลย** ペーング・ジャング・ルーイ
安いね。	**ถูกจังเลย** トゥーク・ジャング・ルーイ
これをください。	**เอาอันนี้ครับ/ค่ะ** アウ・アンニー・クラップ/カ
いりません。	**ไม่เอาครับ/ค่ะ** マイ・アウ・クラップ/カ

▶ 買物をする時は買いたいものを指差して **อันนี้ (อันนั้น/อันโน้น) เท่าไร**ครับ/คะ (アンニー (アンナン/アンノーン)・タウライ・クラップ/カ)「これ (それ/あれ) はいくらですか」と聞きましょう。たくさんまとめて買った場合は **ทั้งหมดเท่าไร**ครับ/คะ (タング・モット・タウライ・クラップ/カ)「全部でいくらですか」と言って計算してもらいましょう。

▶ **แพง** (ペーング) は「値段が高い」という意味です。高いと思ったら **ลดให้หน่อยซิ**ครับ/คะ (ロット・ハイ・ノイ・スィ・クラップ/カ)「まけてください」と言って、交渉してみるといい買物ができるかもしれません。ただし、デパートなどでは値段が決まっているので、値切りを楽しむのはサンデーマーケットくらいにしておきましょう。

▶ タイの果物はおいしいし値段も安いので、いろいろなものを買って味見するのも旅行の楽しみの一つです。物の値段のタイバーツを日本円に換算すると何もかも安く感じるので、町の市場に行くと **ถูกจังเลย** (トゥーク・ジャング・ルーイ) の連続になるかもしれませんね。

▶ この表現は買物でよく使うので覚えておくと便利です。高いものを買う時など、なかなか決められない場合は、**ขอคิดดูก่อนนะ**ครับ/คะ (コー・キット・ドゥー・ゴーン・ナ・クラップ/カ)「ちょっと考えさせてください」と言って、よく考えてから買った方がいいでしょう。

▶ しつこい店員にはきっぱりと断ることが大切です。でも **ไม่ชอบลายนี้** (マイ・チョープ・ラーイ・ニー)「この模様は好みではない」とか、**สีนี้มีแล้ว** (スィー・ニー・ミー・レーウ)「この色はもう持っている」などと理由を言って、買う気がないことを遠まわしに言ってもいいでしょう。

33

UNIT 9 大変だ！（緊急時の表現）
CD-9

| 助けて！ | ช่วยด้วย
チューアイ・ドゥーアイ |

| つきまとわないで！ | อย่ายุ่งกับฉันได้ไหม
ヤー・ユング・ガップ・チャン・ダーイ・マイ |

| 救急車を呼んでください。 | ช่วยเรียก รถพยาบาล หน่อยครับ/ค่ะ
チューアイ・リーアック・ロット・パヤーバーン・ノイ・クラップ/カ |

| 病院へ行ってください。 | ไป โรงพยาบาล ครับ/ค่ะ
パイ・ローング・パヤーバーン・クラップ/カ |

| お金を取られました。 | ผม/ดิฉันถูกขโมย เงิน ครับ/ค่ะ
ポム/ディチャン・トゥーク・カモーイ・グン・クラップ/カ |

ひったくりにあったり、襲われたりした時は **ช่วยด้วย**(チューアイ・ドゥーアイ)と大声で言って、近くの人に助けを求めましょう。慣れない町では、ひと気のない危なっかしいところへ一人で行くのは避けましょう。

ものを売りつけようとしてつきまとわれたり、嫌がらせをされたりしたらこのようにきっぱりと言いましょう。しつこくされるようなら、**เดี๋ยวเรียกตำรวจนะ**(ディーアウ・リーアック・タムルーアット・ナ)「警察を呼びますよ」と強気な態度を見せるといいでしょう。

ช่วยเรียก (チューアイ・リーアック) は「呼んでください」という意味で、警察を呼んで欲しい時は **ช่วยเรียกตำรวจหน่อยครับ/ค่ะ**(チューアイ・リーアック・タムルーアット・ノイ・クラップ/カ) と言います。けが人がいる場合は落ち着いて、**มีคนบาดเจ็บครับ/ค่ะ** (ミー・コン・バートジェップ・クラップ/カ)「けが人がいます」と言って助けを求めましょう。

ไป○○○ครับ/ค่ะ (パイ・○○○・クラップ/カ) 「○○○へ行ってください」は、タクシーの運転手に行きたいところを伝える時に使う表現です。事故に巻き込まれた時などのために、**ไปสถานีตำรวจครับ/ค่ะ** (パイ・<u>サターニー・タムルーアット</u>・クラップ/カ)「<u>警察署</u>へ行ってください」、**ไปสถานทูตญี่ปุ่นครับ/ค่ะ** (パイ・サターントゥート・イープン・クラップ/カ)「<u>日本大使館</u>へ行ってください」なども覚えておくと安心です。

ผม/ดิฉันถูกขโมย○○○ครับ/ค่ะ (ポム/ディチャン・トゥーク・カモーイ・○○○・クラップ/カ)「○○○を取られました」は警察などに災難を訴える表現です。○○○のところに、**กระเป๋าสตางค์** (グラパウ・サターング)「財布」や **พาสปอร์ต** (パースポート)「パスポート」などを入れ替えて使うことができます。また「泥棒に入られました」と言いたい時は、**ผม/ดิฉันถูกขโมยขึ้นบ้าน** (ポム/ディチャン・トゥーク・カモーイ・クン・バーン・クラップ/カ) と訴えましょう。

UNIT 10 数字を使った表現
CD-10

お金 「2バーツ50サターン」	๒ บาท ๕๐ สตางค์ ソーング・バート・ハー・スィップ・サターング
電話番号 「02-632-5704」	**02-632-5704** スーン・ソーング　ホック・サーム・ソーング　ハー・ジェット・スーン・スィー
時刻 「午前6時」 「午後2時」	๖ โมง　＊午前6時〜11時はタイ数字を使います。 ホック・モーング บ่ายสองโมง バーイ・ソーング・モーング
年月日 「2004年9月14日」	วันที่ ๑๔ กันยายน ๒๕๔๗ ワンティー・スィップ・スィー・ガンヤーヨン・ソーング・パン・ハー・ローイ・スィー・スィップ・ジェット
物を数えるいろいろな表現 コーヒー2杯　紙3枚 お菓子4箱　ワイン5本	กาแฟ ๒ ถ้วย　　กระดาษ ๓ แผ่น ガーフェー・ソーング・トゥーアイ　　グラダート・サーム・ペン ขนม ๔ กล่อง　　ไวน์ ๕ ขวด カノム・スィー・グロング　　ワーイ・ハー・クーアト

▶ タイのお金は **บาท**(バート)と **สตางค์**(サターンケ)の組み合わせですが、会話では **สตางค์**(サターンケ)を省略するのが一般的で、2 バーツ 50 サターンは **๒ บาท ๕๐**(ソーング・バート・ハースィップ)となります。買物の時、値段の端数を切り捨ててもらいたい時は **๒ บาทถ้วนได้ไหม**(ソーング・バート・トゥーアン・ダーイ・マイ)「2 バーツきっかりにしてくれません？」というように言ってみましょう。

▶ 電話番号は数字をそのまま一つひとつ読みます。同じ市内にいる相手にかける時も、市外番号からかけます。ちなみにバンコクの場合、家の電話にかけるなら 02、携帯電話になら 01 です(2004 年 9 月現在)。

▶ 午前中の時刻を言う時は、**๗ โมง**(ジェット・モーング)「7 時」、**๘ โมง**(ペート・モーング)「8 時」のように、数字の後に **โมง**(モーング)「〜時」をつければよいのですが、午後の時刻の言い方は少し違います。「午後 1 時」は **บ่ายโมง**(バーイ・モーング)、「午後 3 時」は **บ่ายสามโมง**(バーイ・サーム・モーング)というように **บ่าย**(バーイ)「午後(PM)」をつけて言います。また、夜中の 1 時から夜明けの 5 時までは **ตีหนึ่ง**(ティー・ヌング)「午前 1 時」、**ตีสอง**(ティー・ソーング)「午前 2 時」…という **ตี**(ティー)「叩く(時計が音を出して時刻を知らせる)」を使ったタイ語独特の言い方があります。

▶ 月は日本語のように 1 月、2 月といった数字ではなく、それぞれ名前がついているので覚えておきましょう(39 ページ参照)。「日」は **วันที่**(ワンティー)で、その後ろに数字をつけて言います。タイの年号はお釈迦様にちなんだ佛暦(ぶつれき)を使っています。佛暦の年号から 543 を引くと西暦になります。よって、タイの 2547 年は西暦の 2004 年にあたります。

▶ 液体のものを数える時、コップに入ったものなら **๑ ถ้วย**(ヌング・トゥーアイ)「1 杯」というように 〜**ถ้วย**(トゥーアイ)「〜杯」をつけ、瓶入りのものなら **๑ ขวด**(ヌング・クーアト)「1 本」のように 〜**ขวด**(クーアト)「〜本」をつけて言います。動物は小さくても大きくても 〜**ตัว**(トゥーア)「〜匹」ですが、象は狩りをする時に綱を使うので 〜**เชือก**(チューアク)「〜綱」で数えます。最も一般的な「〜個」にあたるのは **อัน**(アン)です。

37

UNIT 11
CD-11

数字と月・曜日の言い方を覚えよう

■ 数字の言い方

数字	タイ数字	読み方	数字	タイ数字	読み方
1	๑	หนึ่ง ヌング	21	๒๑	ยี่สิบเอ็ด イー・スィップ・エット
2	๒	สอง ソーング	22	๒๒	ยี่สิบสอง イー・スィップ・ソーング
3	๓	สาม サーム	23	๒๓	ยี่สิบสาม イー・スィップ・サーム
4	๔	สี่ スィー	24	๒๔	ยี่สิบสี่ イー・スィップ・スィー
5	๕	ห้า ハー	25	๒๕	ยี่สิบห้า イー・スィップ・ハー
6	๖	หก ホック	26	๒๖	ยี่สิบหก イー・スィップ・ホック
7	๗	เจ็ด ジェット	27	๒๗	ยี่สิบเจ็ด イー・スィップ・ジェット
8	๘	แปด ペート	28	๒๘	ยี่สิบแปด イー・スィップ・ペート
9	๙	เก้า ガーウ	29	๒๙	ยี่สิบเก้า イー・スィップ・ガーウ
10	๑๐	สิบ スィップ	30	๓๐	สามสิบ サーム・スィップ
11	๑๑	สิบเอ็ด スィップ・エット	40	๔๐	สี่สิบ スィー・スィップ
12	๑๒	สิบสอง スィップ・ソーング	50	๕๐	ห้าสิบ ハー・スィップ
13	๑๓	สิบสาม スィップ・サーム	60	๖๐	หกสิบ ホック・スィップ
14	๑๔	สิบสี่ スィップ・スィー	70	๗๐	เจ็ดสิบ ジェット・スィップ
15	๑๕	สิบห้า スィップ・ハー	80	๘๐	แปดสิบ ペート・スィップ
16	๑๖	สิบหก スィップ・ホック	90	๙๐	เก้าสิบ ガーウ・スィップ
17	๑๗	สิบเจ็ด スィップ・ジェット	100	๑๐๐	หนึ่งร้อย ヌング・ローイ
18	๑๘	สิบแปด スィップ・ペート	1,000	๑,๐๐๐	หนึ่งพัน ヌング・パン
19	๑๙	สิบเก้า スィップ・ガーウ	10,000	๑๐,๐๐๐	หนึ่งหมื่น ヌング・ムーン
20	๒๐	ยี่สิบ イー・スィップ	100,000	๑๐๐,๐๐๐	หนึ่งแสน ヌング・セーン
			1,000,000	๑,๐๐๐,๐๐๐	หนึ่งล้าน ヌング・ラーン

＊ タイ数字とタイ文字、どちらの表記でも読み方は同じです。

● 月の言い方

○月：**เดือน ~**
ドゥーアン

คม（コム）で終わる月は 31 日までであり、ยน（ヨン）で終わる月は 30 日で終わる月です。また、口語では เดือน（ドゥーアン）や คม（コム）、ยน（ヨン）を省いて、มกรา（マカラー）、มีนา（ミーナー）、เมษา（メーサー）という風に言うのが一般的です。2 月も กุมภา（グムパー）と言います。また書類などに日付を書く時も เดือน（ドゥーアン）をつけません。

1月	**เดือนมกราคม** ドゥーアン・マカラーコム	7月	**เดือนกรกฎาคม** ドゥーアン・ガラカダーコム
2月	**เดือนกุมภาพันธ์** ドゥーアン・グムパーパン	8月	**เดือนสิงหาคม** ドゥーアン・スィングハーコム
3月	**เดือนมีนาคม** ドゥーアン・ミーナーコム	9月	**เดือนกันยายน** ドゥーアン・ガンヤーヨン
4月	**เดือนเมษายน** ドゥーアン・メーサーヨン	10月	**เดือนตุลาคม** ドゥーアン・トゥラーコム
5月	**เดือนพฤษภาคม** ドゥーアン・プルサパーコム	11月	**เดือนพฤศจิกายน** ドゥーアン・プルサジガーヨン
6月	**เดือนมิถุนายน** ドゥーアン・ミトゥナーヨン	12月	**เดือนธันวาคม** ドゥーアン・タンワーコム

● 曜日の言い方

○曜日：**วัน ~**
ワン

タイの曜日の呼び名は、日本と同じように、太陽・月・惑星の名前になっています。

日曜日	**วันอาทิตย์** ワン・アーティット	**อาทิตย์** アーティット	＝	「太陽」
月曜日	**วันจันทร์** ワン・ジャン	**จันทร์** ジャン	＝	「月」
火曜日	**วันอังคาร** ワン・アンカーン	**อังคาร** アングカーン	＝	「火星」
水曜日	**วันพุธ** ワン・プット	**พุธ** プット	＝	「水星」
木曜日	**วันพฤหัสบดี** ワン・パルハトサッパディー	**พฤหัส** パルハト	＝	「木星」
金曜日	**วันศุกร์** ワン・スック	**ศุกร์** スック	＝	「金星」
土曜日	**วันเสาร์** ワン・サウ	**เสาร์** サウ	＝	「土星」

Part 2

すぐに使える重要表現 79 と基本単語 1000

UNIT 12 / CD-12

● 自分のことを言う

私は〜です／ではありません。

1	3	2+4
私は	カメラマン ビジネスマン 日本人 学生 技術者	です。 ではありません。

語句を覚えよう！

ช่างภาพ _{チャング・パープ}	カメラマン	ครู _{クルー}	先生
นักธุรกิจ _{ナック・トゥラギット}	ビジネスマン	พนักงานบริษัท _{パナックガーン・ポリサット} ／พนักงาน _{パナックガーン}	サラリーマン ／事務員
คนญี่ปุ่น _{コン・イープン}	日本人	แม่บ้าน _{メーバーン}	主婦
นักศึกษา _{ナック・スックサー}	学生	ประธานบริษัท _{プラターン・ポリサット}	社長
ช่างเทคนิค _{チャング・テックニック}	技術者	พนักงานขาย _{パナックガーン・カーイ}	販売員

UNIT 12
CD-12

ผม/ดิฉันเป็น～ครับ/ค่ะ
ผม/ดิฉันไม่ได้เป็น～ครับ/ค่ะ

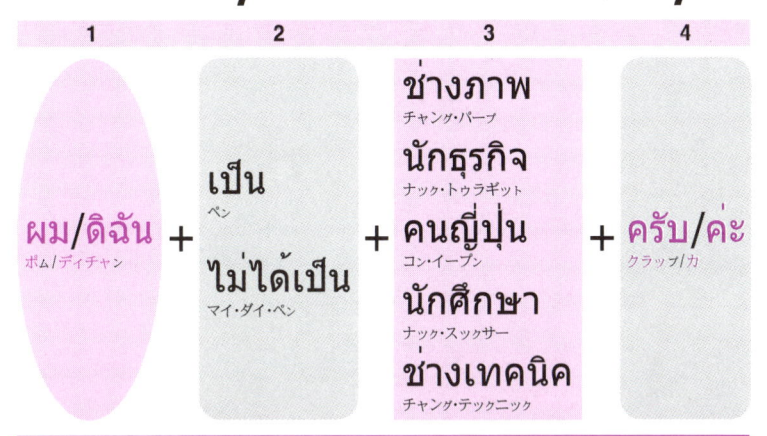

1	2	3	4
ผม/ดิฉัน ポム/ディチャン	เป็น ペン ไม่ได้เป็น マイ・ダイ・ペン	ช่างภาพ チャング・パープ นักธุรกิจ ナック・トゥラギット คนญี่ปุ่น コン・イープン นักศึกษา ナック・スックサー ช่างเทคนิค チャング・テックニック	ครับ/ค่ะ クラップ/カ

mini会話

A：あなたはタイ人ですか。	คุณเป็นคนไทยหรือครับ _{クン・ペン・コン・タイ・ルー・クラップ}
B：いいえ、タイ人ではありません。	ไม่ใช่ค่ะ ดิฉันไม่ได้เป็นคนไทย _{マイ・チャイ・カ　ディチャン・マイ・ダイ・ペン・コン・タイ}
日本人です。	เป็นคนญี่ปุ่นค่ะ _{ペン・コン・イープン・カ}
A：あなたは学生ですか。	คุณเป็นนักศึกษาหรือครับ _{クン・ペン・ナック・スックサー・ルー・クラップ}
B：いいえ、会社員です。	ไม่ใช่ค่ะ ดิฉันเป็นพนักงานบริษัทค่ะ _{マイ・チャイ・カ　ディチャン・ペン・パナックガーン・ボリサット・カ}

Point タイ語では「私は」と自分のことを言う時、男女で言葉が変わり、男性は ผม（ポム）、女性は ดิฉัน（ディチャン）と言います。また一般的に会話文の終わりには、男性は ครับ（クラップ）、女性は ค่ะ（カ）をつけます。自分の名前を言う時は、日本語のように「私は佐藤です」ではなく、ผม/ดิฉันชื่อซาโต้ครับ/ค่ะ（ポム/ディチャン・チュー・サートー・クラップ/カ）「私の名前は佐藤です」と言います。

UNIT 13
CD-13

● 相手について聞く
あなたは～ですか。

	1	2	3
	あなたは	タイ人 バンコクの人 中国人 ニタヤーさん チャニンさん	ですか。

語句を覚えよう！

คนไทย コン・タイ	タイ人	คนภูเก็ต コン・プーゲット	プーケットの人
คนกรุงเทพฯ コン・グルンテープ	バンコクの人	คนมาเลย์ コン・マーレー	マレー人
คนจีน コン・ジーン	中国人	คนเกาหลี コン・ガウリー	韓国人
คุณนิตยา クン・ニッタヤー	ニタヤーさん (女性)	คนพม่า コン・パマー	ミャンマー人
คุณชนินทร์ クン・チャニン	チャニンさん (男性)	คนเวียดนาม コン・ウィーアットナーム	ベトナム人

UNIT 13
CD-13

คุณเป็น ～ใช่ไหมครับ/คะ
คุณคือ～ใช่ไหมครับ/คะ

1	2	3
คุณเป็น クン・ペン	**คนไทย** コン・タイ **คนกรุงเทพฯ** コン・グルンゥテープ **คนจีน** コン・ジーン	**ใช่ไหมครับ/คะ** チャイ・マイ・クラップ/カ
คุณคือ クン・クー	**คุณนิตยา** クン・ニッタヤー **คุณชนินทร์** クン・チャニン	

mini会話

A：あなたはニタヤーさんですか。　**คุณคือคุณนิตยาใช่ไหมครับ**
　　　　　　　　　　　　　　　　　クン・クー・クン・ニッタヤー・チャイ・マイ・クラップ

B：いいえ、違います。　　　　　　**ไม่ใช่ค่ะ**
　　　　　　　　　　　　　　　　　マイ・チャイ・カ

A：失礼しました。　　　　　　　　**ขอโทษครับ**
　　　　　　　　　　　　　　　　　コートート・クラップ

Point　「あなたは～ですか」と国籍・職業などを聞く時は **คุณเป็น～ใช่ไหมครับ/คะ** (クン・ペン…) の文型を使い、「あなたは～さんですか」と人名で聞きたい時は、**คุณคือ～ใช่ไหมครับ/คะ** (クン・クー…) を使うことに注意しましょう。なお、タイ人はファーストネームに尊敬句の **คุณ** (クン) をつけて呼びあうのが普通で、日本人や西洋人のように"田中さん"、"Mr./Mrs./Ms.Anderson"のような呼び方をしません。また、人名の意味は性別を表しています。**คุณชนินทร์**(クン・チャニン)、**คุณสมชาย**(クン・ソムチャーイ)のような名前は男性で、**คุณนิตยา**(クン・ニッタヤー)、**คุณสมศรี**(クン・ソムスィー) などは女性、とわかるように命名されています。

45

UNIT 14
CD-14

● 紹介する時
こちらは〜です。

1	2	3
こちらは	私の 妻／夫／父／友達／会社の社長	です。

語句を覚えよう！

ภรรยา パンラヤー	妻	แม่ メー	母
สามี サーミー	夫	พ่อแม่ ポー・メー	両親
พ่อ ポー	父	ลูกชาย ルーク・チャーイ	息子
เพื่อน プーアン	友達	ลูกสาว ルーク・サーウ	娘
ผู้จัดการบริษัท プージャットガーン・ボリサット	会社の社長	คู่หมั้น クー・マン	婚約者

UNIT 14
CD-14

นี่(คือ)〜ครับ/ค่ะ

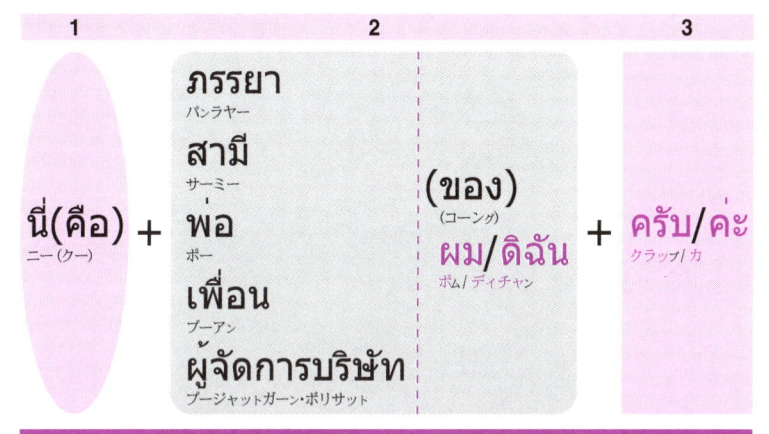

1: นี่(คือ) [ニー(クー)]

2:
- ภรรยา [パンラヤー]
- สามี [サーミー]
- พ่อ [ポー]
- เพื่อน [プアン]
- ผู้จัดการบริษัท [プージャットガーン・ボリサット]

+ (ของ) [コーング] ผม/ดิฉัน [ポム/ディチャン]

3: + ครับ/ค่ะ [クラップ/カ]

mini会話

A: はじめまして。 สวัสดีครับ [サワッディー・クラップ]

こちらは私の妻です。 นี่ภรรยาผมครับ [ニー・パンラヤー・ポム・クラップ]

B: はじめまして。 สวัสดีค่ะ [サワッディー・カ]

お目にかかれて嬉しいです。 ยินดีที่ได้รู้จักค่ะ [インディー・ティー・ダーイ・ルージャック・カ]

> **Point** คือ（クー）は英語の to be のような意味で、ของ（コーング）は of のような役割になっていますが、実際の会話では省いた方がタイ語らしいです。例えば自分の妻を紹介する時、文法的に正しく言えば นี่คือภรรยาของผมครับ（ニー・クー・パンラヤー・コーング・ポム・クラップ）ですが、นี่ภรรยาผมครับ（ニー・パンラヤー・ポム・クラップ）の方が自然です。タイ人と初対面の挨拶をする時は、握手よりも ไหว้（ワーイ）「合掌」をし、ちょっと頭を下げて微笑みながら สวัสดีครับ/ค่ะ（サワッディー・クラップ/カ）と言った方が、相手に鮮やかな第一印象を与えるでしょう。

47

UNIT 15
CD-15

● 出身地の表現

私／私たちは〜から来ました。

1	3		2+4
私は 私たちは	日本 東京 ニューヨーク ロンドン パリ	から	来ました。

語句を覚えよう！

ญี่ปุ่น _{イープン}	日本	โซล _{ソー}	ソウル
โตเกียว _{トーギーアウ}	東京	กรุงเทพฯ _{クルンクテープ}	バンコク
นิวยอร์ค _{ニウヨーク}	ニューヨーク	โรม _{ローム}	ローマ
ลอนดอน _{ローンドーン}	ロンドン	แมดริด _{メートリット}	マドリッド
ปารีส _{パーリート}	パリ	เบอร์ลิน _{ブーリン}	ベルリン

UNIT 15
CD-15

ผม/ดิฉันมาจาก～ครับ/ค่ะ
เรามาจาก～ครับ/ค่ะ

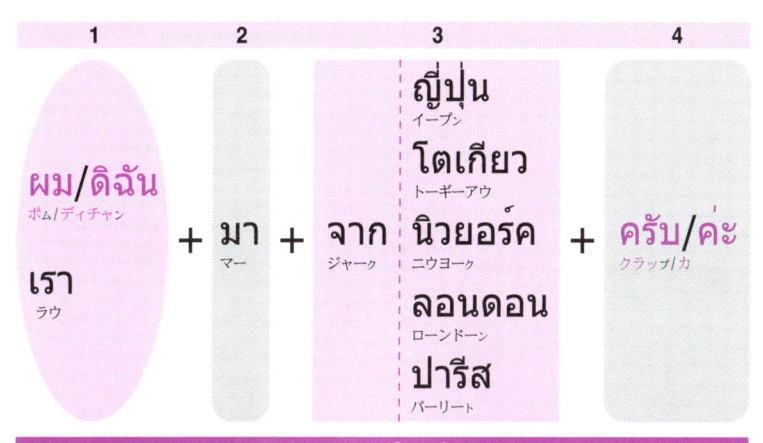

1	2	3	4
ผม/ดิฉัน (ポム/ディチャン) / เรา (ラウ)	+ มา (マー) +	จาก (ジャーク) ญี่ปุ่น (イープン) / โตเกียว (トーギーアウ) / นิวยอร์ค (ニウヨーク) / ลอนดอน (ローンドーン) / ปารีส (パーリート)	+ ครับ/ค่ะ (クラップ/カ)

mini会話

A：どちらから来ましたか。 คุณมาจากไหนครับ
 クン・マー・ジャーク・ナイ・クラップ

B：私は日本から来ました。 ดิฉันมาจากญี่ปุ่นค่ะ
 ディチャン・マー・ジャーク・イープン・カ

A：私たちはニューヨークから来ました。 เรามาจากนิวยอร์คครับ
 ラウ・マー・ジャーク・ニウヨーク・クラップ

Point タイ語の動詞は、日本語や英語などのように時制によって活用しません。その出来事が過去に起こったかこれから起こるかは、mini会話のように現状や文脈でわかりますが、場合によっては時制を表す"แล้ว"（レーウ）「過去を表す句」や"จะ"（ジャ）「未来を表す句」などを動詞につけることもあります。例えば กินข้าวแล้วครับ（キン・カーウ・レーウ・クラップ）「ご飯を食べました」、ผมจะไปกรุงเทพฯ（ポム・ジャ・パイ・クルンテープ）「僕はバンコクへ行こうとしています」といった具合です。なお、文章の終わりに ครับ/ค่ะ（クラップ/カ）をつけると、会話の雰囲気が和やかで丁寧な響きになります。ครับ/ค่ะ（クラップ/カ）には、日本語の「はい」と同じような役割もあります。

UNIT 16 — 物について尋ねる
CD-16
これ／あれは〜ですか。

1	2	3
これは あれは	駅 学校 病院 食べ物 動物	ですか。

語句を覚えよう！

สถานีรถไฟ サターニー・ロットファイ	駅	**พืช** プート	植物
โรงเรียน ローングリアン	学校	**นก** ノック	鳥
โรงพยาบาล ローングパヤーバーン	病院	**แมลง** マレーング	虫
ของกิน コーングギン	食べ物	**เนื้อสัตว์** ヌーアサット	肉
สัตว์ サット	動物	**ปลา** プラー	魚

UNIT 16
CD-16

นี่~หรือครับ/คะ
นั่น~หรือครับ/คะ

1	2	3
นี่ ニー นั่น ナン	+	สถานีรถไฟ サターニー・ロットファイ โรงเรียน ローングリアン โรงพยาบาล ローングパヤーバーン ของกิน コーングギン สัตว์ サット	+	หรือครับ/คะ ルー・クラップ/カ

mini会話

A：すみません、　　　　　ขอโทษครับ
　　　　　　　　　　　　　コートート・クラップ
　　これは病院ですか。　　นี่โรงพยาบาลหรือครับ
　　　　　　　　　　　　　ニー・ローングパヤーバーン・ルー・クラップ
B：そうです。　　　　　　ใช่ค่ะ
　　　　　　　　　　　　　チャイ・カ

A：あれは魚ですか。　　　นั่นปลาหรือครับ
　　　　　　　　　　　　　ナン・プラー・ルー・クラップ
B：いいえ、違います。　　ไม่ใช่ค่ะ
　　　　　　　　　　　　　マイ・チャイ・カ
　　肉です。　　　　　　　เนื้อสัตว์ค่ะ
　　　　　　　　　　　　　ヌーアサット・カ

Point　タイ旅行中、機会があったら地方の市場に足を伸ばしてみるといいでしょう。珍しい食べ物や植物などが見られて楽しいし、地元の食文化をのぞくこともできます。見たことがない物と出合った時、この นี่／นั่น~หรือครับ/คะ（ニー／ナン~ルー・クラップ/カ）「これ／あれは~ですか」の文型を使って店の人に聞いてみましょう。また、タイにはおいしい果物が豊富にあります。お土産に持って帰りたいと思うかもしれませんが、日本の検疫が厳しいので注意しましょう。

UNIT 17 ●所有の表現（1）
私は～を持っています／持っていません。
CD-17

1	3		2+4
私は	パスポート 荷物 カメラ クレジットカード 切符	を	持っています。 持っていません。

語句を覚えよう！

พาสปอร์ต パースポート	パスポート	เงิน グン	お金
ของติดตัว コーング・ティットゥーア	荷物	กุญแจ グンジェー	鍵
กล้องถ่ายรูป クロング・ターイループ	カメラ	เช็คเดินทาง チェック・ドゥーンターング	トラベラーズ チェック
บัตรเครดิต バット・クレーディット	クレジット カード	ของมีค่า コーング・ミーカー	貴重品
ตั๋วโดยสาร トゥーア・ドーイサーン	切符	ตั๋วเครื่องบิน トゥーア・クルーアングビン	航空券

UNIT 17 / CD-17

ผม/ดิฉันมี～ครับ/ค่ะ
ผม/ดิฉันไม่มี～ครับ/ค่ะ

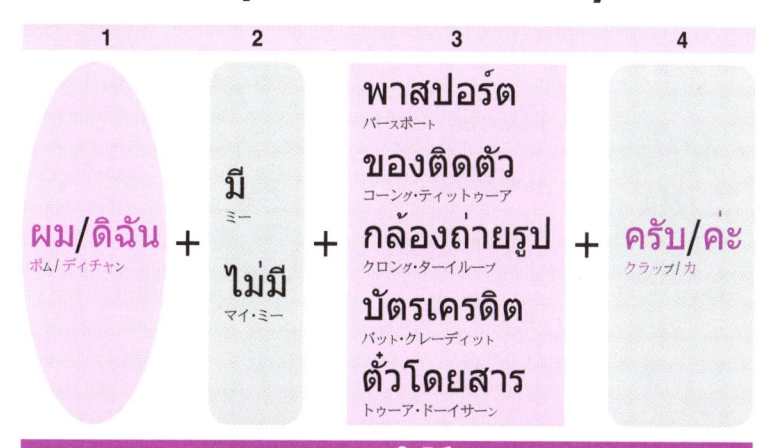

1	2	3	4
ผม/ดิฉัน ポム/ディチャン	มี ミー ไม่มี マイ・ミー	พาสปอร์ต パースポート ของติดตัว コーング・ティットゥーア กล้องถ่ายรูป クロング・ターイループ บัตรเครดิต バット・クレーディット ตั๋วโดยสาร トゥーア・ドーイサーン	ครับ/ค่ะ クラップ/カ

mini会話

A：私はお金を持っていません。　　ผมไม่มีเงินสดครับ
　　　　　　　　　　　　　　　　　　ポム・マイ・ミー・グンソット・クラップ

　　クレジットカードを持っています。　มีบัตรเครดิต
　　　　　　　　　　　　　　　　　　ミー・バット・クレーディット

　　いいですか。　　　　　　　　　　ใช้ได้ไหมครับ
　　　　　　　　　　　　　　　　　　チャイ・ダーイ・マイ・クラップ

B：こちらでは、クレジットカードは扱って　ที่นี่ไม่รับบัตรเครดิตค่ะ
　　　いないのですが。　　　　　　　　　　 ティーニー・マイ・ラップ・バット・クレーディット・カ

Point 大都市や観光地の大部分のホテルではクレジットカードとトラベラーズチェックが使えますが、小都市のデパートやお店では使えないこともあるので、前もって確かめた方がいいでしょう。なお、タイはアメリカ文化に影響を受けているのでチップを払う習慣があります。よく面倒をみてくれたホテルのボーイさんにサービス料を払うことはお互いに気持ちがいいことですから、食事代のおつりを何気なく残しておいたり、コーラ1本分またはコーヒー1杯程度の金額を เชิญครับ/ค่ะ（チューン・クラップ/カ）「どうぞ」と言って渡したりしましょう。

UNIT 18 CD-18
●所有の表現（2）
これは〜です／あれは〜ではありません。

| 1 | 3 | 2+4 |

| これは
あれは | 私のもの
私の荷物
彼のかばん
彼女の服
彼らの友達 | です。
ではありません。 |

語句を覚えよう！

ของของ コーング・コーング・ **ผม/ดิฉัน** ポム/ディチャン	私のもの	ปากกาลูกลื่น パーックガー・ルーックルーン・ **ของคุณสมชาย** コーング・クン・ソムチャーイ	ソムチャーイ さんの ボールペン
กระเป๋าเดินทาง グラパウ・ドゥーンターング・ **ของผม/ดิฉัน** コーング・ポム/ディチャン	私の スーツケース	โรงเรียนของเรา ローングリアン・コーング・ラウ	私たちの学校
กระเป๋าของเขา グラパウ・コーング・カウ	彼のかばん	ของของคุณ コーング・コーング・クン	あなたのもの
เสื้อผ้าของเธอ スーアパー・コーング・トゥー	彼女の服	ของของพวกเขา コーング・コーング・プーアック・カウ	彼らのもの
เพื่อนของ プーアン・コーング・ **พวกเขา** プーアック・カウ	彼らの友達	นาฬิกาของคุณ ナーリガー・コーング・クン	あなたの時計

54

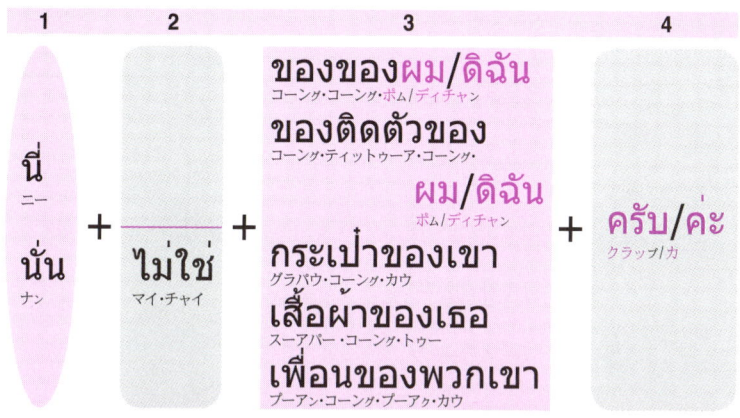

UNIT 18 — CD-18

นี่~ครับ/ค่ะ
นั่นไม่ใช่~ครับ/ค่ะ

1	2	3	4
นี่ ニー นั่น ナン	**+** ไม่ใช่ マイ・チャイ	**+** ของของผม/ดิฉัน コーング・コーング・ポム/ディチャン ของติดตัวของผม/ดิฉัน コーング・ティットゥーア・コーング・ポム/ディチャン กระเป๋าของเขา グラパウ・コーング・カウ เสื้อผ้าของเธอ スーアパー・コーング・トゥー เพื่อนของพวกเขา プーアン・コーング・プーアヶ・カウ	**+** ครับ/ค่ะ クラップ/カ

mini会話

A：これは誰のものですか。　　นี่ของใครครับ
　　　　　　　　　　　　　　ニー・コーング・クライ・クラップ
B：私のものです。　　　　　　ของดิฉันค่ะ
　　　　　　　　　　　　　　コーング・ディチャン・カ
A：あれは誰のですか。　　　　นั่นของใครครับ
　　　　　　　　　　　　　　ナン・コーング・クライ・クラップ
B：あれは彼のかばんです。　　นั่นกระเป๋าของเขาค่ะ
　　　　　　　　　　　　　　ナン・グラパウ・コーング・カウ・カ

Point 飛行場の荷物受け取りで間違って他人の荷物を取ってしまうと、とても面倒なことになる場合があります。最近の旅行かばんは似通ったデザインが多いので、税関を通る前に受け取ったかばんが本当に自分のものかどうかチェックした方がいいでしょう。もし税関で聞かれたら、この文型、นี่ของของผม/ดิฉัน（ニー・コーング・コーング・ポム/ディチャン）「これは私のものです」を活用しましょう。日本に戻る時は、中身がはっきりしない不審なものを預かって持ち帰らないようにしましょう。

UNIT 19 — 場所を尋ねる
この辺に〜はありますか。

| この辺に | 銀行
郵便局
レストラン
ホテル
デパート | は | あります | か。 |

語句を覚えよう！

ธนาคาร <small>タナーカーン</small>	銀行	ซุปเปอร์ฯ <small>スッパァー</small>	スーパーマーケット
ไปรษณีย์ <small>プライサニー</small>	郵便局	ร้านหนังสือ <small>ラーン・ナングスー</small>	本屋
ร้านอาหาร <small>ラーン・アーハーン</small>	レストラン	ร้านขายยา <small>ラーン・カーイヤー</small>	薬屋
โรงแรม <small>ローングレーム</small>	ホテル	คลินิก <small>クリニック</small>	診療所
ห้างสรรพสินค้า <small>ハーング・サッパスィンカー</small>	デパート	ร้านบริการสะดวก <small>ラーン・ボリガーン・サドゥーアク</small>	コンビニエンスストア

UNIT 19
CD-19

แถวนี้มี～ไหมครับ/คะ

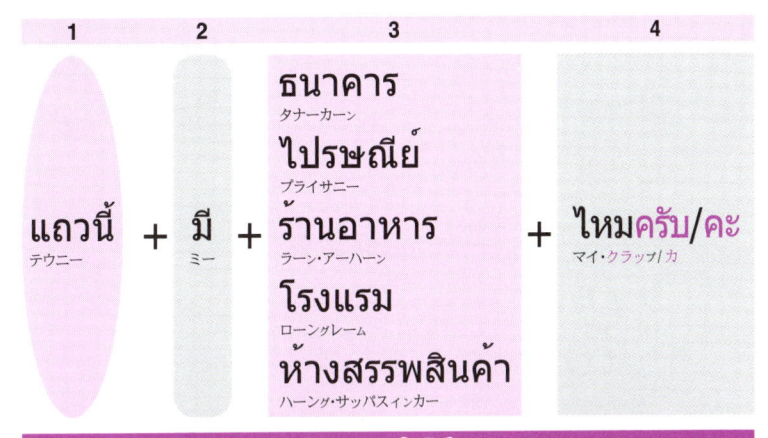

1	2	3	4

แถวนี้ + **มี** + **ธนาคาร** / **ไปรษณีย์** / **ร้านอาหาร** / **โรงแรม** / **ห้างสรรพสินค้า** + **ไหมครับ/คะ**

テウニー ・ ミー ・ タナーカーン / プライサニー / ラーン・アーハーン / ローングレーム / ハーング・サッパスィンカー ・ マイ・クラップ/カ

mini会話

A：この辺にレストランはありますか。　**แถวนี้มีร้านอาหารไหมครับ**
テウニー・ミー・ラーン・アーハーン・マイ・クラップ

B：向こうに日本食レストランがあります。　**ตรงโน้นมีร้านอาหารญี่ปุ่นค่ะ**
トロング・ノーン・ミー・ラーン・アーハーン・イープン・カ

A：デパートはどうですか。　**ห้างสรรพสินค้าล่ะครับ**
ハーング・サッパスィンカー・ラ・クラップ

B：この辺にデパートはないです。　**แถวนี้ไม่มีห้างสรรพสินค้าค่ะ**
テウニー・マイ・ミー・ハーング・サッパスィンカー・カ

Point バンコクの交通は自動車が主流なので、日本の大都市のようにデパートやレストランが駅周辺に集まっているわけではありません。有名なサイアム・スクエアやプラトゥナームなどのショッピングセンターは、バンコクがタイの首都になった時代から、各地域に栄えた市場の周辺を開発した繁華街で、それぞれ一味違った特徴を持っています。20世紀末までは日本のデパートもいくつかタイに進出しましたが、現在繁盛しているのはワールドトレードセンターにある伊勢丹くらいで、地元の **เซ็นทรัล**（セントラン）「セントラル・デパートメントストア」が各地に支店を出して売り上げの上位を占めています。

UNIT 20 / CD-20

● 物の有無を尋ねる

～はありますか。

	2		1	3
	コーヒー ビール お茶 フィルム たばこ	は	あります	か。

語句を覚えよう！

กาแฟ ガーフェー	コーヒー	น้ำ ナーム	水
เบียร์ ビーア	ビール	น้ำร้อน ナーム・ローン	お湯
น้ำชา ナーム・チャー	お茶	โปสการ์ด ポースガート	絵はがき
ฟิล์ม フィーム	フィルム	ถ่านไฟฉาย ターン・ファイチャーイ	電池
บุหรี่ ブリー	たばこ	ทิชชู่ ティッシュー	ティッシュ

UNIT 20　มี～ไหมครับ/คะ
CD-20

1	2	3
มี ミー	+	กาแฟ ガーフェー เบียร์ ビーア น้ำชา ナーム・チャー ฟิล์ม フィーム บุหรี่ ブリー	+	ไหมครับ/คะ マイ・クラップ/カ

mini会話

A：コーヒーはありますか。　　**มีกาแฟไหมครับ**
ミー・ガーフェー・マイ・クラップ

B：はい。　　**มีคะ**
ミー・カ

A：2つください。　　**ขอสองที่ครับ**
コー・ソーング・ティー・クラップ

B：お砂糖は？　　**น้ำตาลละคะ**
ナームターン・ラ・カ

A：いりません。　　**ไม่ต้องครับ**
マイ・トング・クラップ

Point　ホテルやレストランで飲む กาแฟ（ガーフェー）「コーヒー」は、だいたい日本で飲むのとあまり変わりませんが、町の ร้านกาแฟ（ラーン・ガーフェー）「コーヒーショップ」に行くと、水飲み用ガラスコップに底から1センチくらいのところまでコンデンスミルクを入れた、まろやかな味の กาแฟ（ガーフェー）が飲めます。暑い時には、それをアイスコーヒーにした กาแฟเย็น（ガーフェー・イェン）「アイスコーヒー」もおいしいですよ。一度飲んだら、癖になるかもしれません。

UNIT 21
CD-21

● 行動を言う
私は～します。

	1	3	2+4
	私は	ランチを	食べます。
		ビールを	飲みます。
		公園へ	行きます。
		服を	買います。
		家へ	帰ります。

語句を覚えよう！

ทานข้าวกลางวัน ターン・カーウ・グラーングワン	ランチを食べる	กินยา ギン・ヤー	薬を飲む
ดื่มเบียร์ ドゥーム・ビーア	ビールを飲む	ทำงาน タムガーン	仕事をする
ไปสวนสาธารณะ パイ・スーアン・サータラナ	公園へ行く	ท่องหนังสือ トング・ナングスー	勉強をする （復習をする）
ซื้อเสื้อผ้า スー・スーアパー	服を買う	ฟังดนตรี ファング・ドントリー	音楽を聞く
กลับบ้าน グラップ・バーン	家へ帰る	ดูทีวี ドゥー・ティーウィー	テレビを見る

UNIT 21 CD-21 ผม/ดิฉัน～ ครับ/ค่ะ

1	2		3		4
ผม/ดิฉัน ポム/ディチャン	+ จะ ジャ	ทาน ターン	+ ข้าวกลางวัน カーウ・グラーングワン	+	ครับ/ค่ะ クラップ/カ
		ดื่ม ドゥーム	เบียร์ ビーア		
		ไป パイ	สวนสาธารณะ スーアン・サータラナ		
		ซื้อ スー	เสื้อผ้า スーアパー		
		กลับ グラップ	บ้าน バーン		

mini会話

A：週末は何をしますか。
วันสุดสัปดาห์ทำอะไรครับ
ワン・スットサップダー・タム・アライ・クラップ

B：私はテレビを見ます。
ดิฉันดูทีวีค่ะ
ディチャン・ドゥー・ティーウィー・カ

A：金曜日は何をしますか。
วันศุกร์ทำอะไรครับ
ワン・スック・タム・アライ・クラップ

B：友達と飲みに行きます。
ไปดื่มกับเพื่อนค่ะ
パイ・ドゥーム・ガップ・プーアン・カ

Point タイ語には「が」や「は」に相当する助詞がなく、"主語＋動詞＋目的語"＝ผม＋ทาน＋ข้าว（ポム＋ターン＋カーウ）「僕＋ご飯＋食べる」のような単純文型になっています。修飾語は修飾される語の後ろにつきます。「早く食べる」は ทานเร็ว（ターン＋レウ）「食べる＋早く」、「朝ご飯」は ข้าวเช้า（カーウ＋チャーウ）「ご飯＋朝」という仕組みです。タイ語で言う「食べる」には、丁寧な順に รับประทาน（ラップラターン）、ทาน（ターン）、กิน（ギン）の3つがあり、相手や状況によって使いわけます。ทาน（ターン）は目上の人に使っても失礼になりませんが、กิน（ギン）を使うのは親しい人どうしにした方がいいでしょう。

UNIT 22 　行動を尋ねる
あなたは〜をしますか／しましたか。

1	2	3+4
あなたは	テニスをし 朝食を食べ コーヒーを飲み 夕食を食べ 映画を観	ますか。 ましたか。

語句を覚えよう！

เล่นเทนนิส レン・テンニッス	テニスをする	อ่านหนังสือพิมพ์ アーン・ナングスーピム	新聞を読む
ทานอาหารเช้า ターン・アーハーン・チャーウ	朝食を食べる	ฟังวิทยุ ファング・ウィッタユ	ラジオを聞く
ดื่มกาแฟ ドゥーム・ガーフェー	コーヒーを飲む	ไปโรงเรียน パイ・ローングリアン	学校へ行く
ทานอาหารเย็น ターン・アーハーン・イェン	夕食を食べる	ไปบริษัท パイ・ボリサット	会社へ行く
ดูหนัง ドゥー・ナング	映画を観る	ไปเดินเล่น パイ・ドゥーンレン	散歩をする

UNIT 22 / CD-22

คุณ～หรือเปล่าครับ/คะ
คุณ～แล้วหรือยังครับ/คะ

1	2	3	4
คุณ クン	เล่นเทนนิส レン・テンニッス ทานอาหารเช้า ターン・アーハーン・チャーウ ดื่มกาแฟ ドゥーム・ガーフェー ทานอาหารเย็น ターン・アーハーン・イェン ดูหนัง ドゥー・ナング	หรือเปล่า ルー・プラウ แล้วหรือยัง レーウ・ルー・ヤング	ครับ/คะ クラップ/カ

mini会話

A：午後テレビを見ますか。　　ตอนบ่ายดูทีวีหรือเปล่าครับ
　　　　　　　　　　　　　　　トーン・バーイ・ドゥー・ティーウィー・ルー・プラウ・クラップ

B：はい、見ます。　　　　　　ดูค่ะ
　　　　　　　　　　　　　　　ドゥー・カ

A：その後は何をしますか。　　หลังจากนั้น ทำอะไรครับ
　　　　　　　　　　　　　　　ラング・ジャーク・ナン・タム・アライ・クラップ

B：友達と一緒に夕食を食べます。ทานอาหารเย็นกับเพื่อนค่ะ
　　　　　　　　　　　　　　　ターン・アーハーン・イェン・カップ・プーアン・カ

Point　「朝食」「夕食」「昼食」の「食」はタイ語の อาหาร (アーハーン) に相当し、国の名前を後ろにつけると「その国の料理」という意味にもなります。「日本料理」は อาหารญี่ปุ่น (アーハーン・イープン)、「中華料理」は อาหารจีน (アーハーン・ジーン)、「フランス料理」は อาหารฝรั่งเศส (アーハーン・ファラングセート) という具合です。またタイ語も日本語と同じように ข้าว (カーウ)「ご飯」が白いご飯を指すことも、食事の意味で使われることもあります。後者の場合、ข้าวเช้า (カーウ・チャーウ)「朝ご飯」、ข้าวกลางวัน (カーウ・グラーングワン)「昼ご飯」、ข้าวเย็น (カーウ・イェン)「夕ご飯」という使い方もします。

UNIT 23 / CD-23

● 習慣・趣味について言う

私は〜をしません。

	1	3	2+4
	私は	お酒を飲み たばこを吸い ゴルフをし 麻雀をし ギャンブルをし	ません。

語句を覚えよう！

เหล้า ラウ	酒	ดื่ม ドゥーム	飲む
บุหรี่ ブリー	たばこ	สูบ スープ	吸う
กอล์ฟ ゴーフ	ゴルフ	เล่น レン	する
ไพ่นกกระจอก パイ・ノック・グラジョーク	麻雀	ไปเดิน パイ・ドゥーン・ ชมธรรมชาติ チョム・タムマチャート	ハイキングに 行く
การพนัน ガーンパナン	ギャンブル	ว่ายน้ำ ワーイナーム	水泳をする

UNIT 23
CD-23

ผม/ดิฉันไม่ ~ ครับ/ค่ะ

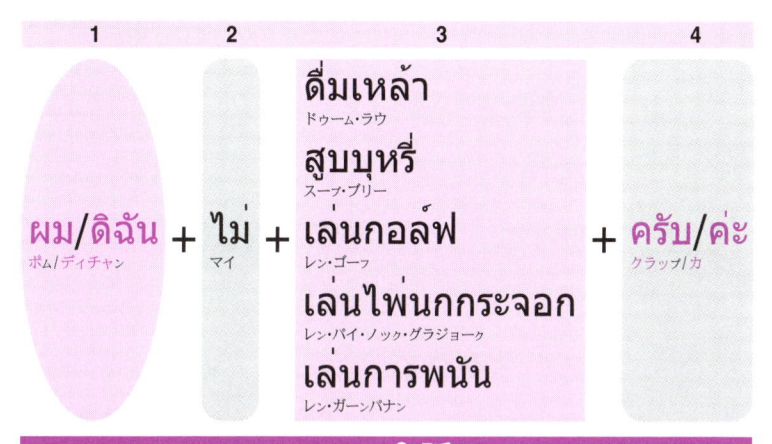

1	2	3	4

ผม/ดิฉัน (ポム/ディチャン) + **ไม่** (マイ) +
- **ดื่มเหล้า** (ドゥーム・ラウ)
- **สูบบุหรี่** (スープ・ブリー)
- **เล่นกอล์ฟ** (レン・ゴーフ)
- **เล่นไพ่นกกระจอก** (レン・パイ・ノック・グラジョーク)
- **เล่นการพนัน** (レン・ガーンパナン)

+ **ครับ/ค่ะ** (クラップ/カ)

mini会話

A：お酒は飲みますか。
ดื่มเหล้าหรือเปล่าครับ
ドゥーム・ラウ・ルー・プラウ・クラップ

B：いいえ、私はお酒は飲みません。
ไม่ค่ะ ดิฉันไม่ดื่ม
マイ・カ　ディチャン・マイ・ドゥーム

あなたは？
คุณล่ะคะ
クン・ラ・カ

A：私はお酒もたばこもやりません。
ผมไม่ดื่มเหล้าและไม่สูบบุหรี่ด้วยครับ
ポム・マイ・ドゥーム・ラウ・レ・マイ・スープ・ブリー・ドゥーアイ・クラップ

Point タイでは、政府が管理している競馬と宝くじ以外の **การพนัน**（ガーンパナン）「賭け事」が法律で禁止されています。警察のお世話になるとただ事では済まされないので、誘われたら **ผม/ดิฉัน**ไม่เล่นการพนัน（ポム/ディチャン・マイ・レン・ガーンパナン）「私はギャンブルをしません」と、きっぱり断りましょう！

UNIT 24 / CD-24

● 何かが欲しい時の表現
〜が欲しいのですが。

1	3	2+4
私は	これ / あれ / ワイン / 新聞 / あのネクタイ	が 欲しいのですが。

語句を覚えよう！

อันนี้ アン・ニー	これ	น้ำแร่ ナーム・レー	ミネラル ウォーター
อันนั้น アン・ナン	あれ	มอร์นิ่งคอลล์ モーニングコー	モーニング コール
ไวน์ ワーイ	ワイン	คนรู้ภาษาญี่ปุ่น コン・ルー・パーサー・イープン	日本語が わかる人
หนังสือพิมพ์ ナングスーピム	新聞	ล่าม ラーム	通訳
เน็คไท ネックタイ	ネクタイ	เมนู メーヌー	メニュー

66

UNIT 24 — CD-24
ผม/ดิฉันอยากได้～ครับ/ค่ะ

1	2	3	4
ผม/ดิฉัน ポム/ディチャン	**อยากได้** ヤーク・ダーイ **ต้องการ** トングガーン	**อันนี้** アン・ニー **อันนั้น** アン・ナン **ไวน์** ワーイ **หนังสือพิมพ์** ナングスーピム **เน็คไทอันนั้น** ネックタイ・アン・ナン	**ครับ/ค่ะ** クラップ/カ

mini会話

A：ご用は何でしょうか。　มีอะไรให้ผมช่วยหรือครับ
　　ミー・アライ・ハイ・ポム・チューアイ・ルー・クラップ

B：明朝7時にモーニングコール　พรุ่งนี้ต้องการมอร์นิ่งคอลล์
　　をお願いしたいのですが。　プルンッニー・トングガーン・モーニングコー
　　　　　　　　　　　　　　๗ โมงเช้าค่ะ
　　　　　　　　　　　　　　ジェット・モーング・チャーウ・カ

A：かしこまりました。　ได้ครับ
　　ダーイ・クラップ

Point ものやサービスが欲しい時、特に買物の時に便利な表現が、この (ผม/ดิฉัน)อยากได้ ～ ((ポム/ディチャン) ヤーク・ダーイ)「～が欲しいのですが」です。อยากได้ (ヤーク・ダーイ) には、「それを所有したい」というニュアンスがあるので、文によっては「それが必要だ」という意味が含まれる ต้องการ (トングガーン) を使った方が自然な言いまわしになります。例えば「通訳者を紹介してもらいたい」と言いたい時は、อยากได้ล่าม (ヤーク・ダーイ・ラーム) と言ってもおかしくはありませんが、ต้องการล่าม (トングガーン・ラーム) と言った方が自然に聞こえるでしょう。

UNIT 25 / CD-25

● 希望を伝える（1）

〜をしたいのですが。

1	3	2+4
私は	空港へ行き 部屋を予約し 飛行機を予約し 円をバーツに両替し スケジュールを変更し	たいのですが。

語句を覚えよう！

สนามบิน サナーム・ビン	空港	ไป パイ	行く
ห้องพัก ホング・パック	部屋	จอง ジョーング	予約する
เที่ยวบิน ティーアウビン	フライト	แลกเงิน レーク・グン	両替する
เงินบาท グン・バート	バーツ	เปลี่ยน プリーアン	変更する
กำหนดการ ガムノットガーン	スケジュール	รีคอนเฟิร์มแล้ว リーコンフーム・レーウ	再確認済み

UNIT 25
CD-25

ผม/ดิฉันอยาก～ครับ/ค่ะ

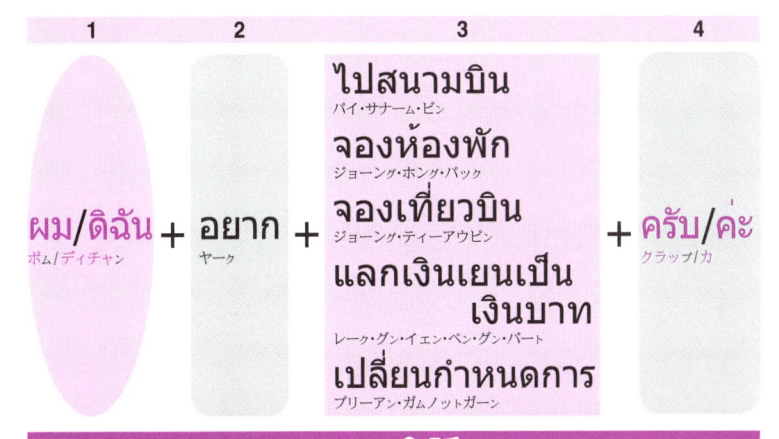

1	2	3	4
ผม/ดิฉัน _{ポム/ディチャン}	อยาก _{ヤーク}	ไปสนามบิน _{パイ・サナーム・ビン} จองห้องพัก _{ジョーング・ホング・パック} จองเที่ยวบิน _{ジョーング・ティーアウビン} แลกเงินเยนเป็นเงินบาท _{レーク・グン・イェン・ペン・グン・バート} เปลี่ยนกำหนดการ _{プリーアン・ガムノットガーン}	ครับ/ค่ะ _{クラップ/カ}

mini会話

A：すみません。　　　　　ขอโทษครับ
　　　　　　　　　　　　　　_{コートート・クラップ}
　　空港へ行きたいのですが。　ผมอยากไปสนามบิน
　　　　　　　　　　　　　　　_{ポム・ヤーク・パイ・サナームビン}
B：タクシーが便利ですよ。　ไปด้วยแท็กซี่สะดวกนะคะ
　　　　　　　　　　　　　　_{パイ・ドゥーアイ・テックスィー・サドゥーアック・ナ・カ}
A：両替もしたいのですが、　อยากแลกเงินด้วยครับ
　　　　　　　　　　　　　　_{ヤーク・レーク・グン・ドゥーアイ・クラップ}
　　近くに銀行はありますか。　ใกล้ๆนี้มีธนาคารไหมครับ
　　　　　　　　　　　　　　　_{グライグライ・ニー・ミー・タナーカーン・マイ・クラップ}

Point バンコクの交通渋滞は大変有名です。タイで初のバンコク通勤電車ができてから少しは渋滞が緩和されましたが、それでもやはりどこへ出かける場合も時間に余裕をたっぷり持って目的地に向かうのがタイでの常識となっています。現在のドンムアン国際空港は、バンコクの中心部からかなり遠いので、帰りの飛行機に乗りそこなうことがないよう、ผม/ดิฉันอยากไปสนามบิน（ポム/ディチャン・ヤーク・パイ・サナームビン）「空港へ行きたいのですが」の表現を使って、前もって交通手段を調べておくと安心でしょう。

UNIT 26 / CD-26
● 希望を伝える（2）
〜して欲しいです。

1	3	4	2+5
私は	（あなたに）	ここに来て 手伝って 電話をして タクシーを呼んで 街を案内して	欲しい です。

語句を覚えよう！

มา マー	来る	ยกของ ヨック・コーング	荷物を運ぶ
ช่วย チューアイ	手伝う	เรียกหมอ リーアック・モー	医者を呼ぶ
โทรศัพท์ トーラサップ	電話をする	ส่งอีเมล ソング・イーメーウ	Eメールを送る
เรียก リーアック	呼ぶ	ส่งแฟกซ์ ソング・フェック	ファックスを送る
นำทาง ナム・ターング	案内する	เป็นล่าม ペン・ラーム	通訳をする

UNIT 26
CD-26

ผม/ดิฉันอยากให้คุณ ~ ครับ/ค่ะ

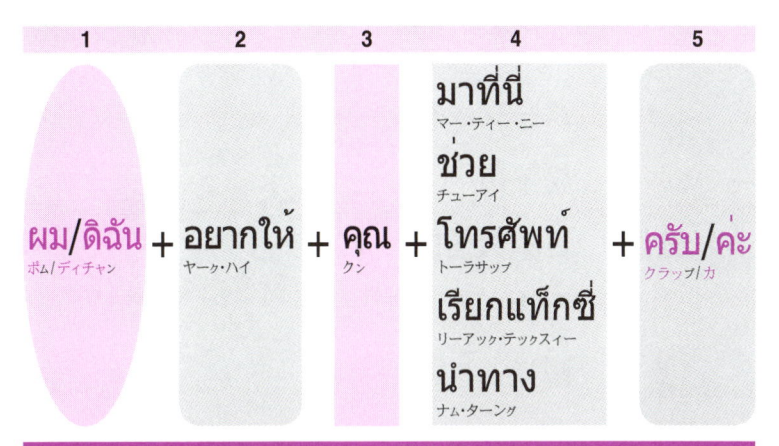

1	2	3	4	5
ผม/ดิฉัน <small>ポム/ディチャン</small>	+ อยากให้ <small>ヤーク・ハイ</small>	+ คุณ <small>クン</small>	+ มาที่นี่ <small>マー・ティー・ニー</small> ช่วย <small>チューアイ</small> โทรศัพท์ <small>トーラサップ</small> เรียกแท็กซี่ <small>リーアック・テックスィー</small> นำทาง <small>ナム・ターング</small>	+ ครับ/ค่ะ <small>クラップ/カ</small>

mini 会話

A： タクシーを呼んで欲しいのですが。　อยากให้ช่วยเรียกแท็กซี่หน่อยครับ
<small>ヤーク・ハイ・チューアイ・リーアック・テックスィー・ノイ・クラップ</small>

B： わかりました。　ได้ค่ะ
<small>ダーイ・カ</small>

　　ロビーで待っていてください。　กรุณารอที่ล็อบบี้นะคะ
<small>ガルナー・ロー・ティー・ロッピー・ナ・カ</small>

Point

日本語を勉強するタイ人は、大学や商業専門学校で日本語を専攻する学生から、観光ガイドの講座の受講生に至るまで多岐に渡り、年々増えています。遺跡観光や買物などの時、日本語を話せるガイドがついていると安心ですが、こちらから何かをして欲しい時や助けてもらいたい時には、この UNIT の表現 ผม/ดิฉันอยากให้คุณ ~ （ポム/ディチャン・ヤーク・ハイ・クン）を使ってみましょう。しかし観光ガイドの日本語能力は日常会話程度のことが多いので、大事な商談などでは ช่วยแนะนำล่ามเก่งๆให้หน่อยครับ（チューアイ・ネナム・ラーム・ゲンゲン・ハイ・ノイ・クラップ）「腕のいい通訳者を紹介してください」と言って、きちんと日本語をしゃべれる人に通訳をしてもらった方がいいでしょう。

UNIT 27　■目的地への希望表現
～に行きたいです／行きたくないです。

1	3	2+4

| 私は | バーンパイン
繁華街
日本大使館
買物
観光 | に | 行きたいです。
行きたくないです。 |

語句を覚えよう！

บางปะอิน バーンパイン	バーンパイン (地名)	ตลาด タラート	市場
ศูนย์การค้า スーン・ガーンカー	繁華街	ป้อมตำรวจ ポム・タムルーアット	交番
สถานทูตญี่ปุ่น サターントゥート・イープン	日本大使館	ร้านแว่นตา ラーン・ウェンター	めがね店
ช็อปปิ้ง チョッピング	買物	ห้องเสื้อ ホング・スーア	ブティック
ทัศนาจร タットサナージョーン	観光	ร้านขายอาหาร ラーン・カーイ・アーハーン	食品店

UNIT 27
CD-27

ผม/ดิฉันอยากไป ～ ครับ/ค่ะ
ผม/ดิฉันไม่อยากไป ～ ครับ/ค่ะ

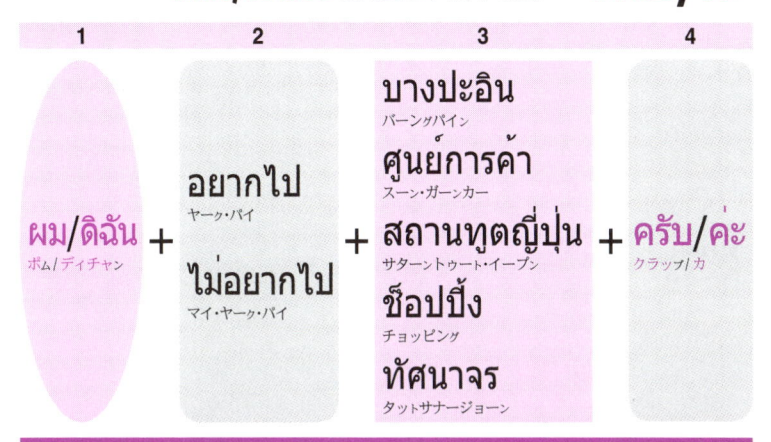

1	2	3	4

ผม/ดิฉัน
ポム/ディチャン

\+

อยากไป
ヤーク・パイ

ไม่อยากไป
マイ・ヤーク・パイ

\+

บางปะอิน
バーングパイン

ศูนย์การค้า
スーン・ガーンカー

สถานทูตญี่ปุ่น
サターントゥート・イープン

ช็อปปิ้ง
チョッピング

ทัศนาจร
タットサナージョーン

\+

ครับ/ค่ะ
クラップ/カ

mini会話

A：どこに行きたいですか。 **อยากไปไหนครับ**
　　　　　　　　　　　　　ヤーク・パイ・ナイ・クラップ

B：繁華街へ行きたいです。 **อยากไปศูนย์การค้าค่ะ**
　　　　　　　　　　　　　ヤーク・パイ・スーン・ガーンカー・カ

A：そこで何をしたいですか。 **อยากไปทำอะไรที่นั่นครับ**
　　　　　　　　　　　　　ヤーク・パイ・タム・アライ・ティー・ナン・クラップ

B：買物に行きたいです。 **อยากไปช็อปปิ้งค่ะ**
　　　　　　　　　　　　ヤーク・パイ・チョッピング・カ

Point "ไม่"（マイ）は否定を表す言葉です。店の人が違うものをくれた時は、ไม่ใช่（マイ・チャイ）「これじゃない」、押し売りに断りたい時はไม่เอา（マイ・アウ）「いらない」、聞かれたことに「知らない」と言いたい時はไม่รู้（マイ・ルー）、「その人のことは知らない」はไม่รู้จัก（マイ・ルー・ジャック）などのように、何かを否定したい時にはไม่（マイ）をつけて言います。また何らかの行動をしたくない場合もไม่（マイ）を使って、ไม่อยากไป（マイ・ヤーク・パイ）「行きたくない」、ไม่อยากกิน（マイ・ヤーク・ギン）「食べたくない」などと、意思をはっきりと伝えましょう。

UNIT 28
CD-28

■ 交通手段の表現
～で行きたいです／行きたくないです。

1	4	3	2+5
私は	車 タクシー バス 電車 長距離バス	で	行きたいです。 行きたくないです。

語句を覚えよう！

รถยนต์ ロット・ヨン	自動車	รถจักรยาน ロット・ジャックグラヤーン	自転車
แท็กซี่ テックスィー	タクシー	เรือข้ามฟาก ルーア・カームファーク	渡り舟
รถเมล์ ロット・メー	バス	เรือโดยสาร ルーア・ドーイサーン	客船
รถไฟฟ้า ロット・ファイファー	電車	เครื่องบิน クルーアング・ビン	飛行機
รถทัวร์ ロット・トゥーア	長距離バス	รถใต้ดิน ロット・ターイ・ディン	地下鉄

UNIT 28 / CD-28

ผม/ดิฉันอยากไปโดย〜ครับ/ค่ะ
ผม/ดิฉันไม่อยากไปโดย〜ครับ/ค่ะ

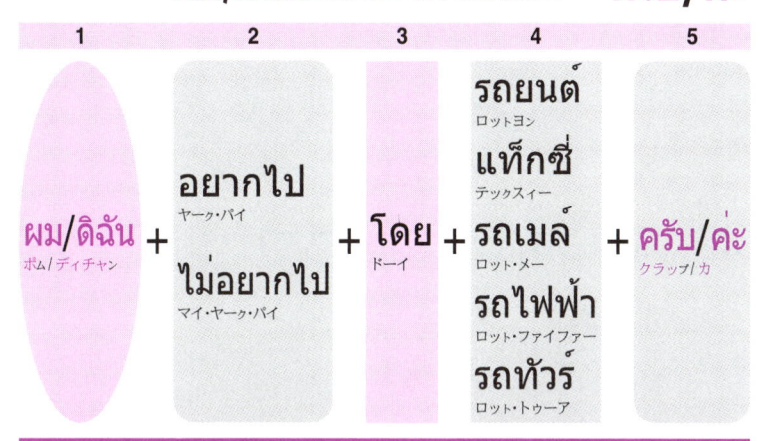

1	2	3	4	5
ผม/ดิฉัน ポム/ディチャン	อยากไป ヤーク・パイ ไม่อยากไป マイ・ヤーク・パイ	โดย ドーイ	รถยนต์ ロットヨン แท็กซี่ テックスィー รถเมล์ ロット・メー รถไฟฟ้า ロット・ファイファー รถทัวร์ ロット・トゥーア	ครับ/ค่ะ クラップ/カ

mini会話

A：何で行きますか。　　　　จะไปยังไงครับ
　　　　　　　　　　　　　　ジャ・パイ・ヤング・ガイ・クラップ

B：バスで行きたいです。　　อยากไปโดยรถเมล์ค่ะ
　　　　　　　　　　　　　　ヤーク・パイ・ドーイ・ロット・メー・カ

A：では、長距離バスがいいですよ。 ถ้างั้น, ไปโดยรถทัวร์ดีกว่านะครับ
　　　　　　　　　　　　　　　　　ターガン　パイ・ドーイ・ロット・トゥーア・ディー・クワー・ナ・クラップ

Point タイでの長距離の旅行は、鉄道よりも高速バスのような รถทัวร์ （ロット・トゥーア）「長距離バス」の方が主流です。バンコク市内にある３つのバスターミナルには、あらゆる地方へ行くバスが、行き先別の乗り場にぎっしりと並んでいます。ツアーバスでチェンマイへ行きたい場合、ผม/ดิฉันอยากไปเชียงใหม่โดยรถทัวร์ครับ/ค่ะ（ポム/ディチャン・ヤーク・パイ・チーアングマイ・ドーイ・ロット・トゥーア・クラップ/カ）「私はバスでチェンマイへ行きたいです」と言って、バスターミナルへ案内してもらいましょう。

UNIT 29
CD-29

● 行き先の聞き方

この〜は…行きですか。

2	1	4	3	5
この	バス 列車 電車 飛行機 船	は コラート クアラルンプール サイアム・スクエア 東京 アユタヤー	行き	ですか。

語句を覚えよう！

รถเมล์ ロット・メー	路線バス	ถนนสีลม タノン・スィーロム	シーロム通り
รถไฟ ロット・ファイ	列車	วัดพระแก้ว ワット・プラゲーウ	ワット・ プラケオ (エメラルド寺院)
รถไฟฟ้า ロット・ファイファー	電車	โอซาก้า オーサーガー	大阪
เครื่องบิน クルーアンッ・ビン	飛行機	สิงคโปร์ スィンッカポー	シンガポール
เรือ ルーア	船	อัมสเตอร์ดัม アムストゥーダム	アムステル ダム

UNIT 29
CD-29

～นี้ไป ... หรือครับ/คะ

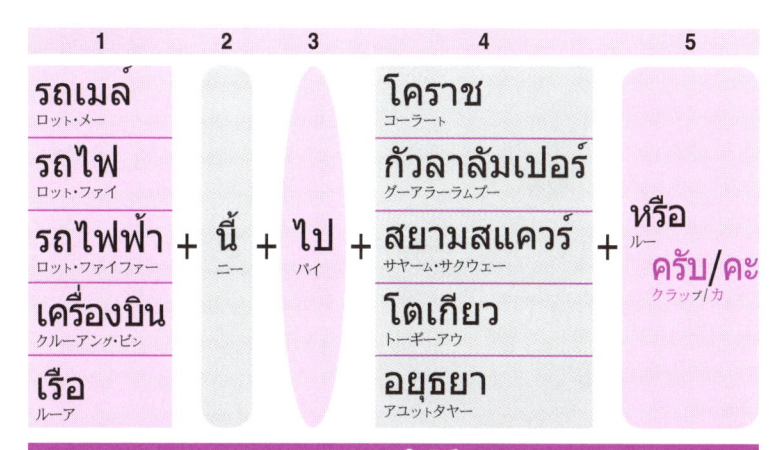

1	2	3	4	5
รถเมล์ ロット・メー			**โคราช** コーラート	
รถไฟ ロット・ファイ			**กัวลาลัมเปอร์** グーアラーラムブー	
รถไฟฟ้า ロット・ファイファー	**+ นี้ +** ニー	**ไป** パイ	**สยามสแควร์** サヤーム・サクウェー	**+ หรือ** ルー **ครับ/คะ** クラップ/カ
เครื่องบิน クルーアング・ビン			**โตเกียว** トーギーアウ	
เรือ ルーア			**อยุธยา** アユットタヤー	

mini会話

A：すみません、　　　　　　　　**ขอโทษครับ**
コートート・クラップ

この長距離バスはコラート行きですか。　**รถทัวร์คันนี้ไปโคราชหรือครับ**
ロット・トゥーア・カン・ニー・パイ・コーラート・ルー・クラップ

B：いいえ、行きません。　　　　**ไม่ไปค่ะ**
マイ・パイ・カ

ノーンカーイ行きです。　　　**ไปหนองคาย**
パイ・ノーンッカーイ

Point バンコク市内の路線バスや、チャオプラヤ川の渡し舟の行き先表示は、タイ語と番号のプレートだけで英語表示はほとんど見られません。そんな時にこのmini会話の表現が役に立ちます。タイ語では、物を指す時に、"○○○（物の名前）＋その物の形態を表す言葉（類別詞）＋ นี้（ニー）「この」"という語順で言います。類別詞は修飾語を受けるためにたてた代名詞で、全部で20種類以上あり、名詞によって使いわけます。例えば、鉛筆・ボールペンは แท่ง（テング）、本は เล่ม（レム）、車は คัน（カン）などで、ดินสอแท่งนี้（ディンソー・テング・ニー）「この鉛筆」、หนังสือเล่มนี้（ナングスー・レム・ニー）「この本」、รถทัวร์คันนี้（ロット・トゥーア・カン・ニー）「この長距離バス」というように使い、類別詞そのものは訳しません。その都度覚えていきましょう。

UNIT 30
CD-30

● 値段を聞く
〜はいくらですか。

1	2	3
これは あの服は 1瓶で 紙2枚で 全部で	いくら	ですか。

語句を覚えよう！

นี่ ニー	これ	แพง ペーング	高い
เสื้อตัวนั้น スーア・トゥーア・ナン	あの服	ถูก トゥーク	安い
ขวดละ クーアト・ラ	1瓶で	ส้ม ๒ กิโล ソム・ソーング・ギロー	オレンジ2キロ
๒ แผ่น ソーング・ペン	2枚	ผ้าพันคอนี้ パー・パン・コー・ニー	このスカーフ
ทั้งหมด タング・モット	全部	ตุ๊กตาตัวนี้ トゥッガター・トゥーア・ニー	この人形

78

UNIT 30
CD-30

〜เท่าไรครับ/คะ

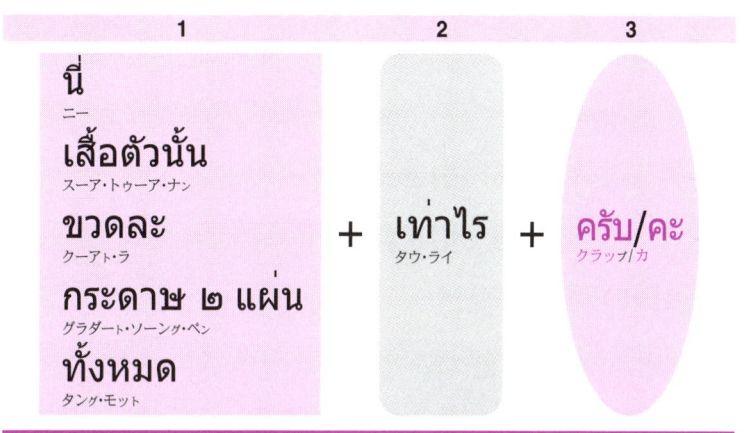

1	2	3
นี่ ニー เสื้อตัวนั้น スーア・トゥーア・ナン ขวดละ クーアト・ラ กระดาษ ๒ แผ่น グラダート・ソーング・ペン ทั้งหมด タング・モット	**+** เท่าไร タウ・ライ **+**	ครับ/คะ クラップ/カ

mini会話

A：これはいくら？　　　　นี่เท่าไรครับ
　　　　　　　　　　　　　　ニー・タウライ・クラップ

B：2,000 バーツです。　　๒,๐๐๐ บาทค่ะ
　　　　　　　　　　　　　　ソーング・パン・バート・カ

A：高い！ もっと安くして。　แพง! ลดหน่อยซีครับ
　　　　　　　　　　　　　　ペーング　ロット・ノイ・スィー・クラップ

Point UNIT 29 の point で説明した、ものの形態を表す言葉（類別詞）は買物でよく使われます。物を１つ欲しい場合、お菓子や小物の「１つで」は อันละ（アン・ラ）、コーラやワインなど瓶入りの液体の「１本で」は ขวดละ（クーアト・ラ）、お皿などの「１セットで」は ชุดละ（チュット・ラ）、シャツやブラウスの「１枚で」は ตัวละ（トゥーア・ラ）、サービス料金の「１人当たり」は คนละ（コン・ラ）などで、後ろに เท่าไร（タウライ）「いくら？」をつけて聞きます。たくさん覚えておくと物の値段を聞く時に便利です。

UNIT 31 / CD-31
●値段の交渉
まけてくれませんか。

1	3	2	4
2個で 現金払いで	もっと 10％引きに 20％引きに 半額に 300バーツに	まけて	くれませんか。

語句を覚えよう！

อีก イーク	もっと	ลดราคา ロット・ラーカー ／ลด ロット	値引きする ／まける
สองอันลด ๑๐% ソーング・アン・ロット・スィップ・プーセン	2個で 10％引き	ลดพิเศษ ロット・ピセート	特売
จ่ายเงินสดลด ๒๐% ジャーイ・グン・ソット・ロット・イー・スィップ・プーセン	現金払いで 20％引き	กำไร ガムライ	儲け
ลดครึ่งราคา ロット・クルング・ラーカー	半額に	ไม่มีเงิน マイ・ミー・グン	お金がない
๓๐๐ บาท サーム・ローイ・バート	300バーツ	ไม่เอา マイ・アウ	いらない

UNIT 31
CD-31
ลด～ได้ไหมครับ/คะ

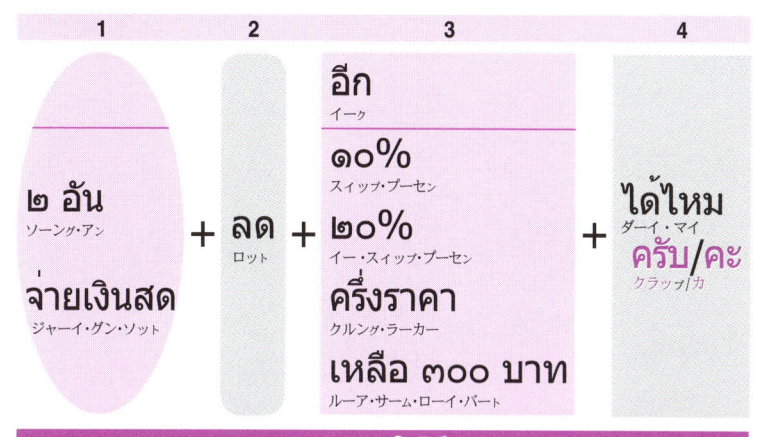

1	2	3	4
๒ อัน ソーング・アン จ่ายเงินสด ジャーイ・グン・ソット	ลด ロット	อีก イーク ๑๐% スィップ・プーセン ๒๐% イー・スィップ・プーセン ครึ่งราคา クルング・ラーカー เหลือ ๓๐๐ บาท ルーア・サーム・ローイ・バート	ได้ไหม ダーイ・マイ ครับ/คะ クラップ/カ

mini会話

A：これはいくらですか。　　　นี่เท่าไรครับ
　　　　　　　　　　　　　　　ニー・タウライ・クラップ
B：300バーツです。　　　　　๓๐๐ บาทค่ะ
　　　　　　　　　　　　　　　サーム・ローイ・バート・カ
A：まけてくれませんか。　　　ลดหน่อยได้ไหมครับ
　　　　　　　　　　　　　　　ロット・ノイ・ダーイ・マイ・クラップ
B：250バーツではどうですか。 ๒๕๐ บาท เป็นไงคะ
　　　　　　　　　　　　　　　ソーング・ローイ・ハー・スィップ・バート・ペンガイ・カ
A：わかりました。OKです。　　ตกลง โอเคครับ
　　　　　　　　　　　　　　　トックロング　オーケー・クラップ

Point　タイ通貨には บาท（バート）「バーツ」と、補助通貨 สตางค์（サターング）「サターン」がありますが、สตางค์（サターング）は会話では特に省かれることが多く、๑๐ บาท ๕๐（スィップ・バート・ハー・スィップ）「10バーツ50」のように言います。現在タイの大都市には、いたる所にデパートやコンビニがありますし、タクシーもメーター制のものが主流になったので、値段交渉の必要がなくなりました。でもバンコクの有名な週末フリーマーケット、สวนจตุจักร（スーアン・ジャトゥジャック）や、地方の生鮮市場などではまだ値切りのやり取りを楽しむことができます。

UNIT 32
CD-32

● 時刻を聞く

何時に～しましょうか。

1	3	2	4 + 5
私たちは	何時に	出発し 会い 帰って来	ましょうか。
お店は		開店しますか。 閉店しますか。	

語句を覚えよう！

ออกเดินทาง オーク・ドゥーンターング	出発する	เช็คเอาท์ チェックアウト	チェック アウトする
พบ ポップ	会う	เยี่ยม／เยือน イーアム　ユーアン	訪問する
กลับ グラップ	帰って来る	ตื่น トゥーン	起きる
เปิดร้าน プート・ラーン	開店する	นอน ノーン	寝る
ปิดร้าน ピット・ラーン	閉店する	ทานอาหารเช้า ターン・アーハーン・チャーウ	朝食をとる

UNIT 32
CD-32

〜กี่โมงดีครับ/คะ

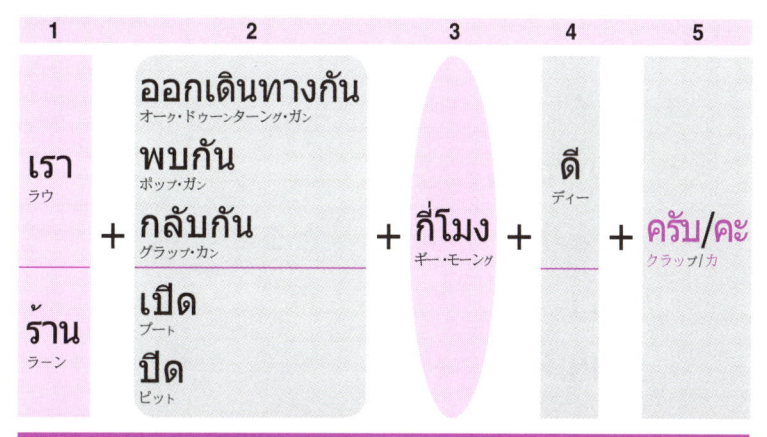

1	2	3	4	5
เรา ラウ	ออกเดินทางกัน オーク・ドゥーンターング・ガン พบกัน ポップ・ガン กลับกัน グラップ・ガン	+ กี่โมง ギー・モーング	+ ดี ティー	+ ครับ/คะ クラップ/カ
ร้าน ラーン	เปิด ブート ปิด ピット			

mini会話

A：何時にここで会いましょうか。
พบกันที่นี่กี่โมงดีครับ
ポップ・ガン・ティーニー・ギー・モーング・ディー・クラップ

B：明日の午後3時でいかがでしょう。
พรุ่งนี้บ่าย ๓ โมงเป็นไงคะ
プルンッニー・バーイ・サーム・モーング・ペンガイ・カ

A：お店はいつ閉店ですか。
ร้านปิดเมื่อไรครับ
ラーン・ピット・ムーアライ・クラップ

B：夜の10時です。
สี่ทุ่มค่ะ
スィー・トゥム・カ

Point 基本的な時刻の言い方は、〜โมง（モーング）「〜時」、〜นาที（ナーティー）「〜分」ですが、口語では普通、๖ โมง ๒๐（ホック・モーング・イースィップ）「午前6時20分」というように นาที（ナーティー）「分」は省略されます。午前はそのまま時刻を言えばいいのですが、午後の時間を言う時は บ่าย（バーイ）「午後」をつけて言い、บ่ายโมง（バーイ・モーング）「午後1時」、บ่ายสองโมง（バーイ・ソーング・モーング）「午後2時」のようになります。でも午後4時から6時は เย็น（イェン）「夕方の」を後ろにつけて、สี่โมงเย็น（スィー・モーング・イェン）「午後4時」、หกโมงเย็น（ホック・モーング・イェン）「午後6時」などと言います。「夜中の12時」は เที่ยงคืน（ティーアング・クーン）、「昼の12時」は เที่ยง（ティーアング）という特殊な言い方があります。

83

UNIT 33
CD-33

● 場所を聞く

〜はどこですか。

1	2
トイレ (列車の)駅 船乗り場　　は 入口 案内所	どこですか。

語句を覚えよう！

ห้องน้ำ ホングナーム	トイレ	ที่ขายตั๋ว ティー・カーイ・トゥーア	切符売場
สถานีรถไฟฟ้า サターニー・ロット・ファイファー	列車の駅	ประตูขึ้นเครื่อง プラトゥー・クン・クルアング	搭乗ゲート
ท่าเรือข้ามฟาก ター・ルーア・カーム・ファーク	船乗り場	ป้ายรถเมล์ パーイ・ロット・メー	バス停
ทางเข้า ターング・カウ	入口	ทางออก ターング・オーク	出口
ที่สอบถาม ティー・ソープ・ターム	案内所	ที่แลกเงิน ティー・レーク・グン	両替所

UNIT 33
CD-33
～อยู่ไหนครับ/คะ

1

ห้องน้ำ
ホング・ナーム

สถานีรถไฟฟ้า
サターニー・ロット・ファイファー

ท่าเรือข้ามฟาก
ター・ルーア・カーム・ファーク

ทางเข้า
ターング・カウ

ที่สอบถาม
ティー・ソープ・ターム

+

2

อยู่ไหนครับ/คะ
ユー・ナイ・クラップ/カ

mini会話

A：すみません、トイレはどこですか。　ขอโทษครับ　ห้องน้ำอยู่ไหนครับ
　　　　　　　　　　　　　　　　　　　コートート・クラップ　ホングナーム・ユー・ナイ・クラップ
B：あちらです。　อยู่ทางโน้นค่ะ
　　　　　　　　ユー・ターング・ノーン・カ
A：ありがとう。　ขอบคุณครับ
　　　　　　　　コープクン・クラップ

Point　タイ北部の山岳地帯から流れる แม่น้ำเจ้าพระยา（メーナム・チャウプラヤー）「チャオプラヤー川（通称メナム川）」は、バンコク市に広がった網目のような คลอง（クローング）「支流」に流れ、その後タイ湾に注ぎます。タイの首都、バンコクは昔から東ベネチアと呼ばれるほどの水の都でした。この支流は市民の生活に欠かせない水源であるとともに、交通幹線の役割も果たしてきたのです。その後、都市開発につれて徐々に姿を消していきましたが、主流は今でも交通手段として活躍しています。川に面した観光名所や大学、病院などを結ぶ渡し舟の定期便が、ท่าเรือข้ามฟาก（ター・ルーア・カーム・ファーク）「船乗り場」から出ているので、地元の人たちに混ざって、清々しい風に吹かれながら川を渡ってみるのもいいでしょう。

UNIT 34 / CD-34

人数を聞く
〜は何人いますか。

1		3		4	2
あなたの家族		メンバー			
あなた		兄弟			
あなたの会社	の	従業員	は	何人	いますか。
バンコク		人口			
大学		学生			

語句を覚えよう！

ครอบครัว クロープクルーア	家族	คนงาน コン・ガーン	労働者
พี่น้อง ピー・ノーング	兄弟	ข้าราชการ カー・ラートチャガーン	公務員
พนักงาน パナックガーン	従業員	คน コン	人々
ประชากร プラチャーゴーン	人口	ผู้ชาย プー・チャーイ	男性
นักศึกษา ナック・スックサー	学生	ผู้หญิง プー・イング	女性

UNIT 34 / CD-34
มี～กี่คนครับ/คะ

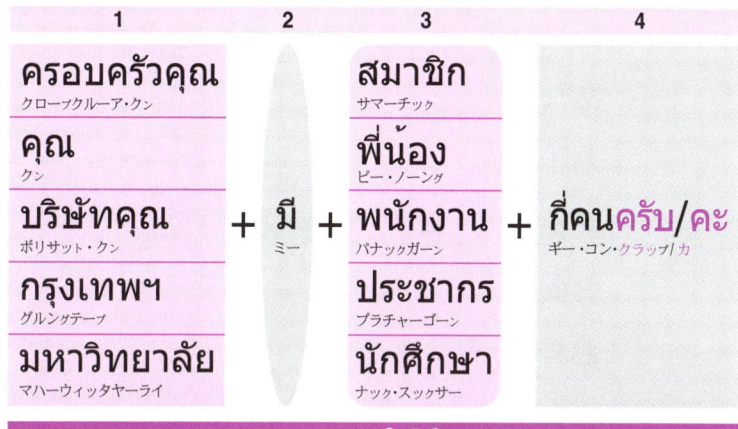

	1		2		3		4
	ครอบครัวคุณ クロープクルーア・クン				สมาชิก サマーチック		
	คุณ クン				พี่น้อง ピー・ノーング		
	บริษัทคุณ ボリサット・クン	+	มี ミー	+	พนักงาน パナックガーン	+	กี่คนครับ/คะ ギー・コン・クラップ/カ
	กรุงเทพฯ グルングテープ				ประชากร プラチャーゴーン		
	มหาวิทยาลัย マハーウィッタヤーライ				นักศึกษา ナック・スックサー		

mini会話

A：ご家族は何人ですか。　　　ครอบครัวคุณมีสมาชิกกี่คนครับ
　　　　　　　　　　　　　　クロープクルーア・クン・ミー・サマーチック・ギー・コン・クラップ

B：5人です。私と夫と子ども3人です。　๕ คนค่ะ ดิฉัน, สามีและลูก ๓ คน
　　　　　　　　　　　　　　ハー・コン・カ　ディチャン・サーミー・レ・ルーック・サーム・コン

　　あなたは？　　　　　　　คุณล่ะคะ
　　　　　　　　　　　　　　クン・ラ・カ

A：うちはおじいさんと私たち夫婦の　ของผมมีคุณปู่ผมกับภรรยา
　　　　　　　　　　　　　　コーング・ポム・ミー・クンプー・ポム・カップ・パンラヤー・

　　3人です。　　　　　　　รวม ๓ คนครับ
　　　　　　　　　　　　　　ルーアム・サーム・コン・クラップ

Point　人数を知りたい時には、มี～กี่คน（ミー～ギー・コン）という疑問文を使います。คน（コン）は「人」という意味で類別詞と呼ばれ、๑ คน（ヌング・コン）「1人」、๒ คน（ソーング・コン）「2人」のように数字の後につけます。「2、3人」は ๒-๓ คน（ソーング・サーム・コン）、「何人も」は หลายคน（ラーイ・コン）と言います。คน（コン）に形容詞をつけると、いろいろな言葉をつくることができ、例えば「いい人」は"คน（コン）「人」+ ดี（ディー）「いい」= คนดี（コン・ディー）"となります。また、คนญี่ปุ่น（コン・イープン）「日本人」のように国の名前をつけると、その国籍の人になります。

UNIT 35
CD-35

● 年齢を聞く

〜は何歳ですか。

1	2
あなた お子さん お孫さん　は お父さん お母さん	何歳ですか。

語句を覚えよう！

คุณ _{クン}	あなた	ปู่／ตา _{プー　　ター}	祖父 (父方／母方)
ลูก _{ルーク}	子ども	ย่า／ยาย _{ヤー　　ヤーイ}	祖母 (父方／母方)
หลาน _{ラーン}	孫	ลูกชาย／ลูกสาว _{ルーク・チャーイ　ルーク・サーウ}	息子／娘
พ่อ _{ポー}	父	พี่ชาย／น้องชาย _{ピー・チャーイ　ノーング・チャーイ}	兄／弟
แม่ _{メー}	母	พี่สาว／น้องสาว _{ピー・サーウ　ノーング・サーウ}	姉／妹

UNIT 35
CD-35

～อายุเท่าไรครับ/คะ

1	2
คุณ クン ลูกคุณ ルーク・クン หลานคุณ ラーン・クン คุณพ่อคุณ クン・ポー・クン คุณแม่คุณ クン・メー・クン	＋ อายุเท่าไรครับ/คะ アーユ・タウライ・クラップ/カ

mini会話

A：お子さんは何歳ですか。　　ลูกคุณอายุเท่าไรครับ
　　　　　　　　　　　　　　　ルーク・クン・アーユ・タウライ・クラップ

B：7歳です。　　　　　　　　๗ ขวบค่ะ
　　　　　　　　　　　　　　　ジェット・クーアップ・カ

A：あの子は何歳かしら。　　　เด็กคนนั้นอายุสักเท่าไรนะครับ
　　　　　　　　　　　　　　　デック・コン・ナン・アーユ・サック・タウライ・ナ・クラップ

B：1歳です。　　　　　　　　๑ ขวบค่ะ
　　　　　　　　　　　　　　　ヌング・クーアップ・カ

Point 現在のタイ、特に大都市では、国の発展とともに家族の人数が少数化していますが、親兄弟の親密なつながりは昔とほとんど変わりません。ちなみに子どもから見た時の父方と母方の親族の呼び方が違うので注意しましょう。話している相手の親族のことを言う場合は尊敬を表すคุณ（クン）をつけ、例えばคุณปู่（クン・プー）「おじい様」のように言います。またタイ人の人づきあいは親族感覚で、家族でなくても年上の人をพี่（ピー）「兄・姉（＝直訳）」、年下の人をน้อง（ノーング）「弟・妹（＝直訳）」と親しみを込めて呼ぶので、タイ人らしくまずはレストランのボーイさんをพี่（ピー）、น้อง（ノーング）などと呼んでみたらどうでしょう。

UNIT 36 / CD-36
● 理由を聞く
なぜ～ですか。

1	2	3
なぜ	間違いなの 遅れたの こんなに高いの 謝らないの	ですか。

語句を覚えよう！

ผิด ピット	間違い	พูดอย่างนั้น プート・ヤーング・ナン	そう言う
มาสาย マー・サーイ	遅れる	หัวเราะ フーアロ	笑う
แพง ペーング	高い	ปฏิเสธ パティセート	断る
ขอโทษ コートート	謝る	โกรธ グロート	怒る
คิดอย่างนั้น キット・ヤーング・ナン	そう考える	ปิดบัง ピットバング	隠す

UNIT 36
CD-36

ทำไม～ครับ/คะ

1	2	3
ทำไม タムマイ	**ผิด** ピット **มาสาย** マー・サーイ **แพงนัก** ペーング・ナック **ไม่ขอโทษ** マイ・コートート	**ครับ/คะ** クラッブ/カ

mini会話

A：このグラスは 5,000 バーツです。　　ถ้วยแก้วใบนี้ ๕,๐๐๐ บาทครับ
　　　　　　　　　　　　　　　　　　　トゥーアイ・ゲーウ・バイ・ニー・ハー・パン・バート・クラッブ

B：うわぁ、なぜそんなに高いのですか。　โอ้โฮ, ทำไมแพงนักคะ
　　　　　　　　　　　　　　　　　　　オーホー　タムマイ・ペーング・ナック・カ

A：輸入品だからです。　　　　　　　　เพราะเป็นของนอกครับ
　　　　　　　　　　　　　　　　　　　プロ・ペン・コーング・ノーク・クラッブ

Point　タイ語には感嘆詞がたくさんあります。"思ったよりずっと高い、辛い"などの予想外の時には、โอ้โฮ（オーホー）「うわぁ」をつけて、โอ้โฮแพงจัง（オーホー・ペーン・ジャン）「うわぁ、高い」、โอ้โฮเผ็ดจัง（オーホー・ペット・ジャング）「うわぁ、辛い」などと驚きの表現を使います。感心を表す時は แหม（メー）「まぁ、わぁ」をつけて、例えば話し相手の持ち物を褒める時には แหมสวยจัง（メー・スーアイ・ジャング）「まぁ、きれい」と言ったり、食べ物を前にした時に แหมน่ากินจัง（メー・ナー・ギン・ジャング）「わぁ、おいしそう」と言ったりします。また、足を踏まれた、人とぶつかった、などの時には โอ้ย（オーイ）「痛い！」で驚きと痛さを訴えます。

UNIT 37 ● 程度を聞く（1）
どのくらい～ですか。

3	1		2	4
どのくらい	ビル 荷物 風呂 列車 あなた	は	高い 重い 熱い 速い 背が高い	のですか。

語句を覚えよう！

สูง スーング	高い	ภูเขา プーカウ	山
หนัก ナック	重い	เป้ ペー	リュックサック
ร้อน ローン	熱い	อ่างน้ำ アーング・ナーム	風呂
แล่นเร็ว レン・レウ	速い	รถสปอร์ต ロット・サポート	スポーツカー
ตัวสูง トゥーア・スーング	背が高い	ใหญ่ ヤイ	大きい

UNIT 37　〜สักเท่าไรครับ/คะ
CD-37

1	2	3	4
ตึก _{トゥック} ของ _{コーング} น้ำในอ่าง _{ナーム・ナイ・アーング} รถไฟ _{ロット・ファイ} คุณ _{クン}	สูง _{スーング} หนัก _{ナック} ร้อน _{ローン} แล่นเร็ว _{レン・レウ} ตัวสูง _{トゥーア・スーング}	สักเท่าไร _{サック・タウライ}	ครับ/คะ _{クラップ/カ}

mini会話

A：あのビルの高さはどのくらいですか。　ตึกนั้นสูงสักเท่าไรครับ
　　　　　　　　　　　　　　　　　　　　_{トゥック・ナン・スーング・サック・タウライ・クラップ}

B：わからないけれど、　　　　　　　　ไม่ทราบค่ะ
　　　　　　　　　　　　　　　　　　　　_{マイ・サーァ・カ}
　　　タイで一番高いです。　　　　　　　แต่เป็นตึกสูงที่สุดในประเทศไทยค่ะ
　　　　　　　　　　　　　　　　　　　　_{テー・ペン・トゥック・スーング・ティー・スット・ナイ・プラテート・タイ・カ}

A：あなたは、身長はどのくらいですか。　คุณตัวสูงสักเท่าไรครับ
　　　　　　　　　　　　　　　　　　　　_{クン・トゥーア・スーング・サック・タウライ・クラップ}

B：170 センチです。　　　　　　　　　๑๗๐ เซนต์ค่ะ
　　　　　　　　　　　　　　　　　　　　_{ローイ・ジェット・スィップ・セン・カ}

Point　タイは日本と同じように、長さの単位にはメートル法を使っていて、「キロメートル」は กิโลเมตร（ギロー・メート）、「メートル」は เมตร（メート）と言います。重さは กิโลกรัม（ギロー・グラム）「キログラム」、กรัม（グラム）「グラム」ですが、一般的に Km も Kg も กิโล（ギロー）と省略して言います。例えば、จากกรุงเทพฯถึงเชียงใหม่ประมาณ ๘๐๐ กิโล（ジャーク・グルングテープ・トゥング・チーアングマイ・プラマーン・ペート・ローイ・ギロー）「バンコクからチエンマイまで約 800km」、มังคุดนี่กิโลละกี่บาท（マングクット・ニー・ギロー・ラ・ギー・バート）「このマンゴスチン、1kg 何バーツ？」というような言い方をします。

93

UNIT 38
CD-38

■ 程度を聞く（2）

どのくらいかかりますか。

1	3	2＋4
ここから チエンマイまで 空港まで 飛行機で そこまで歩いて	どのくらい	（時間が） かかりますか。

語句を覚えよう！

จากที่นี่ ジャーク・ティー・ニー	ここから	ใช้เวลา チャイ・ウェーラー	時間がかかる
ไปเชียงใหม่ パイ・チーアングマイ	チエンマイに行く	ชั่วโมงหนึ่ง チューア・モーング・ヌング	1時間
ไปสนามบิน パイ・サナーム・ビン	空港に行く	ชั่วโมงครึ่ง チューア・モーング・クルング	1時間半
ไปโดยเครื่องบิน パイ・ドーイ・クルアングビン	飛行機で行く	ครึ่งวัน クルング・ワン	半日
เดินไปถึงตรงนั้น ドゥーン・パイ・トゥング・トロング・ナン	そこまで歩く	ไม่กี่นาที マイ・ギー・ナーティー	数分

UNIT 38
CD-38

ใช้เวลาสักเท่าไรครับ/คะ

1	2	3	4

จากที่นี่
ジャーク・ティーニー
ไปเชียงใหม่
パイ・チーアンヶマイ
ไปสนามบิน
パイ・サナーム・ビン
ไปโดยเครื่องบิน
パイ・ドーイ・クルーアンヶ・ビン
เดินไปถึงตรงนั้น
ドゥーン・パイ・トゥンヶ・トロンヶ・ナン

+ **ใช้เวลา** チャイ・ウェーラー + **สักเท่าไร** サック・タウライ + **ครับ/คะ** クラップ/カ

mini会話

- **A**: 東京からバンコクまでどのくらい時間がかかりますか。
  จากโตเกียวไปกรุงเทพฯใช้เวลาสักเท่าไรครับ
  ジャーク・トーギーアウ・パイ・グルンヶテープ・チャイ・ウェーラー・サック・タウライ・クラップ
- **B**: 約6時間です。
  ประมาณ ๖ ชั่วโมงค่ะ
  プラマーン・ホック・チューアモーンヶ・カ
- **A**: エコノミークラスの値段はいくらぐらいですか。
  ชั้นประหยัดราคาสักเท่าไรครับ
  チャン・プラヤット・ラーカー・サック・タウライ・クラップ
- **B**: 2万バーツくらいです。
  ประมาณ ๒ หมื่นบาทค่ะ
  プラマーン・ソーンヶ・ムーン・バート・カ

Point ใช้เวลาประมาณ ๒ ชั่วโมง（チャイ・ウェーラープラマーン・ソーンヶ・チューアモーンヶ）「2時間くらいかかります」のように、日本語の「〜くらいかかります」には ใช้（チャイ）を使いますが、ใช้ の本来の意味は「使う」です。例えば、ใช้ความคิด（チャイ・クワーム・キット）「頭を使う」、ใช้เงิน（チャイ・グン）「お金を使う」などが本来の使い方です。しかし "時間が無駄に使われる" というニュアンスになる「時間がかかりますね」では、เสียเวลาจังนะครับ（スィーア・ウェーラー・ジャンヶ・ナ・クラップ）のように、「失われる」という意味の เสีย（スィーア）を使います。

UNIT 39
CD-39

● 相手に尋ねる
～は何ですか。

1	2	3
これ / お名前 / ご住所 / ご職業 / 趣味 は	何	ですか。

語句を覚えよう！

นี่ ニー	これ	หมายเลขโทรศัพท์ マーイレーク・トーラサップ	電話番号
ชื่อ チュー	名前	หมายเลขแฟ็กซ์ マーイレーク・フェック	ファックス番号
บ้านเลขที่ バーン・レークティー	住所	หมายเลขมือถือ マーイレーク・ムートゥー	携帯電話番号
อาชีพ アーチーブ	職業	อาหารจานเด็ดวันนี้ アーハーン・ジャーン・デット・ワン・ニー	今日のお勧め
งานอดิเรก ガーン・アディレーク	趣味	อาหารจานนี้ アーハーン・ジャーン・ニー	この料理

UNIT 39
CD-39

～อะไรครับ/คะ

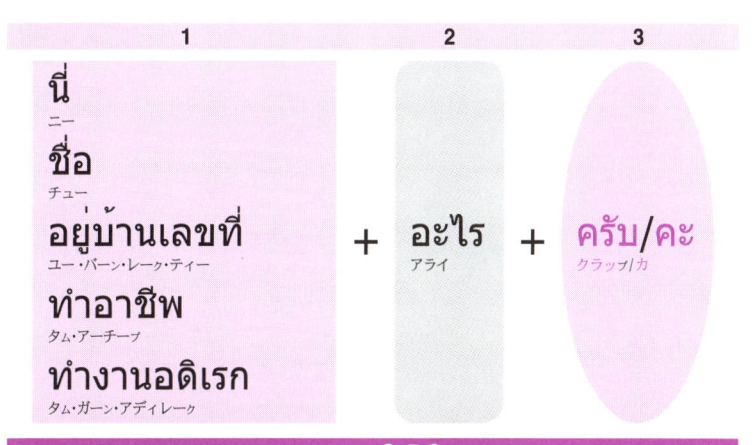

1	2	3
นี่ ニー ชื่อ チュー อยู่บ้านเลขที่ ユー・バーン・レーク・ティー ทำอาชีพ タム・アーチーブ ทำงานอดิเรก タム・ガーン・アディレーク	อะไร アライ	ครับ/คะ クラッブ/カ

mini会話

A： 趣味は何ですか。　　　ทำงานอดิเรกอะไรครับ
　　　　　　　　　　　　タム・ガーン・アディレーク・アライ・クラッブ

B： スポーツです。　　　　เล่นกีฬาค่ะ
　　　　　　　　　　　　レン・ギーラー・カ

　　サッカーが大好きです。　ชอบฟุตบอลมาก
　　　　　　　　　　　　チョーブ・フットボーン・マーク

A： 私は、映画と旅行が　　ผมชอบดูภาพยนตร์กับท่องเที่ยวมากครับ
　　大好きです。　　　　ポム・チョーブ・ドゥー・パーパヨン・ガッブ・トングティーアウ・マーク・クラッブ

Point นี่อะไร（ニー・アライ）「これは何ですか」、ชื่ออะไร（チュー・アライ）「お名前は何ですか」のような文は、名詞や代名詞に อะไร（アライ）「何」をつけるだけで「～は何ですか」という意味になります。しかし、บ้านเลขที่（バーン・レーク・ティー）「住所」や อาชีพ（アーチーブ）「職業」のような場合は、それぞれ อยู่บ้านเลขที่เท่าไร（ユー・バーン・レーク・ティー・タウライ）「何番地に住んでいますか（＝直訳）」、ทำอาชีพอะไร（タム・アーチーブ・アライ）「直訳＝何の職業をしていますか（＝直訳）」と聞くのが普通です。

UNIT 40 / CD-40

● 比較の質問

どちらが〜ですか。

1	3	2	4
どちらが	より	便利 いい おいしい 寒い 住みやすい	ですか。

語句を覚えよう！

สะดวก サドゥーアック	便利な	อย่างไหน ヤーンヅナイ	どちら
ดี ディー	いい	กรุงเทพฯ グルンヅテープ	バンコク
อร่อย アロイ	おいしい	เผ็ด ペット	辛い
หนาว ナーウ	寒い	ร้อน ローン	暑い
อยู่สบาย ユー・サバーイ	住みやすい	สนุก サヌック	おもしろい

UNIT 40
CD-40
อย่างไหน～ครับ/คะ

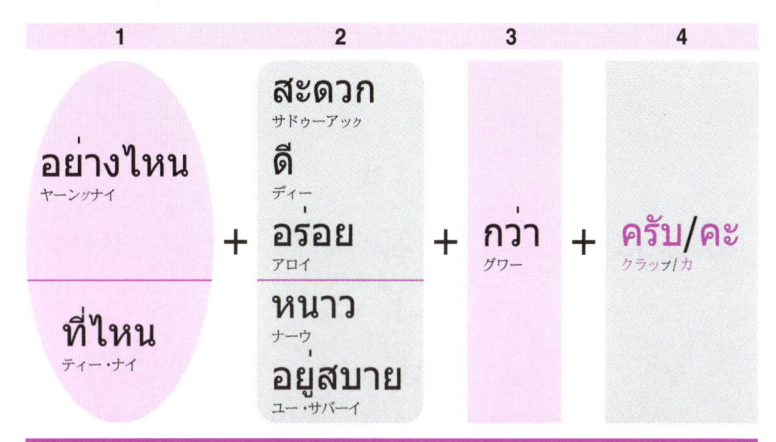

1	2	3	4

อย่างไหน
ヤーンッナイ

ที่ไหน
ティー・ナイ

＋

สะดวก
サドゥーアック

ดี
ディー

อร่อย
アロイ

หนาว
ナーウ

อยู่สบาย
ユー・サバーイ

＋

กว่า
グワー

＋

ครับ/คะ
クラッブ/カ

mini会話

A：東京とバンコクでは
どちらが住みやすいですか。

โตเกียวกับกรุงเทพฯ
トーギーアウ・カッㇷ゚・グルンッテーㇷ゚

ที่ไหนอยู่สบายกว่าครับ
ティーナイ・ユー・サバーイ・グワー・クラッㇷ゚

B：バンコクです。
กรุงเทพฯค่ะ
グルンッテーㇷ゚・カ

A：どちらがいいですか。
เอาอันไหนดีครับ
アウ・アンッ・ナイ・ディー・クラッㇷ゚

B：こちらをください。
ขออันนี้ค่ะ
コー・アンッ・ニー・カ

Point タイ語で物事を比較する時は、その形容詞の後ろに กว่า（グワー）「より」をつけます。文型は รถไฟฟ้าสะดวกกว่ารถเมล์（ロット・ファイファー・サドゥーアック・グワー・ロット・メー）「電車はバスより便利です」のように、"รถไฟฟ้า（ロット・ファイファー）「電車（＝より便利な乗り物）」＋ สะดวกกว่า（サドゥーアック・グワー）「より便利です」＋（ロット・メー）「バス」"という語順になっています。タイ語の文章には「が」「は」「を」などの助詞がないため、語順によって内容が決まってしまい、基本文型 "主語＋動詞＋目的語" の順番が崩れるととんでもないことになってしまいます。

UNIT 41 / CD-41

■ 好みの種類を聞く
どんな〜が好きですか。

1	4	3	2	5
(あなたは)	どんな	服 飲み物 料理 スポーツ 色	が 好き	ですか。

語句を覚えよう！

เสื้อผ้า スーアパー	服	สีแดง スィー・デーング	赤い
เครื่องดื่ม クルーアング・ドゥーム	飲み物	สีดำ スィー・ダム	黒い
อาหาร アーハーン	料理 食べ物	สีน้ำเงิน スィー・ナムグン	青い
กีฬา ギーラー	スポーツ	สีเขียว スィー・キーアウ	緑の
สี スィー	色	สีขาว スィー・カーウ	白い

UNIT 41
CD-41

คุณชอบ～ประเภทไหนครับ/คะ

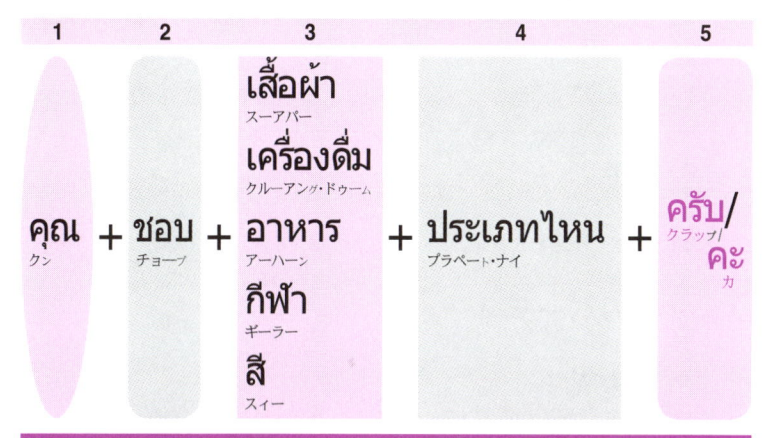

1	2	3	4	5
คุณ クン	+ ชอบ チョープ	+ เสื้อผ้า スーアパー เครื่องดื่ม クルーアング・ドゥーム อาหาร アーハーン กีฬา ギーラー สี スィー	+ ประเภทไหน プラペート・ナイ	+ ครับ/คะ クラップ/カ

mini会話

A：どんな服が好きですか。　　ชอบเสื้อผ้าประเภทไหนครับ
　　　　　　　　　　　　　　チョープ・スーアパー・プラペート・ナイ・クラップ

B：白色でシンプルなTシャツが好きです。ชอบเสื้อยืดธรรมดาๆสีขาวค่ะ
　　　　　　　　　　　　　　チョープ・スーア・ユート・タムダー・タムダー・スィー・カーウ・カ

A：私もです。　　　　　　　　ผมก็เหมือนกันครับ
　　　　　　　　　　　　　　ポム・ゴー・ムーアン・ガン・クラップ

Point

ประเภท (プラペート) は「種類」という意味なので、ชอบ～ประเภทไหนครับ (チョープ～プラペート・ナイ・クラップ)「どんな～が好きですか」に対する答はかなり具体的な内容になります。例えば、「映画」なら ตลกขบขัน (タロック・コップカン)「コメディー」、รักหวานชื่น (ラック・ワーンチューン)「ロマンス」、ตื่นเต้นหวาดเสียว (トゥーンテン・ワートスィーアウ)「アクション」などでしょう。タイで上映する映画はハリウッド映画が主流で、新作ロードショーの公開は世界でも結構早い方ですが、あまり長い期間の上映はしないようです。どこの映画館に入っても、本編を上映する前に必ず国王の写真や映像、国王賛歌が流れます。

UNIT 42 CD-42

■ どうだったか聞く時の表現

～はいかがですか／いかがでしたか。

1	2
（身体の）調子 お仕事 旅行　　　は 夕べのパーティー 市内観光	いかがですか。 ―――― いかがでしたか。

語句を覚えよう！

สุขภาพร่างกาย スックカパーブ・ラーングガーイ	調子 （すべてのこと）	น้ำชา ナーム・チャー	お茶
การงาน ガーン・ガーン	仕事	อาหารเกาหลี アーハーン・ガウリー	韓国料理
การเดินทาง ガーン・ドゥーンターング	旅行	อาหารญี่ปุ่น アーハーン・イーブン	日本料理
งานปาร์ตี้ ガーン・パーティー	パーティー	อาหารฝรั่งเศส アーハーン・ファラングセート	フランス料理
การเที่ยวดูเมือง ガーン・ティーアウ・ドゥー・ムーアング	市内観光	อาหารอิตาเลียน アーハーン・イターリーアン	イタリア料理

UNIT 42
CD-42

～เป็นอย่างไรบ้างครับ/คะ

1
สุขภาพร่างกาย
スックカパープ・ラーングガーイ

การงาน
ガーン・ガーン

การเดินทาง
ガーン・ドゥーンターング

งานปาร์ตี้เมื่อคืนนี้
ガーン・パーティー・ムーア・クーン・ニー

การเที่ยวดูเมือง
カーン・ティーアウ・ドゥー・ムアーング

2
+ เป็นอย่างไรบ้างครับ/คะ
ペン・ヤーングライ・バーング・クラップ/カ

mini会話

A：お茶の味はいかがですか。　น้ำชานี่รสชาติเป็นอย่างไรบ้างครับ
ナーム・チャー・ニー・ロットチャート・ペン・ヤーングライ・バーング・クラップ

B：おいしいです。　อร่อยดีค่ะ
アロイ・ディー・カ

A：最近、お仕事はいかがですか。　ระยะนี้การงานเป็นยังไงมั่งครับ
ラヤ・ニー・ガーン・ガーン・ペン・ヤンッガイ・マンッ・クラップ

B：まあまあです。　เรื่อยๆค่ะ
ルーアイ・ルーアイ・カ

Point　「～はいかがですか」は正確に言うと เป็นอย่างไรบ้างครับ/คะ（ペン・ヤーングライ・バーング・クラップ/カ）ですが、一般的には เป็นยังไงมั่งครับ/คะ（ペン・ヤンッガイ・マンッ・クラップ/カ）というくだけた言い方を使います。主に相手の意見や状況を尋ねる際に使う文型で、返事としては ดีมากเลย（ディー・マーク・ルーイ）「とてもいい」、งั้นๆ（ガン・ガン）・เรื่อยๆ（ルーアイ・ルーアイ）「まあまあ」、ไม่ค่อยดี（マイ・コイ・ディー）「あまりよくない」、ไม่ดีเลย（マイ・ディー・ルーイ）「全然よくない」、แย่มาก（イェー・マーク）「ひどい」などと、いろいろあります。また、タイ語の文章の中には "ๆ" がしょっちゅう出てきますが、これは ไม้ยะมก（マイ・ヤモック）「前の語を繰り返して読む」という符号です。

UNIT 43
CD-43

● 依頼する時
～してくれませんか。

3	2	1	4
ちょっと	写真を撮って このボタンを押して 荷物を持って 待って ゆっくり話して	くれ	ませんか。

語句を覚えよう！

ถ่ายรูป ターイ・ループ	写真を撮る	ดึง ドゥング	引っぱる
กด ゴット	(ボタンを)押す	ปุ่ม プム	ボタン
ถือ トゥー	持つ	ปิดหน้าต่าง ピット・ナーターング	窓を閉める
รอ ロー	待つ	เปิดประตู プート・プラトゥー	ドアを開ける
พูด プート	話す	พูดอีกครั้ง プート・イーク・クラング	それを もう一度言う

UNIT 43
CD-43

ช่วย～หน่อยได้ไหมครับ/คะ

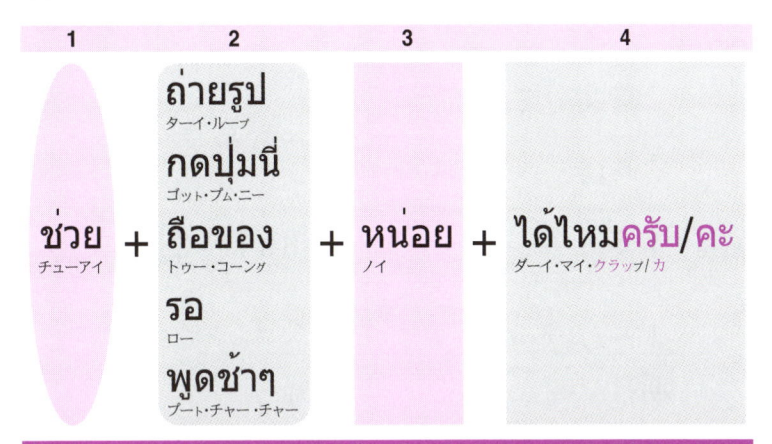

1	2	3	4
ช่วย チューアイ	ถ่ายรูป ターイ・ルーブ กดปุ่มนี่ ゴット・プム・ニー ถือของ トゥー・コーング รอ ロー พูดช้าๆ プート・チャー・チャー	หน่อย ノイ	ได้ไหมครับ/คะ ダーイ・マイ・クラップ/カ

mini会話

A: すみません、　　　　　　　　　ขอโทษครับ
　　　　　　　　　　　　　　　　コートート・クラップ
　　ちょっと写真を撮ってくれませんか。　ช่วยถ่ายรูปหน่อยได้ไหมครับ
　　　　　　　　　　　　　　　　チューアイ・ターイ・ルーブ・ノイ・ダーイ・マイ・クラップ
B: どこを押すのですか。　　　　　　กดตรงไหนคะ
　　　　　　　　　　　　　　　　ゴット・トロング・ナイ・カ
A: そのボタンを押すだけです。　　　กดปุ่มนั้นเท่านั้นเองครับ
　　　　　　　　　　　　　　　　コット・プム・ナン・タウナン・エーング・クラップ

Point ช่วย（チューアイ）は「手助けする」という意味で、人に何かを手助けしてもらいたい時はたいてい หน่อย（ノイ）「ちょっと」と組み合わせた文、ช่วย ～ หน่อยครับ/ค่ะ（チューアイ ～ ノイ・クラップ/カ）「ちょっと手伝ってください」を使います。誰かに手を伸ばして「持ってあげましょうか」と言う時は ช่วยถือไหมครับ/คะ（チューアイ・トゥー・マイ・クラップ/カ）、「やってあげましょうか」は ช่วยทำไหมครับ/คะ（チューアイ・タム・マイ・クラップ/カ）または単に ช่วยไหมครับ/คะ（チューアイ・マイ・クラップ/カ）「手伝いましょうか」とやさしく言ってもいいでしょう。また、ひったくりや火事などの災難に見舞われた時には、とっさに ช่วยด้วย（チューアイ・ドゥーアイ）「助けて！」と叫ぶことができるように日頃から練習しておくと安心でしょう。

UNIT 44
CD-44

● 何かをする必要がある時の表現

私は〜しなければなりません。

1	5	4	3	2+6
私は	7時20分に	そこへ	行か	なければなりません。
	5時に	空港へ	出発し	
	すぐに			
		次のバスに	乗ら	
	明日	国に	帰ら	

語句を覚えよう！

๗ โมง ๒๐ ジェット・モーング・イー・スィップ	7時20分に	มะรืนนี้ マルーン・ニー	あさって
๕ โมง ハー・モーング	5時に	เดือนหน้า ドゥーアン・ナー	来月
เดี๋ยวนี้ ディーアウ・ニー	すぐに	สัปดาห์นี้ サッダー・ニー	今週
พรุ่งนี้ プルンッニー	明日	สัปดาห์หน้า サッダー・ナー	来週
วันนี้ ワン・ニー	今日	ปีหน้า ピー・ナー	来年

UNIT 44
CD-44

ผม/ดิฉันต้อง～ครับ/ค่ะ

1	2	3	4	5	6
ผม ポム /ดิฉัน /ディチャン	ต้อง トング	ไป パイ ออกเดินทาง オーク・ドゥーンターング ขึ้น クン กลับ グラップ	ถึงที่นั่น トゥング・ティー・ナン ถึงสนามบิน トゥング・サナームビン รถเมล์คันต่อไป ロット・メー・カン・トーパイ ประเทศ プラテート	๗ โมง ๒๐ ジェット・モーング・イースィップ ๕ โมง ハー・モーング เดี๋ยวนี้ ディーアウ・ニー พรุ่งนี้ プルングニー	ครับ /ค่ะ クラップ/カ

mini会話

A: 7時までにそこへ行かなければなりません。

ผมต้องไปถึงที่นั่นภายใน ๗ โมงครับ
ポム・トング・パイ・トゥング・ティー・ナン・パーイナイ・ジェット・モーング・クラップ

彼女と待ち合わせたので。

เพราะนัดกับเธอเอาไว้
プロ・ナット・カップ・トゥーア・アウ・ワイ

B: 気をつけて。

โชคดีนะคะ
チョーク・ディー・ナ・カ

Point

ต้อง（トング）「～しなければならない（＝英語のhave to）」、と ควร（クーアン）「～すべきである（＝英語のshould）」などの語は、動詞の前に置かれます。また、mini会話にある「気をつけて」を直訳して、ระวังตัวให้ดี（ラワング・トゥーア・ハイ・ディー）と言うと、危ないところへ行こうとするようなニュアンスになり、「気をつけろ、さもないと大変なことになる」のような脅迫に聞こえることもあります。別れ際の挨拶としては、โชคดีนะคะ（チョークディー・ナ・カ）「幸運を祈ります」の方が後味がよく、自然です。

UNIT 45
CD-45

■ 教えて欲しい時の表現

〜を教えてください。

3	2	1+4
どのように	これをタイ語で言うのか 発音するのか ホテルへ行くのか ドアを開けるのか 事件が起きたのか	教えて ください。

語句を覚えよう！

เรียกว่า リーアック・ワー	〜と言う	ไปสนามบิน パイ・サナーム・ビン	空港へ行く
ออกเสียง オーク・スィーアング	発音する	ไปบ้านคุณ パイ・バーン・クン	あなたの家へ行く
ไป パイ	行く	เรียกแท็กซี่ リーアック・テックスィー	タクシーを呼ぶ
เปิด プート	開ける	ทำอาหารนี้ タム・アーハーン・ニー	この料理をつくる
เกิดอุบัติเหตุ グート・ウバッティヘート	事件が起こる	อ่านนี่ アーン・ニー	これを読む

UNIT 45
CD-45

ช่วยบอกหน่อยว่า～ ครับ/คะ

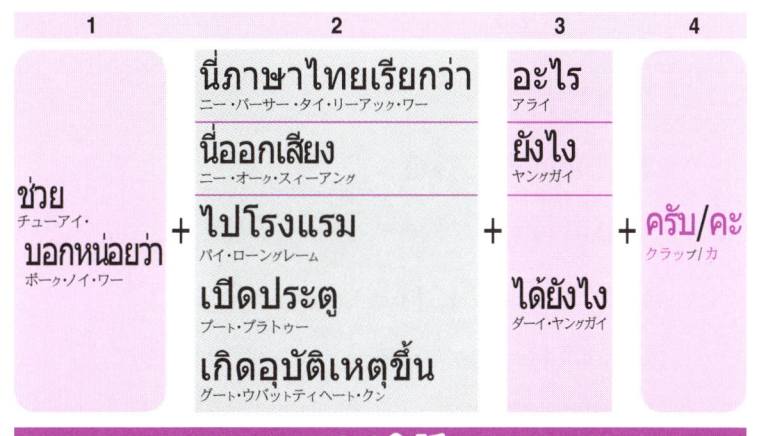

1	2	3	4

ช่วยบอกหน่อยว่า
チューアイ・ボーク・ノイ・ワー

+

นี่ภาษาไทยเรียกว่า
ニー・パーサー・タイ・リーアック・ワー

นี่ออกเสียง
ニー・オーク・スィーアング

ไปโรงแรม
パイ・ローングレーム

เปิดประตู
プート・プラトゥー

เกิดอุบัติเหตุขึ้น
グート・ウバッティヘート・クン

+

อะไร
アライ

ยังไง
ヤンガガイ

ได้ยังไง
ダーイ・ヤンガガイ

+

ครับ/คะ
クラップ/カ

mini会話

A： ホテルへ行く道を教えてください。
ไปโรงแรมได้ยังไงครับ
パイ・ローングレーム・ダーイ・ヤンガガイ・クラップ

B： この道をまっすぐ行って、右側です。
ตรงไปทางนี้อยู่ทางขวามือค่ะ
トロング・パイ・ターング・ニー・ユー・ターング・クワー・ムー・カ

Point

人に何かを教えてもらいたい時には、ช่วยบอกหน่อยว่า～（チューアイ・ボーク・ノイ・ワー）「～を教えてください」の文型を使いますが、会話の場合は นี่อ่านว่าอะไรครับ/คะ（ニー・アーン・ワー・アライ・クラップ/カ）「これは何と読むのですか」のように、相手に教えてもらいたいことの後ろに ครับ/คะ（クラップ/カ）をつけるだけで意思が充分に伝わります。「教える」は บอก（ボーク）で英語の tell にあたります。"教育としての"教える」は สอน（ソーン）で、例えば「タイ語を教える」は สอนภาษาไทย（ソーン・パーサー・タイ）、「料理を教える」は สอนทำอาหาร（ソーン・タム・アーハーン）になります。タイのことわざをひとつ紹介しましょう。สอนจระเข้ให้ว่ายน้ำ（ソーン・ジョーラケー・ハイ・ワーイ・ナーム）「ワニに泳ぎを教える」、つまり"釈迦に説法"ということですね。

UNIT 46
CD-46

■ 提案の表現
〜しましょう。

1	2
食事に行き お茶を飲みに行き 遊びに行き ショッピングに行き 座っておしゃべりをし	ましょう。

語句を覚えよう！

ทานข้าว ターン・カーウ	食事をする	ไปคาราโอเค パイ・カラーオーケー	カラオケに行く
ดื่มน้ำชา ドゥーム・ナーム・チャー	お茶を飲む	ไปสนุก パイ・サヌック	楽しみに行く
ไปเที่ยว パイ・ティーアウ	遊びに行く	เรียนด้วยกัน リアン・ドゥーアイ・ガン	一緒に勉強する
ช็อปปิ้ง チョッピング	ショッピング	กลับญี่ปุ่น グラップ・イープン	日本に帰る
คุย クイ	おしゃべり	ไปที่ห้องผม/ดิฉัน パイ・ティー・ホング・ポム/ディチャン	私の部屋へ行く

UNIT 46
CD-46

〜กันเถอะครับ/ค่ะ

1
ไปทานข้าว
パイ・ターン・カーウ

ไปดื่มน้ำชา
パイ・ドゥーム・ナーム・チャー

ไปเที่ยว
パイ・ティーアウ

ไปช็อปปิ้ง
パイ・チョッピング

มานั่งคุย
マー・ナング・クイ

+

2
กันเถอะครับ/ค่ะ
カン・トゥ・クラップ/カ

mini会話

A：食事に行きましょう。　　ไปทานข้าวกันเถอะครับ
　　　　　　　　　　　　　　パイ・ターン・カーウ・ガン・トゥ・クラップ

B：何を食べましょうか。　　ทานอะไรดีคะ
　　　　　　　　　　　　　　ターン・アライ・ディー・カ

A：ステーキはどう？　　　　สเต๊กดีไหมครับ
　　　　　　　　　　　　　　サテーク・ディー・マイ・クラップ

B：簡単な軽いものにしましょう。　ทานอาหารง่ายๆเบาๆกันเถอะค่ะ
　　　　　　　　　　　　　　　　　ターン・アーハーン・ガーイ・ガーイ・バウ・バウ・ガン・トゥ・カ

Point 相手と何かを一緒にしたいと思ったら、その行動を示す言葉の後ろに 〜กันเถอะครับ/ค่ะ（ガン・トゥ・クラップ/カ）「〜しましょう」をつけるだけで誘いの言葉になります。少なくとも ไปกันเถอะครับ/ค่ะ（パイ・ガン・トゥ・クラップ/カ）「行きましょう」は覚えておくといいでしょう。一緒に楽しいおしゃべりをしたいだけの時は、มาคุยกันหน่อยเถอะครับ/ค่ะ（マー・クイ・ガン・ノイ・トゥ・クラップ/カ）「ちょっと話しましょう」などと言うと、何かの問題に対する真剣な話し合いのニュアンスになってしまうので、軽く มานั่งคุยกันเถอะครับ/ค่ะ（マー・ナング・クイ・ガン・トゥ・クラップ/カ）「座っておしゃべりをしましょう」と誘いましょう。

UNIT 47
CD-47

● 方法の尋ね方
どうやって〜するのですか。

2　　　　　　　　1　　　　　　　　3

| どうやって | 公衆電話をかける
プラザホテルへ行く
タクシーを拾う
切符を買う
タイ語を勉強する | のですか。 |

語句を覚えよう！

โทรศัพท์ トーラサップ・ สาธารณะ サーターラナ	公衆電話	ยังไง ヤンッガイ	どうやって
ไป パイ	行く	สมัคร サマック	申し込む
เรียก リーアック	呼ぶ	สั่ง サング	注文する
ซื้อ スー	買う	ซื้อจากตู้ スー・ジャーク・トゥー・ ขายของอัตโนมัติ カーイコーング・アッタノーマット	自動販売機で買う
เรียน リアン	勉強する	ติดต่อ ティットー	連絡をとる

UNIT 47 | CD-47
〜ยังไงครับ/คะ

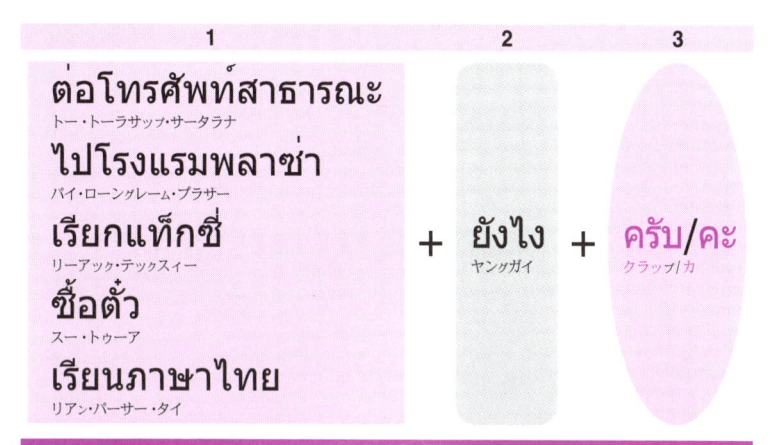

1
ต่อโทรศัพท์สาธารณะ
トー・トーラサップ・サーターラナ
ไปโรงแรมพลาซ่า
パイ・ローングレーム・プラザー
เรียกแท็กซี่
リーアック・テックスィー
ซื้อตั๋ว
スー・トゥーア
เรียนภาษาไทย
リアン・パーサー・タイ

2
＋ ยังไง
ヤングガイ

3
＋ ครับ/คะ
クラップ/カ

mini会話

A：ノンカーイにはどうやって行けばいいですか。

ไปหนองคายยังไงดีครับ
パイ・ノングカーイ・ヤングガイ・ディー・クラップ

B：東北線でコラートまで行って、ノンカーイ行きのバスに乗り換えればいいんですよ。

ขึ้นรถไฟสายตะวันออกเฉียงเหนือไป
クン・ロット・ファイ・サーイ・タワン・オーク・チーアング・ヌーア・パイ・
ลงโคราช แล้วต่อรถบัสไปหนองคายค่ะ
ロング・コラート・レーウ・トー・ロット・バッス・パイ・ノングカーイ・カ

Point รถไฟฟ้า（ロット・ファイファー）「バンコク通勤電車（BTS）」が開通した時、初めて切符の自動販売機が登場し、中心地周辺はかなり便利になりました。そのおかげで、長い間頭を痛めていた交通渋滞問題も緩和されつつあります。更に、まもなくรถใต้ดิน（ロット・ターイディン）「地下鉄」も完成するので、バンコクの交通がより快適になることが期待できそうです。それにしてもタイ人は自動車が好きで、輸入関税を含めた自動車税は400%と高いにもかかわらず、外車は飛ぶように売れています。また、タイ名物のรถตุ๊กๆ（ロット・トゥック・トゥック）「三輪自動車（トゥクトゥク）」は少々危なっかしいかもしれませんが、近いところへちょっとお出かけという時には手軽な乗り物です。

UNIT 48
CD-48

● 依頼の表現
どうぞ〜してください。

1	2+3
どうぞ	急いでください。 ここで止まってください。 お釣りはとっておいてください。 空港へ行ってください。 救急車を呼んでください。

語句を覚えよう！

รีบ リープ	急ぐ	เข้ามา カウ・マー	入る
จอด ジョート	止まる	ตรงนี้ トロング・ニー	ここで
รับไว้ ラップ・ワイ	とっておく	เงินทอน グン・トーン	お釣り
ไป パイ	行く	สนามบิน サナーム・ビン	空港
เรียก リーアック	呼ぶ	รถพยาบาล ロット・パヤーバーン	救急車

UNIT 48
CD-48

กรุณา～ครับ/ค่ะ

1	2	3

กรุณา
ガルナー

＋

รีบหน่อย
リーブ・ノイ

จอดตรงนี้แหละ
ジョート・トロング・ニー・レ

รับเงินทอนไว้เถอะ
ラップ・グントーン・ワイトゥ

ไปสนามบิน
パイ・サナーム・ビン

เรียกรถพยาบาลหน่อย
リーアック・ロット・パヤーバーン・ノイ

＋

ครับ/ค่ะ
クラップ/カ

mini会話

A：すぐに空港へ行ってください。
กรุณาไปสนามบินเดี๋ยวนี้ค่ะ
ガルナー・パイ・サナーム・ビン・ディーアウ・ニー・カ

B：はい、わかりました。
ครับ ได้ครับ
クラップ ダーイ・クラップ

A：時間がありません。どうぞ急いでください。
ดิฉันไม่มีเวลา กรุณารีบหน่อยค่ะ
ディチャン・マイ・ミー・ウェーラー ガルナー・リーブ・ノイ・カ

B：それは大変だ。急ぎましょう。
แย่แล้ว รีบไปกันเถอะครับ
イェー・レーウ リーブ・パイ・ガン・トゥ・クラップ

Point

กรุณา（ガルナー）は丁寧な言葉で、英語の please にあたります。緊急の場合は กรุณา（ガルナー）を省いて用件の後ろに ครับ/ค่ะ（クラップ/カ）をつけるだけでも充分です。万が一災害にあった時のために、日頃から緊急事態に対応できる言葉を覚えておくと安心でしょう（UNIT9 参照）。また、โรงพยาบาลกรุงเทพฯ（ローング・パヤーバーン・グルングテープ）「バンコク病院」には日本語が話せる看護師がいます。急病の場合は、そこに連れて行ってもらえれば安心でしょう。

115

UNIT 49 / CD-49

■ タクシーの中で

～で降ります。

	2		1+3
ここ 角のところ 次の信号 次の交差点 次の小道の入り口		で	降ります。

語句を覚えよう！

นี้ ニー	ここ	ข้างหน้า カーング・ナー	次の
หัวมุม フーアムム	角のところ	ตรง ～ トロング	～で
ไฟแดง ファイ・デーング	信号	ผิดทาง ピット・ターング	道が違う
สี่แยก スィー・イエーク	交差点	ไปทางอ้อม パイ・ターング・オーム	迂回する
ปากซอย パーク・ソーイ	小道の入り口	ไปทางลัด パイ・ターング・ラット	近道をする

UNIT 49 / CD-49

ลงตรง～ ครับ/ค่ะ

1	2	3
ลง ロング	**ตรง** トロング	**ครับ/ค่ะ** クラップ/カ

2の部分:
- นี้ (ニー)
- หัวมุม (フーアムム)
- ไฟแดงข้างหน้า (ファイデーング・カーング・ナー)
- สี่แยกข้างหน้า (スィー・イェーク・カーング・ナー)
- ปากซอยข้างหน้า (パーク・ソーイ・カーング・ナー)

mini会話

A：ここで降ります。いくらですか。

ลงตรงนี้ เท่าไรคะ
ロング・トロング・ニー　タウライ・カ

B：はい、250バーツです。

๒๕๐ บาทครับ
ソーング・ローイ・ハー・スィップ・バート・クラップ

A：お釣りはとっておいてください。

เก็บเงินทอนไว้เถอะค่ะ
ゲップ・グントーン・ワイ・トゥ・カ

Point　「タクシー」はタイ語で แท็กซี่（テックスィー）といいます。現在、ほとんどのタクシーは備え付けメーターで運賃を精算しますが、รถตุ๊กๆ（ロット・トゥック・トゥック）「三輪自動車（トゥクトゥク）」や、地方都市でまだ頑張っている รถสามล้อ（ロット・サーム・ロー）「人力三輪車」に乗る時は、値段交渉が必要です。またバンコクには、渋滞の助け舟役としての乗り合いオートバイがあり、約束時間に間に合いそうもない時によく使われます。降りたいところで、จอดตรงนี้（ジョート・トロング・ニー）「ここでとめて」と言えばとめてくれます。

UNIT 50
CD-50

● 目的地を探す

私は〜を探しています。

1	3	2	4
私は	喫茶店 自分の席 警察署 スーパー ブティック	を 探して	います。

語句を覚えよう！

ร้านกาแฟ ラーン・ガーフェー	喫茶店	ร้านเสริมสวย ラーン・スームスーアイ	美容院
ที่นั่งของ ティー・ナング・コーング・ ผม/ดิฉัน ポム/ディチャン	自分の席	ร้านตัดผม ラーン・タットポム	理髪店
สถานีตำรวจ サターニー・タムルーアット	警察署	ที่เที่ยวกลางคืน ティー・ティーアウ・グラーングクーン	ナイトスポット
ซุปเปอร์ฯ スッパァー	スーパーマーケット	ตลาด タラート	市場
ห้องเสื้อ ホング・スーア	ブティック	ที่สอบถาม ティー・ソープ・ターム	案内所

UNIT 50
CD-50

ผม/ดิฉันกำลังหา ～อยู่ครับ/ค่ะ

1	2	3	4

ผม/ดิฉัน (ポム/ディチャン) + **กำลังหา** (ガムラング・ハー) +
- **ร้านกาแฟ** (ラーン・ガーフェー)
- **ที่นั่งของผม/ดิฉัน** (ティー・ナング・コーング・ポム/ディチャン)
- **สถานีตำรวจ** (サターニー・タムルーアット)
- **ซุปเปอร์** (スッパァー)
- **ห้องเสื้อ** (ホング・スーア)

+ **อยู่** (ユー・) **ครับ/ค่ะ** (クラップ/カ)

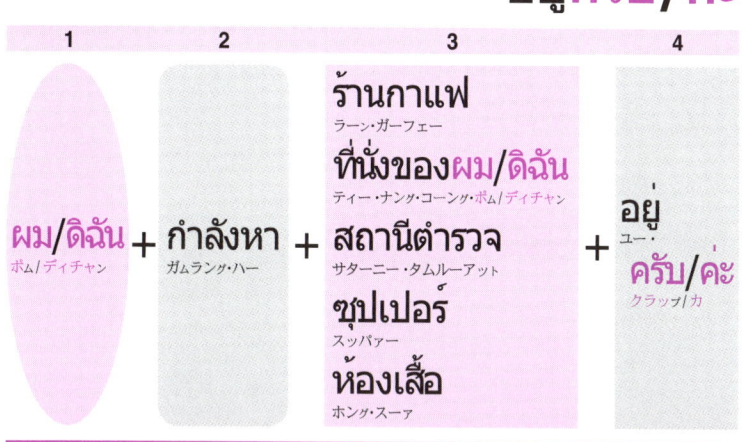

mini会話

A： 喫茶店を探しているのですが。　　**ผมกำลังหาร้านกาแฟอยู่ครับ**
ポム・ガムラング・ハー・ラーン・ガーフェー・ユー・クラップ

B： この道沿いの右側にありますよ。　　**อยู่ริมถนนนี้ทางขวามือค่ะ**
ユー・リム・タノン・ニー・ターング・クワームー・カ

Point

タイのほとんどの **ร้านกาแฟ**（ラーン・ガーフェー）「喫茶店」には、コーヒーなど飲み物の他に、ケーキや軽食もあります。**กาแฟ**（ガーフェー）「コーヒー」はフランス語の café から来た言葉ですが、**คาเฟ่**（カーフェー）と本来の発音で言うと "ナイトクラブ" や "スナックバー" のような意味になってしまいます。字を見るとその違いがわかりますが、喫茶店を探すのなら **"ร้าน"**（ラーン）をつけるのをお忘れなく。**ผมกำลังหาคาเฟ่อยู่ครับ**（ポム・ガムラング・ハー・カーフェー・ユー・クラップ）「"カフェ" を探している」とうっかりと言ってしまったら、コーヒーを飲み損なってしまうでしょうから…。

UNIT 51 / CD-51
■ 嗜好を尋ねる時
～は好きですか。

| 2 | 1 | 3 |

スポーツ
映画
サッカー　は　好き　ですか。
音楽
犬

語句を覚えよう！

กีฬา ギーラー	スポーツ	เดินออกกำลัง ドゥーン・オーク・ガムラング	ジョギング
ภาพยนตร์ パーパヨン	映画	คาราโอเค カラーオーケー	カラオケ
ฟุตบอล フットボーン	サッカー	เดินชมธรรมชาติ ドゥーン・チョム・タムマチャート	ハイキング
ดนตรี ドントリー	音楽	อ่านหนังสือ アーン・ナングスー	読書
สุนัข スナック	犬	แมว メーウ	猫

UNIT 51
CD-51

ชอบ～ไหมครับ/คะ

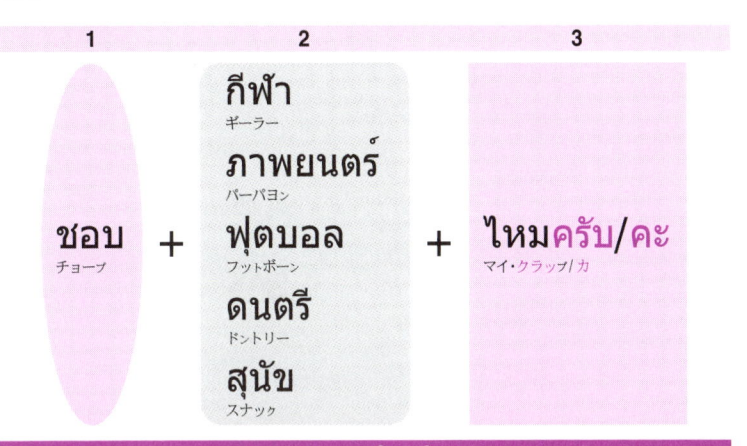

1	2	3

ชอบ
チョープ

+

กีฬา
ギーラー

ภาพยนตร์
パーパヨン

ฟุตบอล
フットボーン

ดนตรี
ドントリー

สุนัข
スナック

+

ไหมครับ/คะ
マイ・クラップ/カ

mini会話

A：映画は好きですか。　　　**ชอบภาพยนตร์ไหมครับ**
　　　　　　　　　　　　　　チョープ・パーパヨン・マイ・クラップ

B：大好きです。あなたは？　**ชอบมากค่ะ　คุณล่ะคะ**
　　　　　　　　　　　　　　チョープ・マーク・カ　　クン・ラ・カ

A：私は音楽が好きです。　　**ผมชอบดนตรีครับ**
　　　　　　　　　　　　　　ポム・チョープ・ドントリー・クラップ

　　　どんな映画が好きなんですか。**ชอบภาพยนตร์ประเภทไหนครับ**
　　　　　　　　　　　　　　　　チョープ・パーパヨン・プラペート・ナイ・クラップ

B：ミステリーが好きです。　**ชอบเรื่องลึกลับค่ะ**
　　　　　　　　　　　　　　チョープ・ルーアング・ルックラップ・カ

Point　ドリアンのような独特なにおいをした珍しい果物を出されて、戸惑ったような表情を見せると、相手に ไม่ชอบหรือครับ/คะ（マイ・チョープ・ルー・クラップ/カ）「好きじゃないですか」と聞かれるでしょう。近年では日タイの文化交流が盛んになり、和食通のタイ人が多くなりましたが、日本人のように生ものを食べる習慣はまだないようです。タイ人と食事をしていて、相手が刺身の方になかなか箸を向けそうになかったら、ไม่ชอบปลาดิบหรือครับ/คะ（マイ・チョープ・プラー・ディップ・ルー・クラップ/カ）「刺身は好きじゃないですか」と気遣ってあげるといいでしょう。

UNIT 52
CD-52

● 嗜好の表現

私は〜が好きです／嫌いです。

1	3		2	4
私は	麺類 刺身 肉料理 野菜 油もの	が	好き 嫌い	です。

語句を覚えよう！

ก๋วยเตี๋ยว グーアイティーアウ	麺類	อาหารไทย アーハーン・タイ	タイ料理
ปลาดิบ プラー・ディップ	刺身	อาหารเผ็ด アーハーン・ペット	辛いもの
อาหาร アーハーン・ ประเภทเนื้อ プラペート・ヌーア	肉料理	อาหารหวาน アーハーン・ワーン	甘いもの
ผัก パック	野菜	อาหารรสจืด アーハーン・ロット・ジュート	さっぱりした 味付けの 食べ物
ของมันๆ コーング・マンマン	油もの	ผลไม้ ポンラマーイ	果物

UNIT 52 / CD-52

ผม/ดิฉันชอบ～ครับ/ค่ะ
ผม/ดิฉันไม่ชอบ～ครับ/ค่ะ

1	2	3	4
ผม/ดิฉัน ポム/ディチャン	**ชอบ** チョープ **ไม่ชอบ** マイ・チョープ	**ก๋วยเตี๋ยว** グーアイティーアウ **ปลาดิบ** プラー・ディップ **อาหารประเภทเนื้อ** アーハーン・プラペート・ヌーア **ผัก** パック **ของมันๆ** コーング・マンマン	**ครับ/ค่ะ** クラップ/カ

mini会話

- **A**：食べ物では何が好きですか。　　**ชอบทานอะไรครับ**
　チョープ・ターン・アライ・クラップ
- **B**：肉料理が好きです。　　**ชอบอาหารประเภทเนื้อค่ะ**
　チョープ・アーハーン・プラペート・ヌーア・カ
- **A**：私は、肉は嫌いです。　　**ผมไม่ชอบเนื้อ**
　ポム・マイ・チョープ・ヌーア
　野菜が好きです。　　**ชอบทานผักครับ**
　チョープ・ターン・パック・クラップ

Point タイ人の多くは仏教徒です。仏教では食べ物においての戒律は特にありませんが、最近では健康や美容のためなどの個人的な理由で **เนื้อวัว**（ヌーア・ウーア）「牛肉」を食べない人が多くなりました。このような場合は **ไม่ชอบเนื้อวัว**（マイ・チョープ・ヌーア・ウーア）「牛肉が嫌い」ではなく、**ไม่ทานเนื้อวัว**（マイ・ターン・ヌーア・ウーア）「牛肉は食べない」と言います。また南部出身のイスラム系タイ人の一部は、**ไม่ทานเนื้อหมู**（マイ・ターン・ヌーア・ムー）「豚肉を食べない」ので、料理を注文する前に確かめた方が無難です。「嫌い」には他に **เกลียด**（グリアット）という言い方もありますが、「憎む」というきつい響きがあるので普段は使わない方がいいでしょう。

UNIT 53
CD-53

● 見せて欲しい時の頼み方
〜を見せてください。

| 2 | 1 | 3 |

あれを
もっと安いものを
もっと大きいものを   見せて   ください。
もっと小さいものを
これを全部

語句を覚えよう！

อันนั้น アン・ナン	あれ	อีก イーク	もっと
ที่ถูกกว่า ティー・トゥーク・グワー	安いもの	อย่างอื่น ヤーング・ウーン	別のもの
ที่ใหญ่กว่า ティー・ヤイ・グワー	大きいもの	แบบฉูดฉาด ベープ・チュートチャート	派手なもの
ที่เล็กกว่า ティー・レック・グワー	小さいもの	แบบเรียบๆ ベープ・リーアップ・リーアップ	地味なもの
ทั้งหมด タング・モット	全部	อันนี้ アン・ニー	これ

UNIT 53
CD-53

ขอดู〜ครับ/ค่ะ

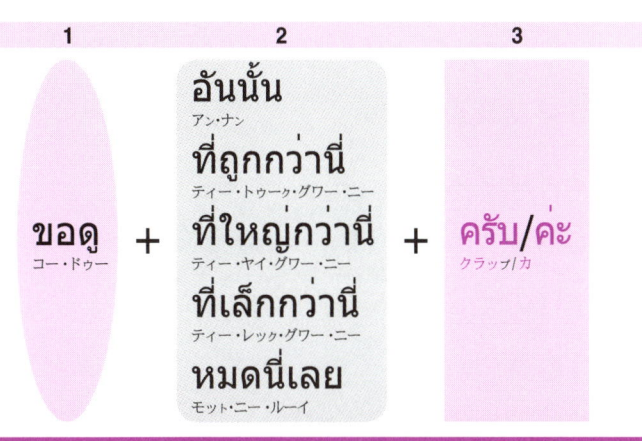

1	2	3
ขอดู コー・ドゥー	อันนั้น アン・ナン ที่ถูกกว่านี่ ティー・トゥーク・グワー・ニー ที่ใหญ่กว่านี่ ティー・ヤイ・グワー・ニー ที่เล็กกว่านี่ ティー・レック・グワー・ニー หมดนี่เลย モット・ニー・ルーイ	ครับ/ค่ะ クラップ/カ

mini会話

A：もっと安いものを見せてください。　ขอดูที่ราคาถูกกว่านี่ครับ
コー・ドゥー・ティー・ラーカー・トゥーク・グワー・ニー・クラップ

B：はい、どうぞ。　นี่ค่ะ, เชิญค่ะ
ニー・カ　チューン・カ

A：他の色も見せてください。　ขอดูสีอื่นด้วยครับ
コー・ドゥー・スィー・ウーン・ドゥーアイ・クラップ

Point　バンコクのショッピングセンターでは、世界最高級ブランドを扱うブティックや、タイシルク、貴金属、宝石の売店がぎっしりと立ちならんで、その輝きには目が眩むようです。いい買物をするためには、ขอดูที่〜กว่านี่（コー・ドゥー・ティー〜グワー・ニー）「もっと〜なものを見せてください」の構文が便利でしょう。高価なものを買う時は、品物を手にとって丹念に選んだ方がいいので、遠慮せずに店員にいろいろ見せてもらいましょう。その際、แบบอื่น（ベープ・ウーン）「他のデザイン」、สีอื่น（スィー・ウーン）「他の色」、ขนาดอื่น（カナート・ウーン）「他のサイズ」などの言葉を覚えておくと役立つでしょう。

UNIT 54 / CD-54

● 物の有無を聞く

〜はありますか。

2		1	3
パンフレット カタログ 見本 今日の新聞 日本茶	は	あります	か。

語句を覚えよう！

แผ่นพับ _{ペン・パップ}	パンフレット	ภาษาญี่ปุ่น _{パーサー・イープン}	日本語
แคตาล็อก _{ケットターロック}	カタログ	นิตยสาร _{ニッタヤサーン}	雑誌
ตัวอย่างสินค้า _{トゥーアヤーング・スィンカー}	見本	บัตรโทรศัพท์ _{バット・トーラサップ}	テレフォン カード
หนังสือพิมพ์วันนี้ _{ナングスーピム・ワンニー}	今日の新聞	แผนที่เมือง _{ペーンティー・ムーアング}	市内地図
ชาญี่ปุ่น _{チャー・イープン}	日本茶	ตารางเวลา _{ターラーング・ウェーラー}	時刻表

UNIT 54
CD-54

มี～ไหมครับ/คะ

1	2	3

มี
ミー

\+

แผ่นพับ
ペン・パップ

แคตาล็อก
ケットターロック

ตัวอย่างสินค้า
トゥーアヤーング・スィンカー

หนังสือพิมพ์วันนี้
ナングスーピム・ワンニー

ชาญี่ปุ่น
チャー・イープン

\+

ไหมครับ/คะ
マイ・クラップ/カ

mini会話

A：日本語のパンフレットはありますか。　**มีแผ่นพับภาษาญี่ปุ่นไหมครับ**
　　　　　　　　　　　　　　　　　　　ミー・ペン・パップ・パーサー・イープン・マイ・クラップ

B：すみません。今、切らしています。　**ขอโทษค่ะ　หมดแล้วค่ะ**
　　　　　　　　　　　　　　　　　　　コートート・カ　　モット・レーウ・カ

　　英語版しかありません。　　　　　　**มีแต่ภาษาอังกฤษค่ะ**
　　　　　　　　　　　　　　　　　　　ミー・テー・パーサー・アングクリット・カ

Point มี～ไหมครับ/คะ（ミー・マイ・クラップ/カ）「～はありますか」は、ร้านซื้อสะดวก（ラーン・スー・サドゥーアック）「コンビニ」や駅の売店などで、日用品を求める時などにも便利な文型です。華僑が多いタイでは、ชา（チャー）「茶」と言えばชาจีน（チャー・ジーン）「中国茶」が思い浮かびますが、最近ではชาญี่ปุ่น（チャー・イープン）「日本茶」が健康にいい飲み物として人気を増してきました。タイ人へのおみやげとして、ชาเขียว（チャー・キーアウ）「緑茶」のティーバッグを持って行ってあげると喜ばれるでしょう。

UNIT 55
CD-55

● 能力を聞く表現
あなたは〜ができますか。

1	2		3
あなたは	日本語を話すこと タイ語を話すこと 英語を話すこと 水泳 車の運転	が	できますか。

語句を覚えよう！

ภาษาญี่ปุ่น パーサー・イープン	日本語	พูด プート	話す
ภาษาไทย パーサー・タイ	タイ語	ดีดกีตาร์ ディート・ギター	ギターを弾く
ภาษาอังกฤษ パーサー・アングリット	英語	เต้นรำ テンラム	踊る
ว่ายน้ำ ワーイナーム	泳ぐ	เล่นกอล์ฟ レン・ゴーフ	ゴルフをする
ขับรถ カップ・ロット	運転する	รถ ロット	車

UNIT 55
CD-55

คุณ～เป็นไหมครับ/คะ

1	2	3
คุณ クン	+	พูดภาษาญี่ปุ่น プート・パーサー・イープン พูดภาษาไทย プート・パーサー・タイ พูดภาษาอังกฤษ プート・パーサー・アングリット ว่ายน้ำ ワーイナーム ขับรถ カップ・ロット	+	เป็นไหมครับ/คะ ペン・マイ・クラップ/カ

mini会話

A：日本語を話せますか。　　คุณพูดภาษาญี่ปุ่นเป็นไหมครับ
　　　　　　　　　　　　　　クン・プート・パーサー・イープン・ペン・マイ・クラップ
B：いいえ、できません。　　พูดไม่เป็นค่ะ
　　　　　　　　　　　　　　プート・マイ・ペン・カ
A：何語を話せますか。　　　พูดภาษาอะไรเป็นบ้างครับ
　　　　　　　　　　　　　　プート・パーサー・アライ・ペン・バーング・クラップ
B：英語とスペイン語です。　ภาษาอังกฤษกับภาษาสเปนค่ะ
　　　　　　　　　　　　　　パーサー・アングリット・ガップ・パーサー・サペーン・カ

Point 初対面の人と話す時は趣味を聞いたり、～ เป็นไหมครับ/คะ（ペン・マイ・クラップ/カ）「～はできますか」の構文で得意なことを聞いたりして会話に花を咲かせましょう。得意なものには เก่ง（ゲング）を名詞の前につけます。例えば เก่งว่ายน้ำ（ゲング・ワーイナーム）「水泳が上手」、เก่งภาษาอังกฤษ（ゲング・パーサー・アングリット）「英語が得意」などです。動詞の後ろにつけることもあり、ดีดกีตาร์เก่ง（ディート・ギーター・ゲング）「ギターを弾くのが得意」、ทำอาหารเก่ง（タム・アーハーン・ゲング）「料理をつくるのが得意」などのように言います。

UNIT 56
CD-56

● 可能／不可能の表現

私は〜ができます／できません。

1	2		4	3+5
私は	タイ語を話すこと 英語を話すこと 漢字を書くこと パソコンを使うこと メールを送ること	が	（少し）	できます。
			（全然）	できません。

語句を覚えよう！

ภาษาไทย パーサー・タイ	タイ語	พูด プート	話す
ภาษาอังกฤษ パーサー・アングリット	英語	นิดหน่อย ニットノイ	少し
ภาษาจีน パーサー・ジーン	漢字	เขียน キーアン	書く
คอมพิวเตอร์ コームピウトゥー	パソコン	ช้าๆ チャー・チャー	ゆっくり
อีเมล イーメーウ	Eメール	ง่ายๆ ガーイ・ガーイ	簡単に

UNIT 57 / CD-57

●許諾を得る時
〜していいですか。

1	2
トイレをお借りして これを試着して お名前をお伺いして 写真を撮って これをいただいて	いいですか。

語句を覚えよう！

ขอใช้ห้องน้ำ コー・チャイ・ホング・ナーム	トイレを借りる	สูบบุหรี่ スープ・ブリー	たばこを吸う
ลองเสื้อ ローング・スーア	試着する	เปิดหน้าต่าง プート・ナー・ターング	窓を開ける
ถามชื่อ ターム・チュー	名前を聞く	ไปด้วย パイ・ドゥーアイ	ご一緒する
ถ่ายรูป ターイ・ループ	写真を撮る	นั่งตรงนี้ ナング・トロング・ニー	ここに座る
ขอ コー	もらう 取る	นี่ ニー	これ

UNIT 56 / CD-56

ผม/ดิฉัน～เป็นครับ/ค่ะ
ผม/ดิฉัน～ไม่เป็นครับ/ค่ะ

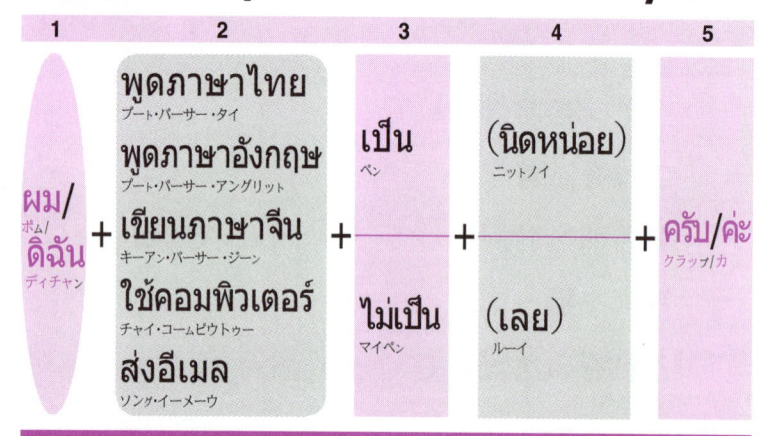

1	2	3	4	5
ผม/ดิฉัน ポム/ディチャン	พูดภาษาไทย プート・パーサー・タイ พูดภาษาอังกฤษ プート・パーサー・アングリット เขียนภาษาจีน キーアン・パーサー・ジーン ใช้คอมพิวเตอร์ チャイ・コームピウトゥー ส่งอีเมล ソング・イーメーウ	เป็น ペン ไม่เป็น マイペン	(นิดหน่อย) ニットノイ (เลย) ルーイ	ครับ/ค่ะ クラップ/カ

mini会話

A：私は、英語は話せますが、　　ผมพูดภาษาอังกฤษเป็น
　　　　　　　　　　　　　　　ポム・プート・パーサー・アングリット・ペン
　　タイ語は話せません。　　　　แต่พูดภาษาไทยไม่เป็นครับ
　　　　　　　　　　　　　　　テー・プート・パーサー・タイ・マイ・ペン・クラップ

B：じゃあ、英語で話しましょう。งั้น, พูดภาษาอังกฤษกันเถอะค่ะ
　　　　　　　　　　　　　　　ガン・プート・パーサー・アングリット・ガン・トゥ・カ

A：ゆっくり話してください。　　พูดช้าๆนะครับ
　　　　　　　　　　　　　　　プート・チャー・チャー・ナ・クラップ

Point タイ語には昔から外国語が取り入れられています。その意味にあてはまる新しいタイ語をつくり出すこともありますが、そのまま使うものも少なくありません。タイ人が外来語をそのまま使う時は、語尾を上げ、延ばして発音するという特徴があります。日本語の場合、例えば「大阪」は โอซาก้า（オーサーカー）、「トヨタ」は โตโยต้า（トーヨーター）、「コンピューター」は คอมพิวเตอร์（コームピウトゥー）といった感じで、場合によってはタイ人っぽい発音で言わないと通じないことがあります。またその逆で、英語の場合は語尾の発音をとめてしまう癖があります。例えば โฮเต็ล（hotel）は"ホテル"ではなく"ホーテン"と発音します。

131

UNIT 57
CD-57
〜ได้ไหมครับ/คะ

1	2
ขอใช้ห้องน้ำ コー・チャイ・ホング・ナーム ลองเสื้อนี่ ローング・スーア・ニー ขอถามชื่อ コー・ターム・チュー ถ่ายรูป ターイ・ルーブ ขอนี่ コー・ニー	+ ได้ไหมครับ/คะ ダーイ・マイ・クラップ/カ

mini会話

A：トイレをお借りしていいですか。	ขอใช้ห้องน้ำได้ไหมครับ コー・チャイ・ホング・ナーム・ダーイ・マイ・クラップ
B：どうぞ、あちらです。	เชิญทางโน้นค่ะ チューン・ターング・ノーン・カ
A：写真を撮ってもいいですか。	ถ่ายรูปได้ไหมครับ ターイ・ルーブ・ダーイ・マイ・クラップ
B：すみませんが、だめです。	ขอโทษค่ะ ถ่ายไม่ได้ค่ะ コートート・カ　ターイ・マイ・ダーイ・カ

Point 博物館、美術館、劇場のようなところで写真を撮る時は、ห้ามถ่ายรูป（ハーム・ターイルーブ）「撮影禁止」の看板が立てられていないことを確認するか、係員に聞くかしましょう。タイ人はお坊さん、仏像、その他の仏教関係のものに対して深い信仰心を持って尊敬していますので、วัด（ワット）「お寺」や โบราณสถาน（ボーラーンサターン）「遺跡」で写真撮影をする際は、失礼になるようなまねや侮辱するような行為をしてはいけません。仏像によじ登って頭を触ったり、写真を撮ったりするのは言うまでもなく厳禁です。たいていのお寺にはお布施箱が置いてあるので、気持ちの金額を入れましょう。それは ทำบุญ（タムブン）「来世のための功徳を積む」という、タイ人の基本的な理念の一つです。

UNIT 58
CD-58
●禁止の表現
〜しないでください。

3	2	1	4
それに	触れ		
私に	近づか		
パスポートを	忘れ	ないで	ください。
大声で	しゃべら		
生水を	飲ま		

語句を覚えよう！

แตะต้อง テトング	触る	สิ่งนั้น スィングナン	それ
เข้ามาใกล้ カウ・マー・グライ	近寄る	ฉัน チャン	私
ลืม ルーム	忘れる	พาสปอร์ต パースポート	パスポート
คุย クイ	しゃべる	เสียงดัง スィーアング・ダング	大声で
ดื่ม ドゥーム	飲む	น้ำดิบ ナーム・ディップ	生水

UNIT 58
CD-58

อย่า〜นะครับ/คะ

1	2	3	4
อย่า ヤー	แตะต้อง テトング เข้ามาใกล้ カウ・マー・グライ ลืม ルーム คุย クイ ดื่ม ドゥーム	สิ่งนั้น スィングナン ฉัน チャン พาสปอร์ต パースポート เสียงดัง スィーアング・ダング น้ำดิบ ナーム・ディップ	นะครับ/คะ ナ・クラップ/カ

mini会話

A: やあ！（ポンと肩をたたく）　หวัดดี
　ワッディー

B: 私に触らないでくれる？　อย่าแตะต้องตัวฉันได้ไหม
　ヤー・テトング・トゥーア・チャン・ダーイ・マイ

A: ごめんなさい。　ขอโทษครับ
　コートート・クラップ

B: それから大声でしゃべらないで。　อย่าคุยเสียงดังนะคะ
　ヤー・クイ・スィーアング・ダング・ナ・カ
　子どもが寝ているから。　เด็กๆกำลังนอน
　デックデック・ガムラング・ノーン

Point タイの女性は、親しい男友達にさえも触られるのを嫌がります。親しみを表したいために肩に手をかけたりするのは、かえって相手の気分を害する結果になるのでやめた方がいいでしょう。そして仏教の決まりで、女性は พระ（プラ）「お坊さん」に触れてはいけないことになっています。バスや電車に乗る時、市場や人ごみの道を歩く時などにお坊さんがいたら、接触しないように気をつけましょう。またタイ人の間では、人間の頭部には聖なる"吉"というものがあるから触ってはいけないという、代々の言い伝えがあります。特に เด็ก（デック）「子ども」が大人の頭を触ったり、またがったりすると叱られます。

UNIT 59
CD-59

● 希望を伝える表現

～をお願いします。

2	1＋3
両替 生ビール 日本へ国際電話 を チェックアウト お勘定	お願いします。

語句を覚えよう！

แลกเงิน レーク・グン	両替	บริการรูมเซอร์วิส ボリガーン・ルーム・スーウィッス	ルーム 　　サービス
เบียร์สด ビーア・ソット	生ビール	จองโรงแรม ジョーング・ローングレーム	ホテルの予約
โทรทางไกล トー・ターング・グライ	国際電話	เปลี่ยนแปลง プリーアンプレーング・ 　　การจอง 　　ガーン・ジョーング	予約の変更
เช็คเอาท์ チェックアウト	チェック 　　アウト	ยกเลิก ヨック・ルーク・ 　　การจอง 　　ガーン・ジョーング	予約の取消
คิดตัง キット・タング	勘定	เช็คเที่ยวบิน チェック・ティーアウ・ビン	フライト確認 （リコンファーム）

UNIT 59
CD-59

ขอ～หน่อยครับ/ค่ะ

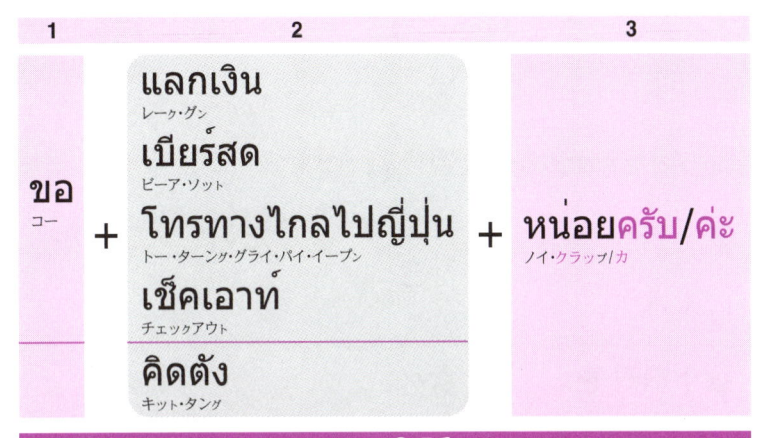

1	2	3
ขอ コー +	แลกเงิน レーク・グン เบียร์สด ビーア・ソット โทรทางไกลไปญี่ปุ่น トー・ターング・グライ・パイ・イープン เช็คเอาท์ チェックアウト ―――――― คิดตัง キット・タング +	หน่อยครับ/ค่ะ ノイ・クラップ/カ

mini会話

A: 両替をお願いします。　　　　ขอแลกเงินหน่อยครับ
　　　　　　　　　　　　　　　　コー・レーク・グン・ノイ・クラップ
　　今日のレートはいくらですか。　อัตราวันนี้เท่าไรครับ
　　　　　　　　　　　　　　　　アットラー・ワンニー・タウライ・クラップ
B: 100円が35バーツです。　　　๑๐๐ เยน ๓๕ บาทค่ะ
　　　　　　　　　　　　　　　　ローイ・イェン・サーム・スィップ・ハー・バート・カ
A: じゃあ、5万円分替えてください。งั้น, ขอแลก ๕ หมื่นเยนครับ
　　　　　　　　　　　　　　　　ガン　コー・レーク・ハー・ムーン・イェン・クラップ

Point この UNIT の文型のように、自分の希望を伝える「～をお願いします」の構文に ขอ（コー）「ください」を入れると、หน่อย（ノイ）「ちょっと」と一緒に文全体の雰囲気を和らげる役割を果たします。また ขอ（コー）は、何かが欲しい時の「～をください」という文にも使います。例えば、食事中に「ご飯をください」と言いたい時は ขอข้าวหน่อยครับ/ค่ะ（コー・カーウ・ノイ・クラップ/カ）となります。生鮮市場のような庶民的な場所へ行くと、たまに ขอทาน（コー・ターン）「物乞い」を見かけます。ทำบุญ（タムブン）「来世のための功徳を積む」のつもりで、あまった เศษสตางค์（セートサターング）「小銭」をあげるとお互いに気持ちがいいでしょう。

UNIT 60 / CD-60

■ 希望を聞く表現
〜したいですか。

3	2	1	4
野球を	観		
ミュージカルを	観に行き		
ヨーロッパへ	行き	たい	ですか。
日本へ	行き		
郷土料理を	食べ		

語句を覚えよう！

ดู ドゥー	見る／観る	เบสบอล ベースボーン	野球
ไปดู パイ・ドゥー	見に行く 観に行く	ละครเพลง ラコーン・プレーンヶ	ミュージカル
ไป パイ	行く	ยุโรป ユロープ	ヨーロッパ
ญี่ปุ่น イープン	日本	ไปเที่ยวต่างประเทศ パイ・ティーアウ・ターンヶ・プラテート	海外旅行
ทาน ターン	食べる	อาหารพื้นเมือง アーハーン・プーンムーアンヶ	郷土料理

UNIT 60
CD-60

อยาก〜ไหมครับ/คะ

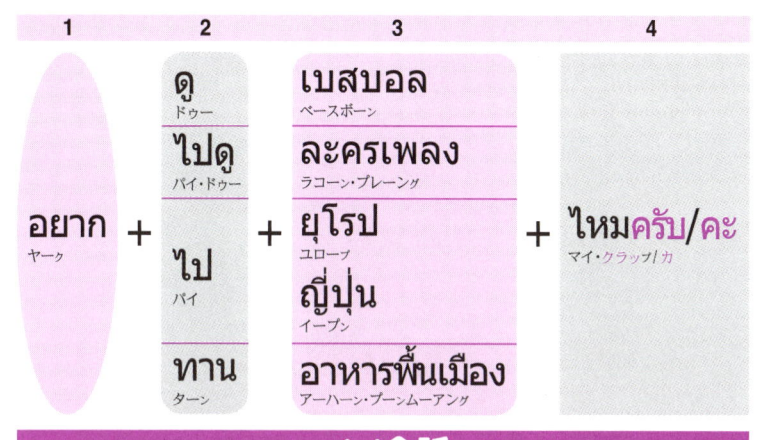

1	2	3	4
อยาก ヤーク	ดู ドゥー ไปดู パイ・ドゥー ไป パイ ทาน ターン	เบสบอล ベースボーン ละครเพลง ラコーン・プレーング ยุโรป ユローブ ญี่ปุ่น イープン อาหารพื้นเมือง アーハーン・プーンムーアング	ไหมครับ/คะ マイ・クラップ/カ

mini会話

A：海外旅行に行きたいですか。　　อยากไปเที่ยวต่างประเทศไหมครับ
ヤーク・パイ・ティーアウ・ターング・プラテート・マイ・クラップ

B：いいえ、　　　　　　　　　　ไม่อยากค่ะ
マイ・ヤーク・カ

　　タイの北部へ行きたいです。　อยากไปเที่ยวทางเหนือของไทยค่ะ
ヤーク・パイ・ティーアウ・ターング・ヌーア・コーング・タイ・カ

Point　「海外旅行に行く」は、正式にいうと ไปเที่ยวต่างประเทศ（パイ・ティーアウ・ターング・プラテート）ですが、口語では ไปเที่ยวเมืองนอก（パイ・ティーアウ・ムーアング・ノーク）と言います。นอก（ノーク）は「外」という意味なので、「留学する」は ไปเรียนเมืองนอก（パイ・リアン・ムーアング・ノーク）、「留学生」は นักเรียนนอก（ナックリアン・ノーク）、「舶来もの」は ของนอก（コーング・ノーク）になります。たいていのタイ人は語学が不得意なので、欧米で教育を受けてきた、英語に堪能な นักเรียนนอก（ナックリアン・ノーク）「海外留学生」は格が高い人材とされています。ちなみに บ้านนอก（バーン・ノーク）は「田舎」という意味なので、นักเรียนบ้านนอก（ナックリアン・バーン・ノーク）と言うと「田舎学生」になってしまうので気をつけましょう。

139

UNIT 61 CD-61 ● 感情・状況の表現
私は〜です。

	1	2	3
	私は	嬉しい 感激 寂しい 悲しい 忙しい	です。

語句を覚えよう！

ดีใจ ディー・ジャイ	嬉しい	กำลังตื่นเต้น ガムラング・トゥーンテン	興奮している （わくわくしている）
ประทับใจมาก プラタップ・ジャイ・マーク	感動している	กำลังลำบาก ガムラング・ラムバーク	困っている
เหงา ガウ	寂しい	พอใจ ポー・ジャイ	満足している
เศร้าใจ サウ・ジャイ	悲しい	กลัว グルーア	怖い
กำลังยุ่ง ガムラング・ユング	忙しい	สนใจ ソン・ジャイ	興味がある

UNIT 61
CD-61

ผม/ดิฉัน～ครับ/ค่ะ

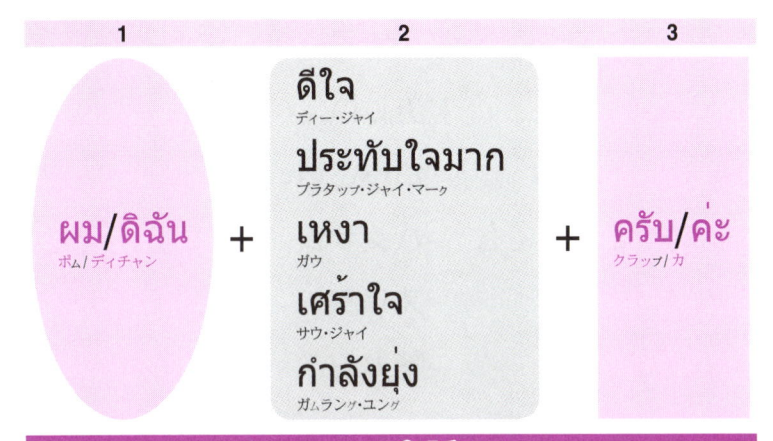

1 ผม/ดิฉัน
ポム/ディチャン

+

2
ดีใจ
ディー・ジャイ

ประทับใจมาก
プラタップ・ジャイ・マーク

เหงา
ガウ

เศร้าใจ
サウ・ジャイ

กำลังยุ่ง
ガムランッ・ユンッ

+

3 ครับ/ค่ะ
クラップ/カ

mini会話

A: ここに来られて嬉しいですか。
ดีใจไหมครับที่ได้มาที่นี่
ディー・ジャイ・マイ・クラップ・ティー・ダーイ・マー・ティーニー

B: 本当に嬉しいです。
ดีใจจริงๆค่ะ
ディー・ジャイ・ジンッジンッ・カ

でも、毎日観光で忙しいです。
แต่ยุ่งค่ะเพราะต้องออกเที่ยวทุกวัน
テー・ユンッ・カ・プロ・トンッ・オーク・ティアウ・トゥック・ワン

Point

タイ語では、感情を表現する言葉の多くには **ใจ**（ジャイ）「心」がつきます。でも語順には気をつけなければなりません。語順を入れ替えると意味が違ってしまうものをいくつかあげてみましょう。**ดีใจ**（ディー・ジャイ）「嬉しい」 ←→ **ใจดี**（ジャイ・ディー）「親切」、**เสียใจ**（スィーア・ジャイ）「惜しむ」 ←→ **ใจเสีย**（ジャイ・スィーア）「心細い」、**ใจอ่อน**（ジャイ・オーン）「すぐ同情する」 ←→ **อ่อนใจ**（オーン・ジャイ）「精神的に疲れ果てる」などです。その他に人の性格を表す **คนใจกว้าง**（コン・ジャイ・グワーンッ）「心が広い人」や **คนใจแคบ**（コン・ジャイ・ケープ）「心が狭い人」などの言い方もあります。

UNIT 62
CD-62

● 容姿の表現

あなたはとても〜ですね。

1	4	3	2	5
あなたは	とても	美しい かっこいい ハンサム スリム 魅力的	です	ね。

語句を覚えよう！

สวย スーアイ	美しい	ฉลาด チャラート	知的な
เท่ห์ テー	かっこいい	เจ้าเล่ห์ ジャウ・レー	ずるい
หล่อ ロー	ハンサムな	น่าหมั่นไส้ ナー・マンサイ	なまいきな
รูปร่างเพรียว ループラーング・プリーアウ	スリムな	ใจดี ジャイディー	優しい
มีเสน่ห์ ミー・サネー	魅力的	มาก マーク	とても

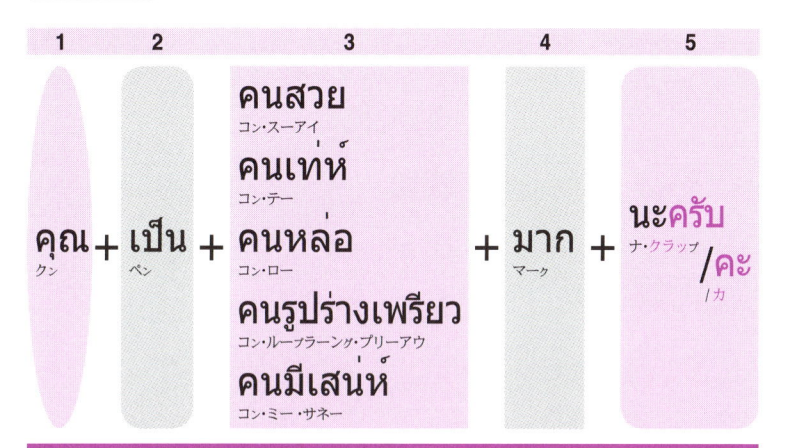

UNIT 62
CD-62
คุณเป็นคน~มากนะครับ/คะ

1 คุณ (クン) + **2** เป็น (ペン) + **3**
- คนสวย (コン・スーアイ)
- คนเท่ห์ (コン・テー)
- คนหล่อ (コン・ロー)
- คนรูปร่างเพรียว (コン・ルーブラーング・プリーアウ)
- คนมีเสน่ห์ (コン・ミー・サネー)

+ **4** มาก (マーク) + **5** นะครับ/คะ (ナ・クラップ/カ)

mini会話

A：あなたは、きれいで知的な方ですね。
คุณเป็นคนสวยและฉลาดมากนะครับ
クン・ペン・コン・スーアイ・レ・チャラート・マーク・ナ・クラップ

B：ありがとうございます。
ขอบคุณมากค่ะ
コープクン・マーク・カ

あなたも、ハンサムね。
คุณก็หล่อมากนะคะ
クン・ゴー・ロー・マーク・ナ・カ

Point
相手や誰かのことを批評したり褒めたりする時は、คน~（コン）「~な人」という言い方をします。สวย（スーアイ）「美しい」や ฉลาด（チャラート）「知的」、มีเสน่ห์（ミー・サネー）「魅力的」などと褒められると誰だって嬉しいものです。褒められた時は、ขอบใจมากค่ะที่ชม（コープジャイ・マーク・カ・ティー・チョム）「褒めてくれてありがとう」と感謝して、褒め返してあげるといいでしょう。なお女性には อ้วน（ウーアン）「太っている」は何よりも禁句なので、そう思っても ดูสมบูรณ์ดีนะครับ（ドゥー・ソムブーン・ディー・ナ・クラップ）「健康的に見えますね」と言った方がいいでしょう。

UNIT 63
CD-63

■ 容姿・性格の表現

彼／彼女は～です。

1	3	2+4
彼は 彼女は	背が高い 親切 頭がいい かわいい 美しい	です。

語句を覚えよう！

ตัวสูง トゥーア・スーング	背が高い	สูงอายุ スーング・アーユ	年配の
ใจดี ジャイ・ディー	親切な	ผอม ポーム	痩せている
หัวดี フーア・ディー	頭がいい	ฉลาด チャラート	賢い
น่ารัก ナー・ラック	かわいい	ดื้อ ドゥー	頑固
สวย スーアイ	きれいな 美しい	หนุ่มสาว ヌム・サーウ	若い

UNIT 63 / CD-63

เขาเป็นคน～ครับ/ค่ะ
เธอเป็นคน～ครับ/ค่ะ

1	2	3	4
เขา (カウ) / เธอ (トゥー)	+ เป็น (ペン) +	คนตัวสูง (コン・トゥーア・スーング) คนใจดี (コン・ジャイ・ディー) คนหัวดี (コン・フーア・ディー) คนน่ารัก (コン・ナー・ラック) คนสวย (コン・スーアイ)	+ ครับ/ค่ะ (クラップ/カ)

mini会話

A：彼は親切ですね。
เขาเป็นคนใจดีนะครับ
カウ・ペン・コン・ジャイ・ディー・ナ・クラップ

B：彼女は若くてかわいい。
เธอเป็นสาวสวย น่ารักนะคะ
トゥー・ペン・サーウ・スーアイ・ナーラック・ナ・カ

A：私の父は太っているけど、母は痩せています。
พ่อผมอ้วน แต่แม่ผอมครับ
ポー・ポム・ウーアン・テー・メー・ポーム・クラップ

B：私の母は背が高いわ。
แม่ดิฉันตัวสูงค่ะ
メー・ディチャン・トゥーア・スーング・カ

Point 役所に出す書類などに氏名を記入する時、男性の場合は未婚か既婚かにかかわらず、名前の前に นาย (ナーイ) をつけますが、女性の場合は、未婚なら นางสาว (ナーング・サーウ)、既婚なら นาง (ナーング) をつけて区別します。何年か前にその制度は男女差別だと、改正を求める運動が盛んに行われましたが、公文書はまだそのままになっています。でも公文書以外の書類と口語では、男女とも คุณ (クン) を使うようになりました。คุณสมชาย (クン・ソムチャーイ)「ソムチャーイさん (男)」、คุณกรรณิกา (クン・ガンニカー)「カンニカーさん (女)」のような感じです。

UNIT 64 / CD-64

● 状態を聞く表現

～ですか。

1	2
痛い お疲れ 今晩、お暇 空腹 眠い	ですか。

語句を覚えよう！

เจ็บ ジェップ	痛い	ร้อน ローン	暑い
เหนื่อย ヌーアイ	疲れている	มีไข้ ミー・カイ	熱がある
ว่าง ワーング	暇な	อึดอัด ウットアット	苦しい
หิว ヒウ	空腹だ	ไม่สบาย マイ・サバーイ	具合が悪い
ง่วง グーアング	眠い	หิวน้ำ ヒウ・ナーム	のどが渇く

UNIT 64
CD-64

〜ไหมครับ/คะ

1
เจ็บ
ジェップ

เหนื่อย
ヌーアイ

คืนนี้ว่าง
クーンニー・ワーング

หิว
ヒウ

ง่วง
グーアング

+

2
ไหมครับ/คะ
マイ・クラップ/カ

mini会話

A：痛いですか。　　　　　　　เจ็บไหมครับ
　　　　　　　　　　　　　　ジェップ・マイ・クラップ

B：大丈夫です。　　　　　　　ไม่เป็นอะไรค่ะ คุณไม่เจ็บหรือคะ
　　あなたは痛くないですか。　マイ・ペン・アライ・カ　クン・マイ・ジェップ・ルー・カ

A：痛くない、大丈夫です。　　ผมไม่เจ็บ, ไม่เป็นอะไรเลยครับ
　　　　　　　　　　　　　　ポム・マイ・ジェップ　マイ・ペン・アライ・ルーイ・クラップ

B：でも、彼女は具合が悪そうよ。แต่เธอดูเหมือนจะอาการไม่ดีนะคะ
　　　　　　　　　　　　　　テー・トゥー・ドゥー・ムーアン・ジャ・アーガーン・マイ・ディー・ナ・カ

Point mini 会話はお互いの状態を確かめあう、事故後の場面を想定した会話です。「〜ですか」で聞く場合、例えば เจ็บไหมครับ/คะ（ジェップ・マイ・クラップ/カ）「痛いですか」などは "〜ไหมครับ/คะ"（マイ・クラップ/カ）の文型を使いますが、ไม่หนาวหรือครับ/คะ（マイ・ナーウ・ルー・クラップ/カ）「寒くないですか」のように「〜でないですか」の場合は "ไม่〜หรือครับ/คะ"（マイ〜ルー・クラップ/カ）の文型を使います。タイ人はいかなる深刻な問題にぶつかっても、まず ไม่เป็นไร（マイ・ペンライ）「大丈夫」と言ってから、じっくりと解決方法を考える穏やかさがあります。それはタイ人特有の ไม่เป็นไร「マイペンライ精神」と呼ばれており、タイに長く滞在すると"うつる"かもしれません。

147

UNIT 65
CD-65

● 天候の表現（1）
（天気が）〜ですね。

1	2	3
天気が	いい 暖かい 暑い 涼しい 寒い	ですね。

語句を覚えよう！

อากาศดี アーカート・ディー	天気がいい	ฝนตก フォン・トック	雨が降っている
อุ่น ウン	暖かい	มีเมฆมาก ミー・メーク・マーク	曇っている
ร้อน ローン	暑い	หิมะตก ヒマ・トック	雪が降っている
เย็นดี イェン・ディー	涼しい	อากาศชื้น アーガート・チューン	湿気がある
หนาว ナーウ	寒い	อากาศแห้ง アーガート・ヘーング	乾燥している

UNIT 65
CD-65

(อากาศ)～นะครับ/คะ

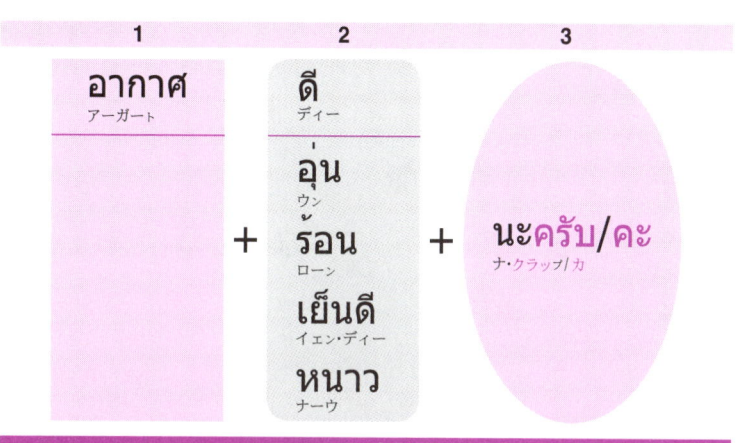

1	2	3

อากาศ
アーガート

+

ดี
ディー

อุ่น
ウン

ร้อน
ローン

เย็นดี
イェン・ディー

หนาว
ナーウ

+

นะครับ/คะ
ナ・クラップ/カ

mini会話

A：今日は天気がいいですね。 **วันนี้อากาศดีนะครับ**
ワンニー・アーガート・ディー・ナ・クラップ

B：明日の天気はどうなのでしょう。 **พรุ่งนี้อากาศจะเป็นยังไงไม่รู้นะคะ**
プルングニー・アーガート・ジャ・ペン・ヤングガイ・マイ・ルー・ナ・カ

A：雨だそうです。 **ได้ยินมาว่าฝนจะตกนะครับ**
ダーイ・イン・マー・ワー・フォン・ジャ・トック・ナ・クラップ

Point
タイの気候は年中暑いと言われていますが、タイにも一応季節はあります。3月上旬から4月いっぱいが真夏にあたり、一番暑い時期です。5月の終わり頃から ฟ้าแลบ(ファー・レップ)「稲妻」や ฟ้าร้อง(ファー・ローン)「雷」、ฟ้าผ่า(ファー・パー)「落雷」を伴う ฝนตกหนัก(フォン・トック・ナック)「大雨」が毎日のように降るので、川の水が溢れてバンコク市内が水浸しになってしまいます。タイには หิมะ(ヒマ)「雪」が降りませんが、昔からあったこの言葉は、仏教の発祥地であるインドのヒマラヤ山脈の名前から取ったといわれています。「ヒマラヤ」はインドのサンスクリット語で"雪が宿るところ"という意味です。

UNIT 66
CD-66

天候の表現（2）
～(な天気)になりそうですね。

2	3	1	4
明日 午後 あさっては 週末 今日	大雨 いい天気 嵐　に 晴れ 曇り	なりそう	ですね。

語句を覚えよう！

ฝนตกหนัก フォン・トック・ナック	大雨(が降る)	ฝนตกพรำๆ フォン・トック・プラムプラム	小雨(が降る)
อากาศดี アーガート・ディー	いい天気	เย็นสบาย イェン・サバーイ	さわやかな天気
มีพายุ ミー・パーユ	嵐	หิมะตก ヒマ・トック	雪が降る
อากาศแจ่มใส アーガート・ジェムサイ	晴れ(る)	ไต้ฝุ่น タイフン	台風
มีเมฆมาก ミー・メーク・マーク	曇り 曇っている	พยากรณ์อากาศ パヤーゴーン・アーガート	天気予報

UNIT 66 ดูเหมือนว่า～นะครับ/คะ

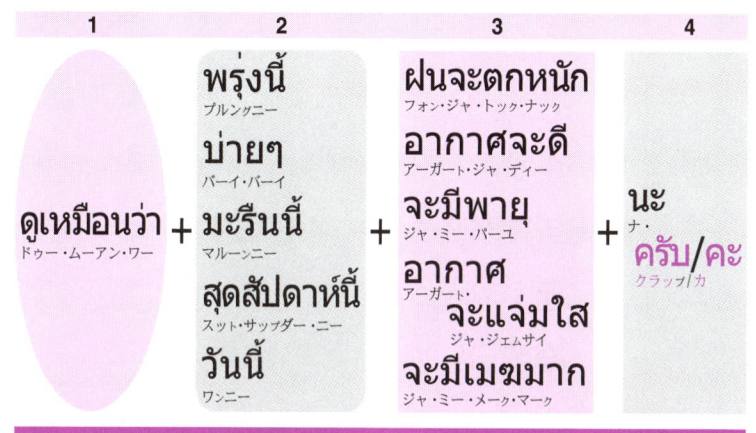

1	2	3	4
ดูเหมือนว่า ドゥー・ムーアン・ワー	พรุ่งนี้ ブルンッニー บ่ายๆ バーイ・バーイ มะรืนนี้ マルーンニー สุดสัปดาห์นี้ スッ_ト・サッ_プダー・ニー วันนี้ ワンニー	ฝนจะตกหนัก フォン・ジャ・トック・ナック อากาศจะดี アーガー_ト・ジャ・ディー จะมีพายุ ジャ・ミー・パーユ อากาศจะแจ่มใส アーガー_ト・ジャ・ジェ_ムサイ จะมีเมฆมาก ジャ・ミー・メーク・マーク	นะ ナ・ ครับ/คะ クラッ_プ/カ

mini会話

A：明日は雨になりそうですね。 ดูเหมือนว่าพรุ่งนี้ฝนจะตกนะครับ
ドゥー・ムーアン・ワー・プルンッニー・フォン・ジャ・トック・ナ・クラッ_プ

B：嫌ですね。どうしよう。 แย่จังนะคะ ทำยังไงดี
イェー・ジャンッ・ナ・カ タ_ム・ヤンッガイ・ディー

A：あさっては晴れそうですよ。มะรืนนี้ดูเหมือนว่าอากาศจะแจ่มใสครับ
マルーンニー・ドゥー・ムーアン・ワー・アーガー_ト・ジャ・ジェ_ムサイ・クラッ_プ

B：じゃあ、どこかへ出かけましょう。 งั้น, เราไปเที่ยวไหนกันดีกว่าค่ะ
ガン ラウ・パイ・ティーアウ・ナイ・ガン・ディー・グワー・カ

Point จะ（ジャ）は ฝนจะตก（フォン・ジャ・トック）「雨が降りそうだ」、อากาศจะแจ่มใส（アーガー_ト・ジャ・ジェ_ムサイ）「晴れそうだ」のように、動詞や形容詞の前につけて未来形をつくる言葉です。ดูเหมือนว่า（ドゥー・ムーアン・ワー）は状態を推測する「～そうだ」という意味で、英語の"seem"または"likely"にあたります。その他に、ฝนอาจตก（フォン・アー_ト・トック）「雨が降るかもしれない」のように可能性を予測するものや、ฝนจะตกแน่ๆ（フォン・ジャ・トック・ネー・ネー）「絶対に雨が降る」というような、予測でも確信を表す言い方があります。

UNIT 67　CD-67
● 程度・状態の表現
～すぎます。

1	2
大き 小さ 値段が高 遠 豪華	すぎます。

語句を覚えよう！

ใหญ่ ヤイ	大きい	เก่า ガウ	古い
เล็ก レック	小さい	ใหม่ マイ	新しい
แพง ペーング	価格が高い	ฉูดฉาด チュートチャート	派手な
ไกล グライ	遠い	ใกล้ グライ	近い
หรู ルー	豪華な	เรียบ リーアップ	地味な

UNIT 67
CD-67
~เกินไปครับ/ค่ะ

1	2
ใหญ่ ヤイ เล็ก レック แพง ペーング ไกล グライ หรู ルー	**+** เกินไปครับ/ค่ะ グーン・パイ・クラップ/カ

mini会話

A：これはいかがですか。
อันนี้เป็นยังไงครับ
アン・ニー・ペン・ヤングガイ・クラップ

B：高すぎますよ。お金がありません。
แพงเกินไปค่ะ ไม่มีสตางค์ซื้อค่ะ
ペーング・グーン・パイ・カ　マイ・ミー・サターング・スー・カ

A：じゃあ、あれはいかがですか。
งั้น, อันนั้นล่ะครับ
ガン, アンナン・ラ・クラップ

B：やっぱりやめておきます。
ไม่เอาดีกว่าค่ะ
マイ・アウ・ディー・グワー・カ

Point

タイ語を勉強する外国人がなかなかマスターできない難問のひとつが、5つの声調です。声調を間違って発音すると意味が変わってしまい、極端な例だと正反対の意味になってしまう場合もあります。代表的な例は ใกล้ (グライ＝語尾をやや下げて発音する)「近い」と ไกล (グライ＝語尾を平らに発音する)「遠い」、สวย (スーアイ＝語尾を上げて発音する)「美しい」と ซวย (スーアイ＝語尾を平らに発音する)「(不吉な)悪運」です。また「～すぎます」は มากไป (マーク・パイ)「多すぎる」、น้อยไป (ノーイ・パイ)「少なすぎる」のように、"～ไป"(パイ)と言うだけでも表現できます。

UNIT 68 / CD-68

● 風味の表現

（味が）〜ですね。

2	1	3
（とても）	おいしい まずい 辛い 甘い ぬるい	ですね。

語句を覚えよう！

อร่อย アロイ	おいしい	เปรี้ยว プリーアウ	酸っぱい
ไม่อร่อย マイ・アロイ	まずい	ขม コム	苦い
เผ็ด ペット	辛い	เค็ม ケム	しょっぱい
หวาน ワーン	甘い	ข้น ／ ใส コン　　サイ	濃い／薄い
เย็นชืด イェン・チュート	ぬるい	ร้อน ローン	熱い

UNIT 68
CD-68

(รส)～นะครับ/คะ

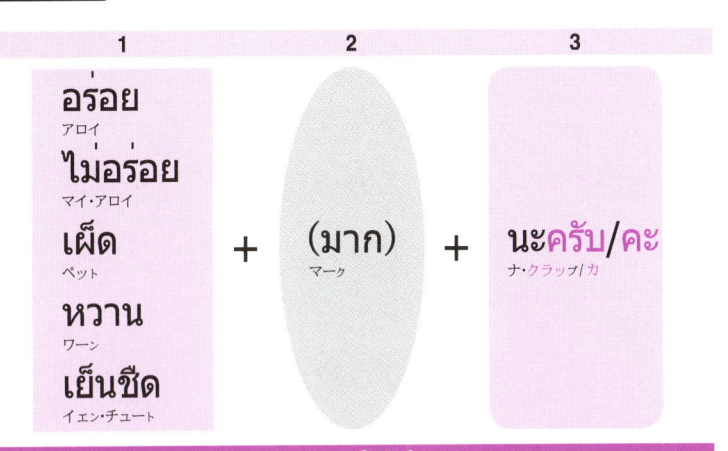

1	2	3
อร่อย (アロイ) ไม่อร่อย (マイ・アロイ) เผ็ด (ペット) หวาน (ワーン) เย็นชืด (イェン・チュート)	＋ (มาก) (マーク) ＋	นะครับ/คะ (ナ・クラップ/カ)

mini会話

A：お味はいかがですか。 　　　　รสชาติเป็นยังไงครับ (ロッ_トチャー_ト・ペン・ヤン_ッガイ・クラップ)

B：とてもおいしいです。 　　　　อร่อยมากค่ะ (アロイ・マー_ク・カ)

A：よかった。たくさん召し上がってください。　ดีจริง ทานแยะๆนะครับ (ディー・ジン_ッ　ターン・イェイェ・ナ・クラップ)

B：ありがとうございます。 　　　　ขอบคุณค่ะ (コー_ブクン・カ)

Point つくってくれた料理に対する褒め言葉には、「とてもおいしいです」という意味の อร่อยมากครับ/คะ（アロイ・マーク・クラップ/カ）または อร่อยจังครับ/คะ（アロイ・ジャング・クラップ/カ）、「おいしそうですね」という意味の น่าอร่อยนะครับ/คะ（ナー・アロイ・ナ・クラップ/カ）または น่ากินนะครับ/คะ（ナー・ギン・ナ・クラップ/カ）などがあります。タイ人は人の性格を食べ物の味に例えるという、おもしろい表現をします。"がめつい人"は คนเค็ม（コン・ケム）「塩辛い人」、"優しくてかわいい人"は คนอ่อนหวาน（コン・オーン・ワーン）「やわらかく甘い人」、"大胆な女"は หญิงเปรี้ยว（イング・プリーアウ）「酸っぱい女」などです。

155

UNIT 69
CD-69

● 物を褒める表現
すてきな〜ですね。

	2	1	3	
	すてきな	ネクタイ スカーフ ドレス シャツ ブラウス	ですね。	

語句を覚えよう！

เน็คไท ネックタイ	ネクタイ	ลาย ／ สี ラーイ　スィー	模様／色
ผ้าพันคอ パー・パン・コー	スカーフ	กระเป๋าถือ グラパウ・トゥー	ハンドバッグ
กระโปรงชุด グラプローング・チュット	ドレス	รองเท้า ローング・ターウ	靴
เสื้อเชิ้ต スーア・チュート	シャツ	สร้อยคอ ソーイ・コー	ネックレス
เสื้อ スーア	ブラウス	ต่างหู ターング・フー	イヤリング ピアス

UNIT 69
CD-69

～สวยดีนะครับ/คะ

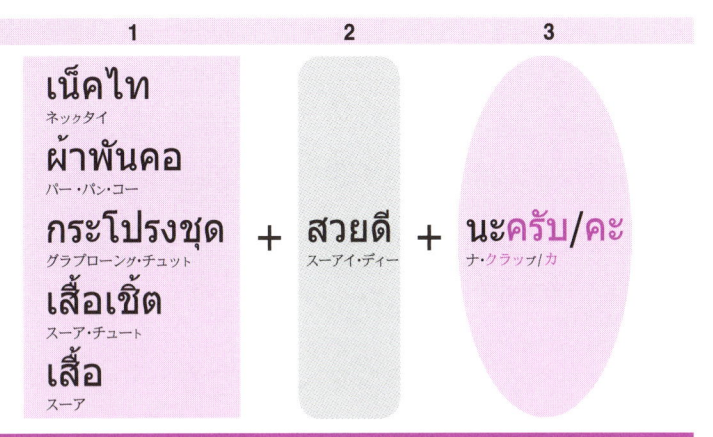

1	2	3
เน็คไท (ネックタイ) ผ้าพันคอ (パー・パン・コー) กระโปรงชุด (グラブローング・チュット) เสื้อเชิ้ต (スーア・チュート) เสื้อ (スーア)	**+** สวยดี (スーアイ・ディー) **+**	นะครับ/คะ (ナ・クラップ/カ)

mini会話

A：ダラニーさん、こんにちは。
　　สวัสดีครับคุณดารณี
　　(サワッディー・クラップ・クン・ダラニー)

B：田中さん、こんにちは。
　　สวัสดีค่ะคุณทานาขะ
　　(サワッディー・カ・クン・ターナーカ)

　　すてきなネクタイですね！
　　เน็คไทสวยดีนะคะ
　　(ネックタイ・スーアイ・ディー・ナ・カ)

A：ありがとう。
　　ขอบคุณครับ
　　(コープクン・クラップ)

　　おみやげでいただいたんです。
　　มีคนซื้อมาฝากน่ะครับ
　　(ミー・コン・スー・マー・ファーク・ナ・クラップ)

Point　タイ社会にいると、着飾ってパーティーに出かける機会が多くなります。パーティーでは、お互いの着るものを褒めあうのも楽しい話題のひとつです。会社が開催する งานปาร์ตี้（ガーン・パーティー）「パーティー」や、งานแต่งงาน(ガーン・テングガーン)「結婚披露宴」のような งานสังคม(ガーン・サングコム)「社交会」には、たいてい夫婦同伴で出席し、女性は流行のファッションを取り入れて目いっぱいおしゃれをします。そんな時はこのUNITの～สวยดีนะครับ/คะ「すてきな～ですね」を使って相手の服装や持ち物を褒めてみましょう。

UNIT 70
CD-70

● 予定の表現

私は〜するつもりです。

1	2	4	3	5
来月、	私は	アメリカへ行く	つもり	です。
明日、		成田を発つ		
明朝、		4時に起きる		
これから、		食事に行く		
卒業後、		フランスへ留学する		

語句を覚えよう！

ไป パイ	行く	เดือนหน้า ドゥーアン・ナー	来月
ออกจาก オーク・ジャーク	発つ	พรุ่งนี้ プルンニー	明日
ตื่น トゥーン	起きる	พรุ่งนี้เช้า プルンニー・チャーウ	明朝
ไปทานข้าว パイ・ターン・カーウ	食事に行く	หลังจากนี้ ラング・ジャーク・ニー	これから
ไปเรียนต่อ パイ・リアン・トー	留学する	เรียนสำเร็จแล้ว リアン・サムレット・レーウ	卒業後

UNIT 70
CD-70

ผม/ดิฉันตั้งใจจะ～ครับ/ค่ะ

1	2	3	4	5
เดือนหน้า ドゥーアン・ナー			ไปอเมริกา パイ・アメーリカー	
พรุ่งนี้ プルンヶニー			ออกจากนาริตะ オーク・ジャーク・ナーリタ	
พรุ่งนี้เช้า プルンヶニー・チャーウ	ผม/ ポム ดิฉัน ディチャン	ตั้งใจจะ タンヶ・ジャイ・ジャ	ตื่นตีสี่ トゥーン・ティー・スィー	ครับ/ クラップ ค่ะ カ
หลังจากนี้ ラング・ジャーク・ニー			ไปทานข้าว パイ・ターン・カーウ	
เรียนสำเร็จแล้ว リアン・サムレット・レーウ			ไปเรียนต่อฝรั่งเศส パイ・リアン・トー・ファランヶセート	

mini会話

A：明朝、成田空港を発つ
つもりです。
พรุ่งนี้เช้าผมตั้งใจจะออกเดินทางจากนาริตะครับ
プルンヶニー・チャーウ・ポム・タングヶジャイ・ジャ・オーク・ドゥーンターンヶ・ジャーク・ナーリタ・クラップ

B：何時の便ですか。
เที่ยวบินกี่โมงคะ
ティーアウビン・ギー・モーンヶ・カ

A：7時の飛行機です。
だから、家を4時に出ます。
เครื่องบินออก ๗ โมงครับ
クルーアンヶビン・オーク・ジェット・モーンヶ・クラップ
จึงจะออกจากบ้านตีสี่
ジュンヶ・ジャ・オーク・ジャーク・バーン・ティー・スィー

Point ตั้งใจจะ～（タング・ジャイ・ジャ）は未来形の行動を示す「～するつもり」にあたります。ตั้งใจ（タング・ジャイ）自体は「志す」という意味を持っていて、普段よく使われる言葉には、ตั้งใจเรียน（タング・ジャイ・リアン）「勉強」、ตั้งใจฟัง（タング・ジャイ・ファング）「熱心に聴く」、ตั้งใจทำ（タング・ジャイ・タム）「一生懸命」などがあります。人の足を踏んでしまった時や、飲み物をこぼして人の服を汚してしまった時などに、「すみません、わざとやったのではありません」と言いたい場合は、ขอโทษครับ/ค่ะ ผม/ดิฉันไม่ได้ตั้งใจ（コートート・クラップ/カ ポム/ディチャン・マイ・ダーイ・タング・ジャイ）と謝りましょう。

UNIT 71 CD-71

■ 病状の表現
私は〜が痛いです。

1	2+3
私は	頭痛がします。 腹痛がします。 歯が痛いです。 のどが痛いです。 熱があります。

語句を覚えよう！

ปวดศีรษะ プーアト・スィーサ	頭痛	ปวด プーアト	苦痛
ปวดท้อง プーアト・トーング	腹痛	เจ็บ ジェップ	痛い
ปวดฟัน プーアト・ファン	歯痛	ท้องเสีย トーング・スィーア	下痢
คอ コー	のど	นอนไม่หลับ ノーン・マイ・ラップ	不眠症
ไข้ カイ	熱	มี ミー	ある

UNIT 71
CD-71

ผม/ดิฉันปวด～ครับ/ค่ะ

1	2	3

ผม/ดิฉัน
ポム/ディチャン

+

ปวดศีรษะ
プーアト・スィーサ

ปวดท้อง
プーアト・トーング

ปวดฟัน
プーアト・ファン

เจ็บคอ
ジェップ・コー

มีไข้
ミー・カイ

+

ครับ/ค่ะ
クラップ/カ

mini会話

A: どうしましたか。　　　　　　　　　　**เป็นอะไรไปหรือครับ**
ペン・アライ・パイ・ルー・クラップ

B: 頭痛がします。　　　　　　　　　　　**ปวดศีรษะค่ะ**
プーアト・スィーサ・カ

　　風邪をひいたようです。　　　　　　　**ท่าทางจะเป็นหวัด**
ター・ターング・ジャ・ペン・ワット

A: 医者に診てもらった方がいいですよ。　**ไปหาหมอดีกว่านะครับ**
パイ・ハー・モー・ディー・グワー・ナ・クラップ

Point ปวดศีรษะ (プーアト・スィーサ)「頭痛」の ศีรษะ (スィーサ)「頭」は丁寧な言い方なので、ปวดหัว (プーアト・フーア) と言っても構いません。「腹痛」は ปวดท้อง (プーアト・トーング) と言います。เจ็บท้อง (ジェップ・トーング) はお産の時の「陣痛」なので注意しましょう。また、タイ語には同音異義語がたくさんあるので、状況によって判断しましょう。例えば、ตา (ター) は「目」と「母方の祖父」の意味があるので、ไม่มาทำงานเพราะตาเจ็บ (マイ・マー・タムガーン・プロ・ター・ジェップ) は、「会社を休んだのは目が痛いから／祖父が病気だから」という両方の意味が考えられます。

UNIT 72
CD-72

● 物を紛失した時

私は〜をなくしました。

1	3	2+4
私は	腕時計 お金 ビデオカメラ を 財布 ハンドバッグ	なくしました。

語句を覚えよう！

นาฬิกาข้อมือ ナーリガー・コー・ムー	腕時計	กระเป๋าเอกสาร グラパウ・エークカサーン	書類入れ
สตางค์ サターング	お金	ต่างหู ターング・フー	イヤリング
กล้องถ่ายวีดีโอ グロング・ターイ・ウィーディーオー	ビデオカメラ	สร้อยคอ ソーイ・コー	ネックレス
กระเป๋าสตางค์ グラパウ・サターング	財布	สร้อยข้อมือ ソーイ・コームー	ブレスレット
กระเป๋าถือ グラパウ・トゥー	ハンドバッグ	แหวน ウェーン	指輪

162

UNIT 72
CD-72

ผม/ดิฉันทำ～หายครับ/ค่ะ

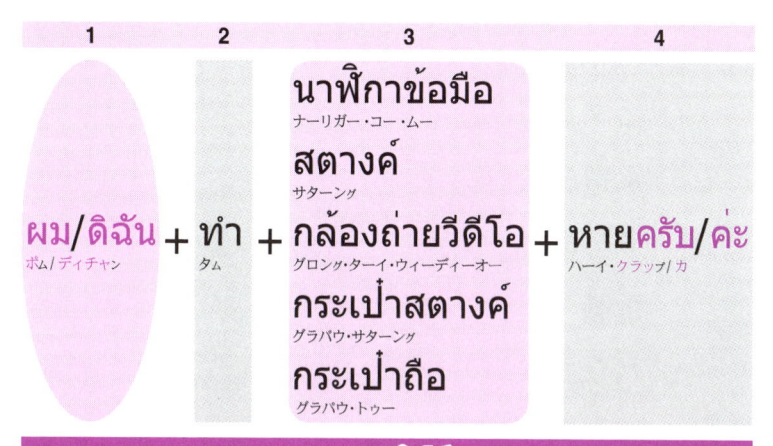

1	2	3	4

ผม/ดิฉัน + **ทำ** + **นาฬิกาข้อมือ / สตางค์ / กล้องถ่ายวีดีโอ / กระเป๋าสตางค์ / กระเป๋าถือ** + **หายครับ/ค่ะ**

ポム/ディチャン + タム + ナーリガー・コー・ムー / サターング / グロング・ターイ・ウィーディーオー / グラパウ・サターング / グラパウ・トゥー + ハーイ・クラップ/カ

mini会話

A：どうしましたか。　　　　　เกิดอะไรขึ้นหรือครับ
グート・アライ・クン・ルー・クラップ

B：財布をなくしました。　　　ดิฉันทำกระเป๋าสตางค์หายค่ะ
ディチャン・タム・グラパウ・サターング・ハーイ・カ

A：どこでなくしましたか。　　ทำหายที่ไหนครับ
タム・ハーイ・ティー・ナイ・クラップ

B：多分、電車の中だと思います。คิดว่าอาจทำตกในรถไฟค่ะ
キット・ワー・アート・タムトック・ナイ・ロットファイ・カ

Point 自分が物をなくした場合は、ทำ ～ หาย（タム～ハーイ）「～をなくした」の文型を使い、ทำแว่นตาหาย（タム・ウェンター・ハーイ）「メガネをなくした」のように言いますが、物がどこにあるか探している時は、～ หายไปไหน（ハーイ・パイ・ナイ）「～はどこですか」の文型を使って แว่นตาหายไปไหน（ウェンター・ハーイ・パイ・ナイ）「メガネはどこですか」という風に聞きます。หาย（ハーイ）は「病気が治る」いう意味にもなり、หายหวัดแล้ว（ハーイ・ワット・レーウ）「風邪は治りました」という風にも使います。

UNIT 73 / CD-73

● 物が故障した時

～が故障しました。

1	2
エアコン 水道の蛇口 ドアの鍵　が 電話 パソコン	故障しました。

語句を覚えよう！

แอร์ エー	エアコン	กล้องถ่ายรูป グロング・ターイルーブ	カメラ
ก็อกน้ำ ゴック・ナーム	水道の蛇口	ลิฟท์ リップ	エレベーター
กุญแจประตู グンジェー・プラトゥー	ドアの鍵	ฝักบัว ファーク・ブーア	シャワー
โทรศัพท์ トーラサップ	電話	ตู้เย็น トゥー・イェン	冷蔵庫
คอมพิวเตอร์ コームピウトゥー	パソコン	ส้วม スーアム	トイレ

UNIT 73
CD-73

～เสียครับ/ค่ะ

1	2
แอร์ エー ก็อกน้ำ ゴック・ナーム กุญแจประตู グンジェー・プラトゥー โทรศัพท์ トーラサップ คอมพิวเตอร์ コームピウトゥー	＋ เสียครับ/ค่ะ スィーア・クラップ/カ

mini会話

A：エアコンが故障しました。　　　　แอร์เสียครับ
　　　　　　　　　　　　　　　　　エー・スィーア・クラップ
　　見に来てください。　　　　　　　ช่วยมาดูให้หน่อยครับ
　　　　　　　　　　　　　　　　　チューアイ・マー・ドゥー・ハイ・ノイ・クラップ
B：わかりました。すぐそちらへ行きます。ได้ค่ะ จะไปเดี๋ยวนี้ค่ะ
　　　　　　　　　　　　　　　　　ダーイ・カ　ジャ・パイ・ディーアウニー・カ

Point 機械などが故障した場合は、一般的に เสีย（スィーア）「故障する」を使って、แอร์เสีย（エー・スィーア）「エアコンが故障した」、วิทยุเสีย（ウィッタユ・スィーア）「ラジオが故障した」というように表現します。でも「自動車」と「時計」については、動かなくなった状態を ตาย（ターイ）「死んでいる」と表現し、รถตาย（ロット・ターイ）「自動車がエンストした」、นาฬิกาตาย（ナーリガー・ターイ）「時計がとまってしまった」とも言うので、覚えておくといいでしょう。また เสีย（スィーア）は"腐った"、あるいは"使い物にならない状態"を表す時にも使います。例えば มะม่วงเสีย（マムーアング・スィーア）「腐ったマンゴー」、ของเสีย（コーング・スィーア）「廃棄物」などです。

UNIT 74 / CD-74

● 感謝の表現

〜をありがとうございます。

2	1
今日のご馳走を 電話をくださって ご招待にあずかり お手伝いいただき いろいろと	ありがとうございます。

語句を覚えよう！

เลี้ยงอาหารวันนี้ リアン・アハーン・ワンニー	今日のご馳走	มีน้ำใจ ミー・ナム・ジャイ	親切にして くれる
โทรศัพท์มา トーラサップ・マー	電話を してくれる	เขียนจดหมายมา キーアン・ジョットマーイ・マー	手紙をくれる
เชิญ チューン	招待する	ช่วยเป็นล่าม チューアイ・ペン・ラーム	通訳して くれる
ช่วย チューアイ	手伝って くれる	ช่วยเหลือ チューアイ・ルーア	助けてくれる
หลายๆอย่าง ラーイ・ラーイ・ヤーング	いろいろ	ช่วยนำทาง チューアイ・ナムターング	街を案内して くれる

UNIT 74
[CD-74]

ขอบคุณมากครับ/ค่ะที่ ~

1　　　　　　　　　**2**

ขอบคุณมากครับ/ค่ะ
コーブクン・マーク・クラップ/カ

+ ที่กรุณา
ティー・ガルナー

| เลี้ยงอาหารวันนี้
リアン・アーハーン・ワン・ニー

| โทรศัพท์มา
トーラサップ・マー

| เชิญ
チューン

| ช่วย
チューアイ

| หลายๆอย่าง
ラーイ・ラーイ・ヤーング

mini会話

A：今日の夕食をありがとうございました。
とてもおいしかったです。

ขอบคุณมากครับที่กรุณา
コーブクン・マーク・クラップ・ティー・ガルナー・
เลี้ยงอาหารเย็นวันนี้
リアン・アハーン・イェン・ワン・ニー
อร่อยมากเลยครับ
アロイ・マーク・ルーイ・クラップ

B：どういたしまして。

ไม่เป็นไรค่ะ
マイ・ペン・ライ・カ

Point　ขอบคุณมากครับ/ค่ะ（コーブクン・マーク・クラップ/カ）「ありがとうございます」と言うのと同時に ไหว้（ワーイ）「合掌」をして敬意を表すのがタイ人の基本的なエチケットです。ไหว้（ワーイ）は人と人が接するあらゆる機会に行い、場合によっては言葉なしでも充分に気持ちを伝えることができます。このUNITの文型 ขอบคุณมากครับ/ค่ะที่กรุณา~（コーブクン・マーク・クラップ/カ・ティー・ガルナー）は日本語の「~していただいてありがとうございます」と同じように、世話になった人に対する大変丁寧な言い方です。感謝の気持ちは伝わりますが、タイ式で完璧に表現するなら ไหว้（ワーイ）「合掌」を添えた方がいいでしょう。

UNIT 75 / CD-75

● お詫びの表現

〜してすみません。

2	1
遅くなって お待たせして 失望させて ご心配かけて ご苦労かけて	すみません。

語句を覚えよう！

มาสาย マー・サーイ	遅れる	ทำให้ตกใจ タム・ハイ・トックジャイ	驚かせる
ทำให้รอ タム・ハイ・ロー	待たせる	พูดโกหก プート・ゴーホック	嘘をつく
ทำให้ผิดหวัง タム・ハイ・ピットワング	失望させる	ทำผิด タム・ピット	間違える
ทำให้กังวล タム・ハイ・ガングウォン	心配させる	ทำไม่สำเร็จ タム・マイ・サムレット	失敗する
ทำให้ลำบาก タム・ハイ・ラムバーク	苦労をかける	ไม่ได้ติดต่อเสียนาน マイ・ダーイ・ティットー・スィーアナーン	ご無沙汰する

UNIT 75
CD-75

ขอโทษครับ/ค่ะที่ ~

1

ขอโทษครับ/ค่ะ
コートート・クラップ/カ

+

2

ที่
ティー

มาสาย
マー・サーイ

ทำให้รอ
タム・ハイ・ロー

ทำให้ผิดหวัง
タム・ハイ・ピットワング

ทำให้กังวล
タム・ハイ・ガングウォン

ทำให้ลำบาก
タム・ハイ・ラムバーク

mini会話

A：遅くなってすみません。
ขอโทษครับที่มาสาย
コートート・クラップ・ティー・マー・サーイ

道路が混んでいまして。
รถติดจังเลย
ロット・ティット・ジャング・ルーイ

B：いいですよ。では仕事を始めましょうか。
ไม่เป็นไรค่ะ เริ่มงานกันเลยดีไหมคะ
マイペンライ・カ　ルーム・ガーン・ガン・ルーイ・ディー・マイ・カ

Point タイ人は人に対して失礼なことや間違ったことをした時、ขอโทษ（コートート）「すみません」と言って謝り、基本的にはその後ろに丁寧さを表す語尾 ครับ/ค่ะ（クラップ/カ）をつけます。でも年配の人が年下の人に、また友達や親しい仲間に対して ขอโทษนะ（コートート・ナ）「ごめんね」と言ったり、砕けた言い方で โทษที（トート・ティー）「ごめん」と言ったりすることもあります。文面などで正式に謝罪する時は ขออภัย（コー・アパイ）「謝罪致します」という言葉がありますが、会話ではめったに使いません。タイ旅行中、人とぶつかったり、足を踏んだりしてしまったら ขอโทษ（コートート）と ไหว้（ワーイ）「合掌」で謝りましょう。

UNIT 76　CD-76
● 丁寧に尋ねる時
すみません、〜ですか。

1	2
すみません、	この席は空いていますか。 今、何時ですか。 シェラトンホテルはどこですか。 ライターをお持ちですか。 ソムチャーイ（男性）／スマリー（女性）さんですか。

語句を覚えよう！

ที่นั่งว่าง ティー・ナング・ワーング	席が空いている	ที่นั่งไม่ว่าง ティー・ナング・マイ・ワーング	席がふさがっている
กี่โมง ギー・モーング	何時	ตอนนี้ トーン・ニー	今
ที่ไหน ティー・ナイ	どこ	โรงแรม ローング・レーム	ホテル
ไฟแช็ก ファイチェック	ライター	มี ミー	持つ
คุณ 〜 クン	〜さん	ขายหมดแล้ว カーイ・モット・レーウ	売り切れ

170

UNIT 76
CD-76

ขอโทษครับ/ค่ะ 〜 ครับ/คะ

1　　　　　　　　　　　**2**

ขอโทษครับ/ค่ะ
コートート・クラップ/カ

\+

ที่นั่งตรงนี้ว่างไหมครับ/คะ
ティー・ナング・トロング・ニー・ワーング・マイ・クラップ/カ

ตอนนี้กี่โมงครับ/คะ
トーン・ニー・ギー・モーング・クラップ/カ

โรงแรมเชอราตันอยู่ที่ไหนครับ/คะ
ローングレーム・チューラータン・ユー・ティーナイ・クラップ/カ

มีไฟแช็กไหมครับ/คะ
ミー・ファイチェック・マイ・クラップ/カ

คุณสมชาย／คุณสุมาลีใช่ไหมครับ/คะ
クン・ソムチャーイ／クン・スマーリー・チャイ・マイ・クラップ/カ

mini会話

A：すみません、　　　　　ขอโทษครับ
　　　　　　　　　　　　　コートート・クラップ
　　　この席は空いていますか。ที่นั่งตรงนี้ว่างไหมครับ
　　　　　　　　　　　　　ティー・ナング・トロング・ニー・ワーング・マイ・クラップ
B：空いていますよ。　　　ว่างค่ะ
　　　　　　　　　　　　　ワーング・カ
A：ありがとうございます。 ขอบคุณมากครับ
　　　　　　　　　　　　　コープクン・マーク・クラップ

Point　ขอโทษ（コートート）は本来、詫びる気持ちを表す言葉ですが、現在では日本語の「すみません」と同じように呼びかけとしても使われるようになりました。知らない人や、何か他のことをしている人にものを尋ねる時には、いきなり質問するよりもやはり ขอโทษครับ/ค่ะ（コートート・クラップ/カ）で前置きするのがエチケットです。答えてもらったら、そのまま立ち去らずに ขอบคุณครับ/ค่ะ（コープクン・クラップ/カ）「ありがとう」と感謝の言葉を言うのをどうぞ忘れずに。

UNIT 77
CD-77

● 挨拶の伝言

～によろしくお伝えください。

2	1＋3
ご家族の皆様 奥様 ご両親　　に 部長さん 先生	よろしくお伝えください。

語句を覚えよう！

ครอบครัว クロープクルーア	家族	ทุกคน トゥック・コン	皆様
ภรรยา パンラヤー	奥様／妻	สามี サーミー	だんな様／夫
คุณพ่อคุณแม่ クン・ポー・クン・メー	両親	คุณพ่อ クン・ポー คุณแม่ クン・メー	お父様 お母様
ผู้อำนวยการ プー・アムヌーアイガーン	部長	หัวหน้าแผนก フーアナー・パネーク	課長
อาจารย์ アージャーン	先生	แฟน フェーン	恋人

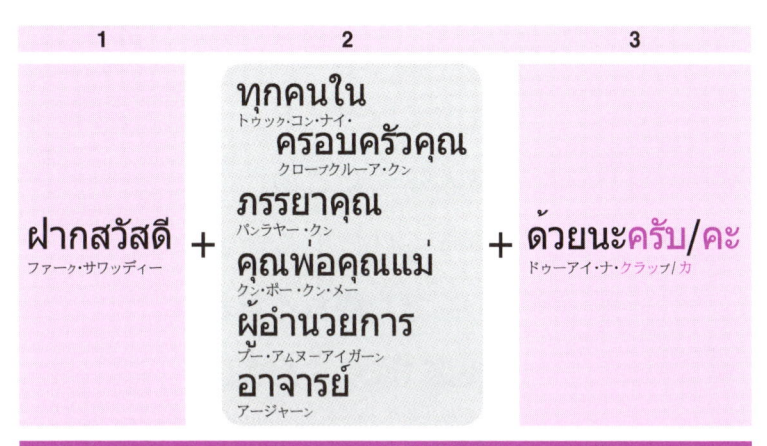

UNIT 77 — CD-77
ฝากสวัสดี ～ ด้วยนะครับ/คะ

1	2	3

ฝากสวัสดี
ファーク・サワッディー

+

ทุกคนใน
トゥック・コン・ナイ・
ครอบครัวคุณ
クローブクルーア・クン
ภรรยาคุณ
パンラヤー・クン
คุณพ่อคุณแม่
クン・ポー・クン・メー
ผู้อำนวยการ
プー・アムヌーアイガーン
อาจารย์
アージャーン

+

ด้วยนะครับ/คะ
ドゥーアイ・ナ・クラッブ/カ

mini会話

A： ご家族の皆様によろしく
お伝えください。

ฝากสวัสดีทุกคนในครอบครัวคุณ
ファーク・サワッディー・トゥックコン・ナイ・クローブクルーア・クン・
ด้วยนะครับ
ドゥーアイ・ナ・クラッブ

B： ありがとう。伝えます。
お気をつけて。

ขอบคุณค่ะ แล้วจะบอกให้นะคะ
コーブクン・カ　レーウ・ジャ・ボーク・ハイ・ナ・カ
โชคดีนะคะ
チョーク・ディー・ナ・カ

Point
ฝากสวัสดี ～ด้วยนะครับ/ค่ะ（ファーク・サワッディー～ドゥーアイ・ナ・クラッブ/カ）
「～によろしく」という表現は、自分がその人本人に会ったことがある場合にのみ使えます。สวัสดี（サワッディー）は大変便利な挨拶の言葉で、人とどんな時間帯に会っても「おはよう／こんにちは／こんばんは」という意味で使えて、更に別れの時にも「さよなら」という意味で使えます。日本人は人と別れる時に「お気をつけて」とか「ご機嫌よう」と言いますが、タイ人には สวัสดี（サワッディー）と ไหว้（ワーイ）「合掌」が一般的です。でも โชคดีนะครับ/คะ（チョーク・ディー・ナ・クラッブ/カ）「幸運に恵まれますように」と言う人も多いようです。

173

UNIT 78
CD-78

● 勧める時の表現
どうぞ〜してください。

1+3	2
どうぞ	自由に取ってお食べください。 お入りください。 ゆっくりしてください。 ここでお待ちください。 お受け取りください。

語句を覚えよう！

ทาน ターン	食べる	เลือกตามสบาย ルーアㇰ・ターム・サバーイ	自由に取る
เข้ามาข้างใน カウ・マー・カーンㇰ・ナイ	入る	ยืน ユーン	立つ
ตามสบาย ターム・サバーイ	ゆっくりする	นั่ง ナンㇰ	座る
รอ ロー	待つ	ที่นี่ ティー・ニー	ここで
รับเอาไป ラッㇷ゚・アウ・パイ	受け取る	นี่ ニー	これ

UNIT 78
CD-78

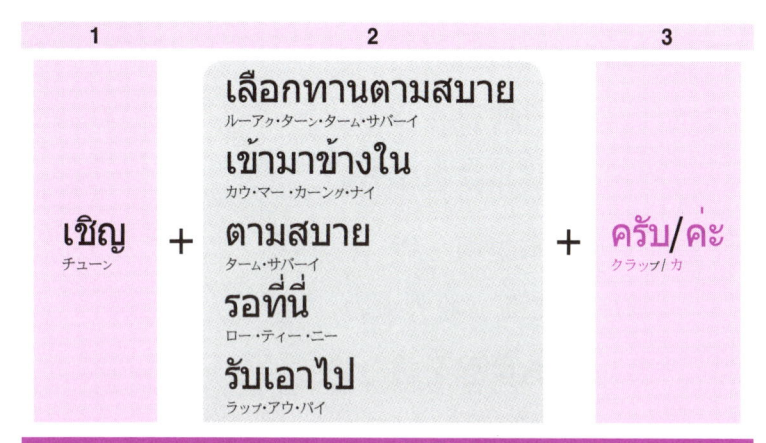

เชิญ ～ ครับ/ค่ะ

1	2	3

เชิญ
チューン

\+

เลือกทานตามสบาย
ルーアㇰ・ターン・ターム・サバーイ

เข้ามาข้างใน
カウ・マー・カーング・ナイ

ตามสบาย
ターム・サバーイ

รอที่นี่
ロー・ティー・ニー

รับเอาไป
ラッㇷ゚・アウ・パイ

\+

ครับ/ค่ะ
クラッㇷ゚/カ

mini会話

A : うわぁ、おいしそうですね。　　**แหม, น่าทานจัง**
　　　　　　　　　　　　　　　　　メー　　ナー・ターン・ジャング

B : どうぞ、召し上がってください。　**เชิญทานค่ะ**
　　　　　　　　　　　　　　　　　チューン・ターン・カ

A : とてもおいしいです。　　　　**อร่อยมาก**
　　　　　　　　　　　　　　　　アロイ・マーㇰ

　　　どなたがお料理したのですか。　**อาหารนี้ใครเป็นคนทำครับ**
　　　　　　　　　　　　　　　　アーハーン・ニー・クライ・ペン・コン・タム・クラッㇷ゚

B : 私です。　　　　　　　　　**ดิฉันเองค่ะ**
　　　　　　　　　　　　　　　　ディチャン・エーング・カ

Point 人に何かを勧める時は **เชิญครับ/ค่ะ**（チューン・クラッㇷ゚/カ）だけでも意味が通じます。座ってもらいたいところを示しながら、また、飲み物を出しながら言えば、「どうぞ」というニュアンスになります。来客に対して「お楽になさってください」などと言いたい場合には、**เชิญตามสบายนะครับ/ค่ะ**（チューン・ターム・サバーイ・ナ・クラッㇷ゚/カ）「どうぞごゆっくり」を使います。状況によっては、**ไม่ต้องเกรงใจ**（マイ・トング・グレーング・ジャイ）「ご遠慮なく」と言い添えて、相手の緊張をほぐしてあげましょう。

175

UNIT 79 CD-79
●相手の特性を褒める表現
あなたは〜が上手ですね。

1	2		3
あなたは	料理をするの ゴルフをするの 絵を描くの ピアノを弾くの お世辞を言うの	が	上手ですね。

語句を覚えよう！

ทำอาหาร タム・アーハーン	料理をする	เย็บผ้า イェップ・パー	裁縫をする
เล่นกอล์ฟ レン・ゴーフ	ゴルフをする	ปักผ้า パック・パー	刺繍をする
วาดรูป ワート・ループ	絵を描く	เขียนหนังสือ キーアン・ナングスー	文章を書く
ดีดเปียนโน ディート・ピーアンノー	ピアノを弾く	เล่นกีต้าร์ レン・ギーター	ギターを弾く
ชม チョム	お世辞を言う	พูดตลก プート・タロック	冗談を言う

UNIT 79 / CD-79

คุณ〜เก่งจังนะครับ/คะ

1	2	3
คุณ クン	ทำอาหาร タム・アーハーン เล่นกอล์ฟ レン・ゴーフ วาดรูป ワート・ルーブ ดีดเปียนโน ディート・ピーアンノー ชม チョム	เก่งจังนะครับ/คะ ゲング・ジャング・ナ・クラップ/カ

mini会話

A：料理がお上手ですね。　　คุณทำอาหารเก่งจังนะครับ
　　　　　　　　　　　　　クン・タム・アーハーン・ゲング・ジャング・ナ・クラップ

B：ありがとう。　　　　　　ขอบคุณค่ะ
　　　　　　　　　　　　　コープクン・カ

　　料理は好きなんです。　　 ดิฉันชอบทำอาหารมากค่ะ
　　　　　　　　　　　　　ディチャン・チョープ・タム・アーハーン・マーク・カ

　　あなたはゴルフが上手ですね。 คุณเล่นกอล์ฟเก่งนะคะ
　　　　　　　　　　　　　クン・レン・ゴーフ・ゲング・ナ・カ

A：そんなことないですよ、　 ไม่หรอกครับ คุณนี่ชมเก่งจังเลย
　　お世辞がお上手ですね。　マイ・ローク・クラップ　クン・ニー・チョム・ゲング・ジャング・ルーイ

Point

เก่ง（ゲング）は「よくできる」という意味で、เขาเป็นคนเก่ง（カウ・ペン・コン・ゲング）は「彼は何でもこなす優秀な人です」というニュアンスになります。เก่ง（ゲング）を動詞の後につけると、「〜するのが上手」という意味になり、ขับรถเก่ง（カップロット・ゲング）「運転するのが上手」、ว่ายน้ำเก่ง（ワーイ・ナーム・ゲング）「泳ぐのが上手」、พูดภาษาญี่ปุ่นเก่ง（プート・パーサー・イープン・ゲング）「日本語を話すのが上手」のような感じで使います。子どもが自分で描いた絵を得意気に見せてきたら、โอ้โฮ, เก่งจังเลย（オーホー・ゲング・ジャング・ルーイ）「まあ、お上手」と褒めてあげましょう。

UNIT 80
CD-80

● 感動の表現
〜を見てとても感動しました。

1	4	3	2+5
(私は)	スコータイの遺跡 山岳地帯の美しい景色 エメラルド寺院 タイ古典舞踊 ラマヤナ回廊壁画	を 見て	とても感動しました。

語句を覚えよう！

โบราณสถาน ボーラーン・サターン	遺跡	เครื่องถ้วยชาม クルーアング・トゥーアイ・チャーム	陶芸品
วิว ウィウ	景色	เขตภูเขา ケート・プーカウ	山岳地帯
วัด ワット	寺院	แสนสวย セーン・スーアイ	美しい
นาฏศิลป์ ナートタスィン	古典舞踊	ศิลปะวัตถุ スィンラパワットゥ	美術品
ระเบียงภาพ ラビーアングパープ รามเกียรติ์ ラームマキーアン	ラマヤナ 回廊壁画	ภาพเขียน パープ・キーアン	絵画

UNIT 80
CD-80

ผม/ดิฉัน
ประทับใจมากเมื่อได้ชม～ครับ/คะ

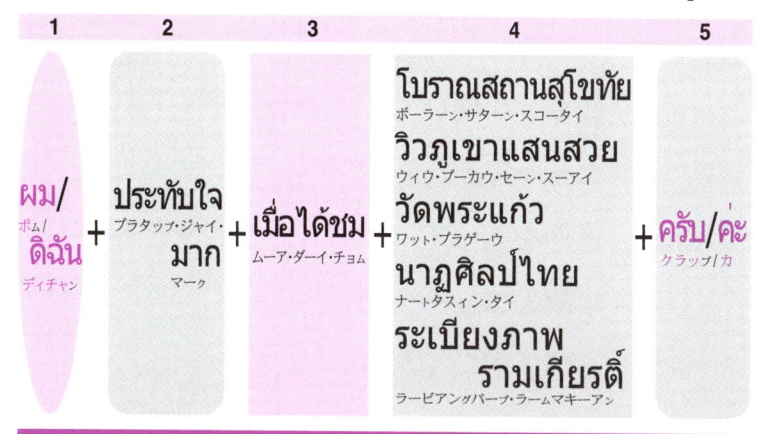

1	2	3	4	5
ผม/ดิฉัน ポム/ディチャン	**ประทับใจมาก** プラタップ・ジャイ・マーク	**เมื่อได้ชม** ムーア・ダーイ・チョム	**โบราณสถานสุโขทัย** ボーラーン・サターン・スコータイ **วิวภูเขาแสนสวย** ウィウ・プーカウ・セーン・スーアイ **วัดพระแก้ว** ワット・プラゲーウ **นาฏศิลป์ไทย** ナートタスィン・タイ **ระเบียงภาพรามเกียรติ์** ラービアングパープ・ラームマキーアン	**ครับ/คะ** クラップ/カ

mini会話

A：アユタヤーはいかがでしたか。 **อยุธยาเป็นยังไงบ้างครับ**
アユッタヤー・ペン・ヤンッガイ・バーンッ・クラップ

B：遺跡を見て感動しました。 **ประทับใจมากเมื่อได้ชมโบราณสถานค่ะ**
プラタップ・ジャイ・マーク・ムーア・ダーイ・チョム・ボーラーン・サターン・カ

Point ประทับใจ（プラタップ・ジャイ）は、本来"心に焼きつく"という意味です。美術品や演劇などの芸術作品を鑑賞して、深い印象を受けた時には มาก（マーク）「大変」をつけて ประทับใจมาก（プラタップ・ジャイ・マーク）と言います。また、ประทับใจ（プラタップ・ジャイ）は、形容詞のような使い方もし、เพลงประทับใจ（プレーング・プラタップ・ジャイ）「印象深い歌」、ภาพประทับใจ（パープ・プラタップ・ジャイ）「印象深い絵画」などのように言います。

UNIT 81
CD-81
● 驚きの表現
〜にとても驚きました。

1	3	2＋4
(私は)	知らせを聞いて ニュース番組を見て 事件を知って 事故のニュースに あの店がなくなり	とても驚きました。

語句を覚えよう！

ข่าว カーウ	知らせ	ภัยพิบัติ パイピバット	災害
รายการข่าว ラーイガーン・カーウ	ニュース番組	ไฟไหม้ ファイマイ	火事
เหตุการณ์ ヘートガーン	事件	เครื่องบินเกิด クルーアングビン・グート・ อุบัติเหตุ ウバッティヘート	飛行機事故
อุบัติเหตุ ウバッティヘート	事故	อย่างไม่คาดฝัน ヤーング・マイ・カート・ファン	意外な
ร้าน ラーン	店	น่ากลัว ナー・クルーア	恐ろしい

UNIT 81　CD-81
ผม/ดิฉันตกใจมากเมื่อ〜ครับ/คะ

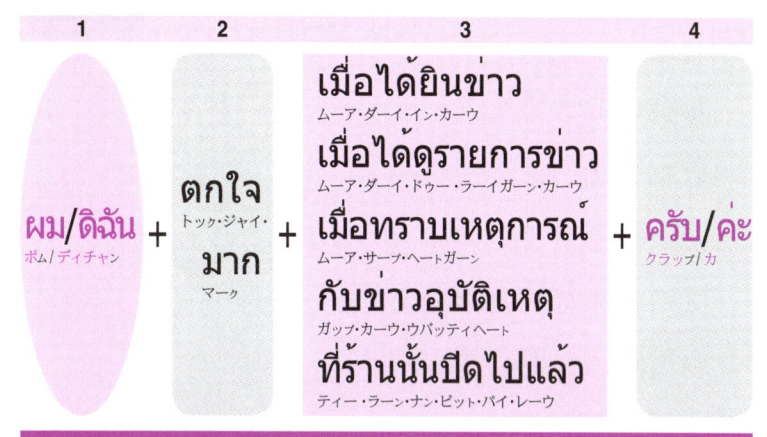

1	2	3	4
ผม/ดิฉัน ポム/ディチャン	**ตกใจ** トック・ジャイ **มาก** マーク	**เมื่อได้ยินข่าว** ムーア・ダーイ・イン・カーウ **เมื่อได้ดูรายการข่าว** ムーア・ダーイ・ドゥー・ラーイガーン・カーウ **เมื่อทราบเหตุการณ์** ムーア・サープ・ヘートガーン **กับข่าวอุบัติเหตุ** ガップ・カーウ・ウバッティヘート **ที่ร้านนั้นปิดไปแล้ว** ティー・ラーン・ナン・ピット・パイ・レーウ	**ครับ/ค่ะ** クラップ/カ

mini会話

A：チャニンさんが事故にあわれたそうですね。
ได้ยินมาว่าคุณชนินทร์ประสบอุบัติเหตุนะครับ
ダーイ・イン・マー・ワー・クン・チャニン・プラソップ・ウバッティヘート・ナ・クラップ

B：本当ですか。知りませんでした。
จริงหรือคะ ไม่ทราบมาก่อนเลย
ジング・ルー・カ　マイ・サープ・マー・ゴーン・ルーイ

A：私も昨日知ったのですが、知らせを聞いて驚きました。
ผมก็เพิ่งทราบเมื่อวานนี้ ตกใจมากเมื่อได้ยินข่าวครับ
ポム・ゴー・プング・サープ・ムーア・ワーンニー　トック・ジャイ・マーク・ムーア・ダーイ・イン・カーウ・クラップ

Point 同じ「驚いた」の表現でも、"悪い知らせや事故などにびっくりした"時は ตกใจ（トックジャイ）を使い、"取り乱した"時は ตื่นเต้น（トゥーンテン）を使います。両方の語を使った ตื่นเต้นตกใจ（トゥーンテン・トック・ジャイ）「びっくりして興奮した」という表現もあります。ตื่นเต้น（トゥーンテン）は悪い状況の時だけでなくよい時にも使い、ตื่นเต้นดีใจ（トゥーンテン・ディージャイ）「嬉しさのあまりに興奮する」というような表現は日常会話でもよく用いられます。事件や事故にあって取り乱している人には、อย่าตื่นเต้น（ヤー・トゥーンテン）「興奮しないで（落ちついて）」などと言ってあげるといいでしょう。

UNIT 82 CD-82

● 喜びの表現

〜をとても嬉しく思います。

2

お会いできて
それを聞いて
ご一緒できて
気に入っていただいて
お電話いただいて

1

とても
嬉しく思います。

語句を覚えよう！

พบ ポップ	会う	ได้รับจดหมายจากคุณ ダーイ・ラップ・ジョットマーイ・ジャーク・クン	あなたから手紙をもらう
ฟัง ファング	聞く	ได้รับของขวัญจากคุณ ダーイ・ラップ・コーング・クワン・ジャーク・クン	あなたからプレゼントをもらう
มากับ マー・ガップ	ご一緒する	ได้พบคุณอีก ダーイ・ポップ・クン・イーク	あなたとまた会う
ชอบ チョープ	気に入る	คุณสอบเข้าได้ クン・ソープ・カウ・ダーイ	あなたが入学試験に合格する
โทรศัพท์ トーラサップ	電話	คุณได้เข้าทำงาน クン・ダーイ・カウ・タムガーン	あなたが就職する

UNIT 82
CD-82
ดีใจมากครับ/ค่ะที่～

1	2
ดีใจมากครับ/ค่ะ ディー・ジャイ・マーク・クラップ/カ + ที่ ティー	ได้พบคุณ ダーイ・ポップ・クン ได้ฟังดังนั้น ダーイ・ファング・ダンガナン ได้มากับคุณ ダーイ・マー・ガップ・クン คุณชอบ クン・チョープ คุณโทรศัพท์มา クン・トーラサップ・マー

mini会話

A：またお会いできて嬉しく思います。　ดีใจมากครับที่ได้พบคุณอีก
ディー・ジャイ・マーク・クラップ・ティー・ダーイ・ポップ・クン・イーク

B：私もです。　เช่นกันค่ะ
チェン・ガン・カ

A：5年振りですね。　ไม่ได้พบกัน ๕ ปีแล้วนะครับ
マイ・ダーイ・ポップ・ガン・ハー・ピー・レーウ・ナ・クラップ

Point ดีใจ（ディージャイ）は喜びや嬉しい気持ちを表す一般的な口語ですが、より正式な場合には ยินดี（インディー）を使います。初対面の人や、まだつき合いの浅い人には、ยินดีที่ได้พบคุณครับ/ค่ะ（インディー・ティー・ダーイ・ポップ・クン・クラップ/カ）「お目にかかれて嬉しく思います」と挨拶した方が丁寧に聞こえます。相手の成功を祝福する時は ยินดีด้วยครับ/ค่ะ（インディー・ドゥーアイ・クラップ/カ）「おめでとうございます」、相手が何か失敗した時は เสียใจด้วยครับ/ค่ะ（スィーア・ジャイ・ドゥーアイ・クラップ/カ）「残念でしたね」と言ってあげましょう。เสียใจ（スィーア・ジャイ）は「残念がる、悔やむ」気持ちを表す言葉です。

＊CDについて：このUNITから先は入れ替え練習を省いて全文のみを各1回ずつ読んでいます。

UNIT 83 / CD-83

■ 感想を聞く
〜は楽しかったですか。

1		2
この旅行 日本滞在 サッカー観戦 市内観光 水上マーケット	は	楽しかったですか。

語句を覚えよう！

การท่องเที่ยว／เที่ยว ガーン・トングティーアウ／ティーアウ	旅行／旅	ทำงาน タム・ガーン	仕事
อยู่ที่ ユー・ティー	滞在（する）	ญี่ปุ่น イープン	日本
การแข่งขัน ガーン・ケングカン	観戦	ฟุตบอล フットボーン	サッカー
เที่ยวชม ティーアウ・チョム	観光	ชีวิตมหาวิทยาลัย チーウィット・マハーウィッタヤーライ	大学生活
เที่ยวตลาดน้ำ ティーアウ・タラート・ナーム	水上マーケット	ทำงานพิเศษ タム・ガーン・ピセート	アルバイト

UNIT 83
CD-83

～สนุกไหมครับ/คะ

1	2
การท่องเที่ยวครั้งนี้ ガーン・トングティーアウ・クラング・ニー อยู่ที่ญี่ปุ่น ユー・ティー・イープン การแข่งขันฟุตบอล ガーン・ケングカン・フットボーン เที่ยวชมเมือง ティーアウ・チョム・ムーアング เที่ยวตลาดน้ำ ティーアウ・タラート・ナーム	+ สนุกไหมครับ/คะ サヌック・マイ・クラップ/カ

mini会話

A：タイの旅は楽しかったですか。　เที่ยวเมืองไทยสนุกไหมครับ
ティーアウ・ムーアング・タイ・サヌック・マイ・クラップ

B：すごく楽しかったです。　สนุกมากเลยค่ะ
サヌック・マーク・ルーイ・カ

Point สนุก（サヌック）の直訳は「おもしろい」で、หนังสือสนุก（ナングスー・サヌック）「おもしろい本」、หนังสนุก（ナング・サヌック）「おもしろい映画」、สวนสนุก（スーアン・サヌック）「楽しい庭園（＝遊園地）」などのように名詞の後につけて使うこともあります。タイは英語で"Land of Smile"「微笑みの国」と言われるほど、楽観的な คนรักสนุก（コンラック・サヌック）「楽しいことを好む人」が多いのです。タイ人の魅力的な ยิ้ม（イム）「微笑み」は親しみを感じさせ、初対面でもすぐ友達になれそうな雰囲気です。いつもにこにこしているので、写真を撮る時の「チーズ」などという言葉はいらないようです。

UNIT 84
CD-84

● 経験を尋ねる表現

〜をしたことがありますか。

3	2	1+4
日本	行ったこと	
ディズニーランド	に	
歌舞伎	観たこと が	ありますか。
Jポップ	聞いたこと	
すき焼き	を 食べたこと	

語句を覚えよう！

ไปญี่ปุ่น パイ・イープン	日本に行く	ใส่กิโมโน サイ・ギモーノー	着物を着る
ไปดิสนีแลนด์ パイ・ディッスニーレーン	ディズニーランドに行く	เห็นหิมะ ヘン・ヒマ	雪を見る
ดูละครคาบูกิ ドゥー・ラコーン・カーブーキ	歌舞伎を観る	เล่นสกี レン・サキー	スキーをする
ฟังเพลงป๊อปญี่ปุ่น ファング・プレーング・ポップ・イープン	Jポップを聞く	ขึ้นรถไฟชินคันเซ็น クン・ロットファイ・シンカンセン	新幹線に乗る
ทานสุกียากี้ ターン・スキヤキー	すき焼きを食べる	ทานสาหร่าย ターン・サーラーイ	海苔を食べる

UNIT 84 เคย～ไหมครับ/คะ

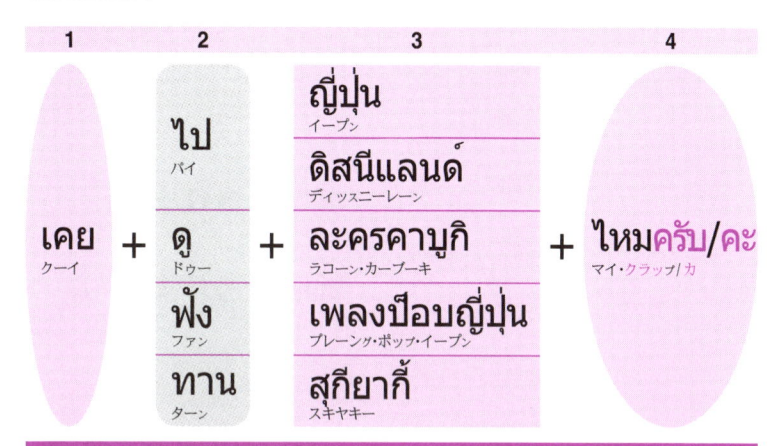

1	2	3	4
เคย (クーイ)	ไป (パイ) / ดู (ドゥー) / ฟัง (ファン) / ทาน (ターン)	ญี่ปุ่น (イープン) / ดิสนีแลนด์ (ディッスニーレーン) / ละครคาบูกิ (ラコーン・カーブーキ) / เพลงป๊อบญี่ปุ่น (プレーング・ポップ・イープン) / สุกียากี้ (スキヤキー)	ไหมครับ/คะ (マイ・クラップ/カ)

mini会話

A：日本に行ったことがありますか。
เคยไปญี่ปุ่นไหมครับ
クーイ・パイ・イープン・マイ・クラップ

B：2年前に行きました。
เคยไปเมื่อ ๒ ปีก่อนค่ะ
クーイ・パイ・ムーア・ソーング・ピー・ゴーン・カ

A：歌舞伎を観たことはありますか。
เคยดูละครคาบูกิไหมครับ
クーイ・ドゥー・ラコーン・カーブーキ・マイ・クラップ

B：ないです。
ไม่เคยค่ะ
マイ・クーイ・カ

Point 経験を聞かれた時の答え方は、例えば เคยทานทุเรียนไหมครับ/คะ（クーイ・ターン・トゥーリアン・マイ・クラップ/カ）「ドリアンを食べたことがありますか」と聞かれたら、答は เคยครับ/ค่ะ（クーイ・クラップ/カ）「したことがある（＝食べたことがある）」、ไม่เคยครับ/ค่ะ（マイ・クーイ・クラップ/カ）「したことがない（＝食べたことがない）」だけで充分です。また、"～したことがある"と言いたい時は、動詞の前に เคย（クーイ）をつけるだけで、เคยเห็น（クーイ・ヘン）「見たことがある」、เคยชม（クーイ・チョム）「観賞したことがある」という表現になるので便利です。

UNIT 85 / CD-85

● 興味の有無の言い方

私は～に興味があります／ありません。

1	3	2+4
私は	建築 美術 宗教　に 絵画 歴史	興味があります。 興味がありません。

語句を覚えよう！

สถาปัตยกรรม サターパッタヤガム	建築物	โบราณสถาน ボーラーン・サターン	遺跡
ศิลปะ スィンラパ	美術	ของเก่า コーング・ガウ	骨董品
ศาสนา サートサナー	宗教	ปฏิมากรรม パティマーガム	彫刻
ภาพเขียน パープ・キーアン	絵画	วรรณคดี ワンナカディー	文学
ประวัติศาสตร์ プラワッティサート	歴史	ดนตรี ドントリー	音楽

UNIT 85
CD-85

ผม/ดิฉันสนใจ～ครับ/ค่ะ
ผม/ดิฉันไม่สนใจ～ครับ/ค่ะ

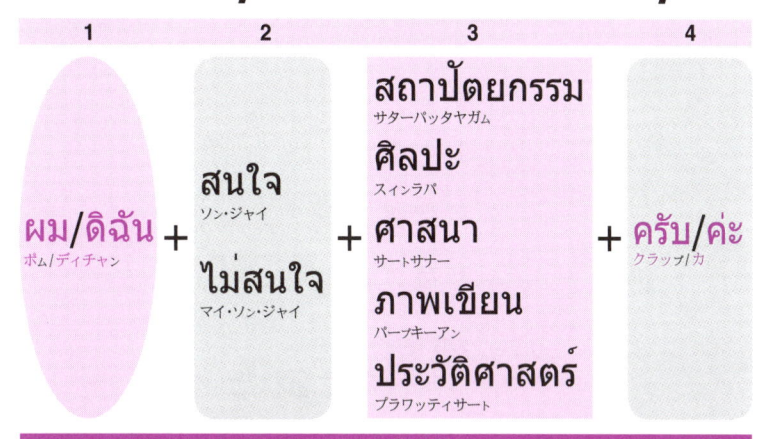

1	2	3	4
ผม/ดิฉัน ポム/ディチャン	สนใจ ソン・ジャイ ไม่สนใจ マイ・ソン・ジャイ	สถาปัตยกรรม サターパッタヤガム ศิลปะ スィンラパ ศาสนา サートサナー ภาพเขียน パープキーアン ประวัติศาสตร์ プラワッティサート	ครับ/ค่ะ クラップ/カ

mini会話

A：あなたは何に興味がありますか。　คุณสนใจเรื่องอะไรครับ
　　　　　　　　　　　　　　　　　　クン・ソン・ジャイ・ルーアンッ・アライ・クラップ

B：私はヨーロッパの現代美術に　　ดิฉันสนใจศิลปะยุโรปสมัยใหม่ค่ะ
　　　興味があります。　　　　　　　ディチャン・ソン・ジャイ・スィンラパ・ユローッ・サマイ・マイ・カ

Point

สนใจ～（ソン・ジャイ）「～に興味があります」、ไม่สนใจ～（マイ・ソン・ジャイ）「～に興味がありません」の話題が始まると会話がおもしろくなりますが、より専門的な語彙が必要になってきます。西洋文化についての話であれば英語混じりでも通じるでしょう。วัฒนธรรมไทย（ワッタナタム・タイ）「タイ文化」は ศาสนาพุทธ（サートサナー・プット）「仏教」が原点なので、話しているうちに日本文化と共通する興味深い発見をするかもしれません。ประวัติศาสตร์（プラワッティサート）「歴史」の話題になると、17世紀のアユタヤ王朝時代に渡タイして官吏になった、かの有名な山田長政こと ออกญาเสนาภิมุข（オーッヤー・セーナーピムッヶ）の話が出てくるでしょう。

UNIT 86
CD-86

● 確信を表す表現

私はきっと～だと思います。

1	4	3	2+5
私は	きっと 絶対に	彼は来る 彼は大丈夫だ お金を盗まれた 財布を落とした バッグをあそこに置き忘れた と	思います。

語句を覚えよう！

มา マー	来る	สำเร็จ サムレット	成功する
ไม่เป็นอะไร マイ・ペン・アライ	大丈夫	ล้มเหลว ロムレーウ	失敗する
ถูกขโมย トゥーク・カモーイ	盗まれる	เงิน グン	お金
ทำตก タム・トック	落とす	กระเป๋าสตางค์ グラパウ・サターング	財布
ลืม ルーム	置き忘れる	กระเป๋า グラパウ	バッグ

UNIT 86
CD-86

ผม/ดิฉันคิดว่า～แน่ครับ/ค่ะ

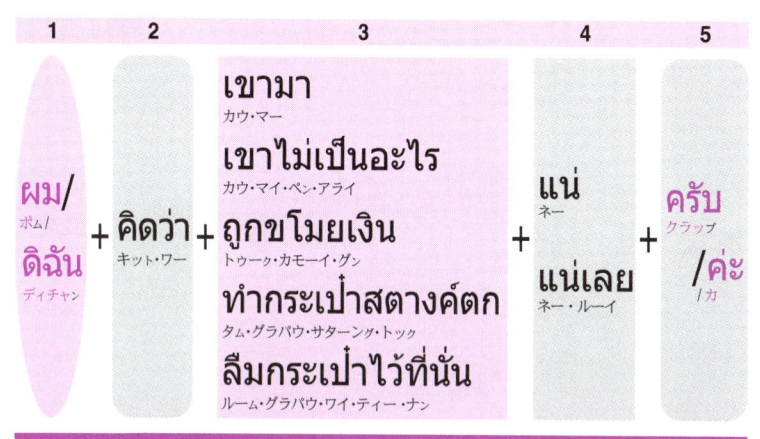

1	2	3	4	5
ผม/ ポム/ ดิฉัน ディチャン	+ คิดว่า キット・ワー	+ เขามา カウ・マー เขาไม่เป็นอะไร カウ・マイ・ペン・アライ ถูกขโมยเงิน トゥーク・カモーイ・グン ทำกระเป๋าสตางค์ตก タム・グラパウ・サターング・トック ลืมกระเป๋าไว้ที่นั่น ルーム・グラパウ・ワイ・ティー・ナン	+ แน่ ネー แน่เลย ネー・ルーイ	+ ครับ クラップ /ค่ะ /カ

mini会話

A：あなたはどう思いますか。　　คุณคิดว่ายังไงครับ
　　　　　　　　　　　　　　　クン・キット・ワー・ヤングガイ・クラップ

B：彼はきっと来ると思います。　ดิฉันคิดว่าเขามาแน่ค่ะ
　　　　　　　　　　　　　　　ディチャン・キット・ワー・カウ・マー・ネー・カ

A：どうして？　　　　　　　　ทำไมครับ
　　　　　　　　　　　　　　　タムマイ・クラップ

B：彼は遅れるけれど、いつも　　ถึงจะมาสายแต่เขาต้องมาแน่ค่ะ
　　絶対に来るから。　　　　　トゥング・ジャ・マー・サーイ・テー・カウ・トング・マー・ネー・カ

Point แน่（ネー）を動詞や形容詞の後につけると、その動作がこれから「きっと」起きるというやや自信を持った推定を、แน่เลย（ネー・ルーイ）をつけると「絶対に」起きるという確信を表します。例えば、曇った空を見上げて ฝนตกแน่（フォン・トック・ネー）「きっと雨が降る」、人をいくら待っても来ない時に รถติดแน่เลย（ロット・ティット・ネー・ルーイ）「渋滞に巻き込まれたに違いない」という風に使います。「思います」は คิดว่า（キット・ワー）ですが、会話では ว่า（ワー）と省略して、ผม/ดิฉันว่าฝนตกแน่（ポム/ディチャン・ワー・フォン・トック・ネー）「きっと雨が降ると思う」のように言います。

191

UNIT 87 CD-87 ● 相手に意見を聞く
あなたは～についてどう思いますか。

1	4	3	2+5
あなたは	日本 この事件 彼女 環境問題 タイ経済	について	どう 思いますか。

語句を覚えよう！

ญี่ปุ่น イープン	日本	อนาคต アナーコット	将来
เหตุการณ์ ヘートガーン	事件	ท่าทีของเขา ターティー・コーング・カウ	彼の態度
เธอ トゥー	彼女	ข่าวระยะนี้ カーウ・ラヤ・ニー	最近の 　　ニュース
สิ่งแวดล้อม スィング・ウェートローム	環境	ความสัมพันธ์ クワーム・サムパン・ ญี่ปุ่น-ไทย イープン・タイ	日タイ関係
เศรษฐกิจ セートタギット	経済	สถานการณ์โลก サターナガーン・ローク	国際情勢

192

UNIT 87
CD-87

คุณคิดอย่างไรเกี่ยวกับ～ครับ/คะ

1	2	3	4	5
คุณ クン	+ คิดอย่างไร キット・ヤーングライ	+ เกี่ยวกับ ギーアウガップ	+ ญี่ปุ่น イーブン เหตุการณ์นี้ ヘートガーン・ニー เธอ トゥー ปัญหาสิ่งแวดล้อม パンハー・スィング・ウェートローム เศรษฐกิจไทย セートタキット・タイ	+ ครับ/ クラップ/ คะ カ

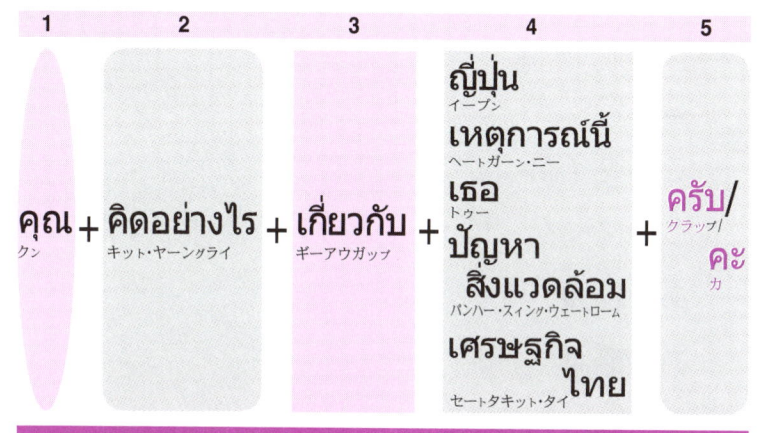

mini会話

A： 日本経済をどう思いますか。คุณคิดอย่างไรเกี่ยวกับเศรษฐกิจญี่ปุ่นครับ
クン・キット・ヤーングライ・ギーアウガップ・セータキット・イーブン・クラップ

B： よくなっていると思います。คิดว่ากำลังดีขึ้นนะคะ
キット・ワー・ガムラング・ディー・クン・ナ・カ

- -

A： 彼女のことをどう思いますか。คุณคิดว่าเธอเป็นยังไงครับ
クン・キット・ワー・トゥ・ペン・ヤングガイ・クラップ

B： 親切な方だと思います。ดิฉันว่าเธอเป็นคนใจดีค่ะ
キット・ワー・トゥー・ペン・コン・ジャイ・ディー・カ

Point การเมือง（ガーン・ムーアング）「政治」、สถานการณ์โลก（サターナガーン・ローク）「国際情勢」、เศรษฐกิจ（セータキット）「経済」などの難しい問題を、คุณคิดอย่างไรเกี่ยวกับ～ครับ/คะ（クン・キット・ヤーングライ・ギーアウガップ～クラップ/カ）「～についてどう思いますか」と話しあおうとすると、かなり専門的な言葉が必要になってきますが、やはり意見を出しあいたいですね。「どう思いますか」の คิดอย่างไร（キット・ヤーングライ）は、会話する時は คิดยังไง（キット・ヤングガイ）と口語的な言い方になります。

UNIT 88 / CD-88

● 意味の尋ね方
〜はどういう意味ですか。

1	2
これ このタイ語 このマーク　は あの標識 あの略語	どういう意味ですか。

語句を覚えよう！

นี่／นี้ ニー　ニー	これ/この	นั่น ナン	あの
ภาษาไทย パーサー・タイ	タイ語	ห้ามเข้า ハーム・カウ	立入禁止
เครื่องหมาย クルーアングマーイ	マーク	ห้ามถ่ายรูป ハーム・ターイループ	撮影禁止
ป้าย パーイ	標識 看板	ห้ามจอดรถ ハーム・ジョート・ロット	駐車禁止
คำย่อ カム・ヨー	略語	รถวิ่งทางเดียว ロット・ウィング・ターングディーアウ	一方通行

UNIT 88
CD-88

〜หมายความว่ายังไงครับ/คะ

1

นี่
ニー

ภาษาไทยนี้
パーサー・タイ・ニー

เครื่องหมายนี้
クルーアングマーイ・ニー

ป้ายนั้น
パーイ・ナン

คำย่อนั้น
カム・ヨー・ナン

\+

2

หมายความว่ายังไงครับ/คะ
マーイクワーム・ワー・ヤンッガイ・クラッッ/カ

mini会話

A：これはどういう意味ですか。　　นี่หมายความว่ายังไงครับ
ニー・マーイクワーム・ワー・ヤンッガイ・クラッッ

B：「禁煙」という意味です。　　หมายความว่า "ห้ามสูบบุหรี่" ค่ะ
マーイクワーム・ワー・"ハーム・スーッ・ブリー"・カ

A：では、あれは？　　นั่นล่ะครับ
ナン・ラ・クラッッ

B：一方通行の標識です。　　ป้ายบอกให้รถวิ่งทางเดียวค่ะ
パーイ・ボーク・ハイ・ロット・ウィンッ・ターンッディーアウ・カ

Point

タイの町に立っている看板や標識などは、タイ語のみで書かれているものがほとんどです。英語が併記されていても、たいていは字が小さくてはっきり読めないかもしれません。特に博物館、美術館、映画館、劇場では ห้ามถ่ายรูป（ハーム・ターイ・ルーブ）「撮影禁止」、ห้ามสูบบุหรี่（ハーム・スーッ・ブリー）「禁煙」、อย่าส่งเสียงดัง（ヤー・ソンッ・スィーアンッ・ダンッ）「大きい声を出さないように」のような決まりがあるので、ป้ายนั้นหมายความว่ายังไงครับ/คะ（パーイ・ナン・マーイクワーム・ワー・ヤンッガイ・クラッッ/カ）「その看板はどういう意味ですか」と確かめて、館内のルールを守るようにしましょう。

UNIT 89
CD-89

■ 知っているかどうかを聞く
〜をご存知ですか。

2	3	1
日本の首相が タイの外務大臣が ここの責任者が 日本語の本屋が どうすればいいか	誰か どこにあるか	ご存知ですか。

語句を覚えよう！

นายกรัฐมนตรี ナーヨックラッタモントリー	首相	ใคร クライ	誰
รัฐมนตรี ラッタモントリー・ ต่างประเทศ ターングプラテート	外務大臣	รอง ローング・ นายกรัฐมนตรี ナーヨックラッタモントリー	副首相
ผู้รับผิดชอบที่นี่ プー・ラッピットチョープ・ティー・ニー	責任者	พระมหากษัตริย์ プラマハーガサット	国王
ร้านหนังสือ ラーン・ナングスー	本屋	ที่ไหน ティー・ナイ	どこ
อย่างไร ヤーングライ	どのように	กระเป๋าเดินทาง グラパウ・ドゥーンターング	旅行かばん

UNIT 89 / CD-89

ทราบไหมครับ/คะ～

1

ทราบไหม
サーブ・マイ・
ครับ/คะ
クラップ/カ

+

2

นายกรัฐมนตรีญี่ปุ่น
ナーヨックラッタモントリー・イープン

รัฐมนตรีต่างประเทศไทย
ラッタモントリー・ターングプラテート・タイ

ผู้รับผิดชอบที่นี่
プー・ラップピットチョープ・ティー・ニー

ร้านหนังสือญี่ปุ่น
ラーン・ナングスー・イープン

จะทำอย่างไรดี
ジャ・タム・ヤーングライ・ディー

+

3

คือใคร
クー・クライ

อยู่ที่ไหน
ユー・ティー・ナイ

mini会話

A: タイの首相が誰か知っていますか。

ทราบไหมครับนายกรัฐมนตรี
サーブ・マイ・クラップ・ナーヨックラッタモントリー・

คนปัจจุบันของไทยคือใคร
コンパッジュバン・コーンッ・タイ・クー・クライ

B: はい、クン・タクスィンですよね。

ทราบค่ะ คุณทักษิณใช่ไหมคะ
サーブ・カ クン・タックスィン・チャイマイ・カ

テレビで見たことがあります。

เคยเห็นในทีวี
クーイ・ヘン・ナイ・ティーウィー

Point タイ語では何かについて知識があるか聞く場合、ทราบไหมครับ/คะ～（サーブ・マイ・クラップ/カ）「～はご存知ですか」の後に疑問詞をつけて聞きます。人や物事について面識や経験があるかどうかを聞く場合は、รู้จัก～ไหมครับ/คะ（ルージャック～マイ・クラップ/カ）を使ってรู้จักภูเขาฟูจีไหมครับ/คะ（ルージャック・プーカウ・フージ・マイ・クラップ/カ）「富士山を知っていますか」のように聞きます。ちなみにผม/ดิฉันรู้จักท่านนายกครับ/คะ（ポム/ディチャン・ルージャック・タン・ナーヨック・クラップ/カ）と言うと、「私は個人的に首相と知り合いだ」と言う意味になってしまいますので、注意しましょう。

UNIT 90 / CD-90
助言を求める表現
〜を助言してくださいませんか。

2		1	3
いいレストラン いいワイン 一番安いお店 私に似合うもの ここの観光名所	を	助言して	くださいませんか。

語句を覚えよう！

ร้านอาหาร ラーン・アーハーン	レストラン	อาหารจานเด็ดของวันนี้ アーハーン・ジャーン・デット・コーング・ワン・ニー	今日の お勧め料理
ไวน์ ワーイ	ワイン	หนังสือดีๆ ナング・スー・ディー・ディー	いい本
ร้านขายถูก ラーン・カーイ・トゥーク	安い店	หนังสนุกๆ ナング・サヌック・サヌック	おもしろい 映画
เหมาะ モ	似合う	ร้านตัดเสื้อมีชื่อ ラーン・タット・スーア・ミー・チュー	有名な 仕立て屋
ที่ท่องเที่ยวมีชื่อ ティー・トング・ティーアウ・ミー・チュー	観光名所	สินค้ามีชื่อของที่นี่ スィンカー・ミー・チュー・コーング・ティー・ニー	ここの名産品

UNIT 90　ช่วยแนะนำ〜ให้หน่อยซีครับ/คะ

CD-90

1	2	3

ช่วยแนะนำ (チューアイ・ネナム) +

- **ร้านอาหารดีๆ** ラーン・アーハーン・ディー・ディー
- **ไวน์ดีๆ** ワイ・ディー・ディー
- **ร้านขายถูกที่สุด** ラーン・カーイ・トゥーク・ティースット
- **อันที่เหมาะกับผม/ดิฉัน** アン・ティー・モ・ガップ・ポム/ディチャン
- **ที่ท่องเที่ยวมีชื่อของที่นี่** ティー・トンクティーアウ・ミー・チュー・コーング・ティーニー

+ **ให้หน่อยซี** (ハイ・ノイ・スィー・) **ครับ/คะ** (クラップ/カ)

mini会話

A：カメラを買いたいのですが、安いお店を教えてくださいませんか。
ผมอยากได้กล้องถ่ายรูป ช่วยแนะนำร้านขายถูกให้หน่อยซีครับ
ポム・ヤーク・ダーイ・クロング・タールーブ チューアイ・ネナム・ラーン・カーイ・トゥーク・ハイ・ノイ・スィー・クラップ

B：新宿のヨドヤマカメラがいいですよ。
ซื้อที่ร้านโยโดยามะ-คาเมร่าที่ชินจุคุชิคะ
スー・ティー・ラーン・ヨードヤーマカメラ・ティー・チンジュクスィ・カ

A：どうして？
ทำไมหรือครับ
タムマイ・ルー・クラップ

B：安くて品物が豊富だから。
เพราะราคาถูกและมีให้เลือกแยะมากด้วยค่ะ
プロ・ラーカー・トゥーク・レ・ミー・ハイ・ルーアク・イェ・マーク・ドゥーアイ・カ

Point 初めての都市を訪れる時は、ที่เที่ยว（ティー・ティーアウ）「観るところ」、ที่พัก（ティー・パック）「泊まるところ」、ที่กิน（ティー・ギン）「食べるところ」や、地元の名産品などを、ไก๊ด์（ガイ）「ガイドさん」や คนรู้จัก（コン・ルージャック）「知り合い」に แนะนำ（ネナム）「助言」してもらった方が、安心で楽しい観光ができるでしょう。แนะนำ（ネナム）には「紹介」という意味もあり、แนะนำตัวเอง（ネナム・トゥーアエーング）「自己紹介」のようにも使われます。

Part 3

とっさの時に役立つ単語集 2800

重要語句・使用頻度の高い語句はゴシック表示。男女で使いわける箇所は紫字、弱く読む箇所は薄字で表示。

あ

愛／愛する	ความรัก クワーム・ラック
	／รัก ラック
	＜私はあなたが好きです＞
	ผม/ดิฉันรักคุณ
	ポム／ディチャン・ラック・クン
挨拶する	ทักทาย タックターイ
愛情	ความรัก クワーム・ラック
アイスクリーム	
	ไอศครีม アイサクリーム
間	ระหว่าง ラワーング
会う	พบ ポップ
青	น้ำเงิน ナーム・グン
赤	แดง デーング
赤ちゃん	เด็กอ่อน デック・オーン
明るい	สว่าง サワーング
秋	ฤดูใบไม้ร่วง
	ルドゥー・バイマーイ・ルーアング
諦める	ล้มเลิกความตั้งใจ
	ロムルーク・クワーム・タング・ジャイ
飽きる	เบื่อ ブーア
開く／開ける	
	เปิด プート
握手する	สัมผัสมือ サムパット・ムー
顎（あご）	คาง カーング
朝	เช้า チャーウ
麻	ป่าน パーン

浅い	ตื้น トゥーン
あさって	มะรืน マルーン
脚／足	ขา カー／เท้า ターウ
味	รสชาติ ロットチャート
アジア	เอเชีย エーチーア
明日	พรุ่งนี้ プルングニー
預かる／預ける	
	รับฝาก ラップ・ファーク
	／ฝาก ファーク
汗	เหงื่อ グーア
遊ぶ	เล่น レン
与える	ให้ ハイ
暖かい	อุ่น ウン
頭	ศีรษะ スィーサ
新しい	ใหม่ マイ
あちら	ทางนั้น ターング・ナン
厚い	หนา ナー
熱い	ร้อน ローン
暑い	อากาศร้อน アーガート・ローン
集まる	มาชุมนุมกัน
	マー・チュムヌム・ガン
集める	รวบรวม ルアープルアム
後	ภายหลัง パーイ・ラング
後で	ทีหลัง ティー・ラング
～の後	หลังจาก～ ラングジャーク
あなた／あなたがた	
	คุณ クン／ท่าน タン
兄	พี่ชาย ピー・チャーイ
姉	พี่สาว ピー・サーウ
あの	นั้น ナン
アフターサービス	

202

	บริการหลังขาย
	ボリガーン・ラング・カーイ
危ない	อันตราย アンタラーイ
油	น้ำมัน ナーム・マン
甘い	หวาน ワーン
雨	ฝน フォン
雨が降る	ฝนตก フォン・トック
アメリカ	สหรัฐอเมริกา
	サハラット・アメーリカー
謝る	ขอโทษ コートート
洗う	ล้าง ラーング
ありがとう	ขอบคุณ コープクン
歩く	เดิน ドゥーン
あれ	นั่น ナン
暗記する	ท่องจำ トングジャム
安心/安心する	
	โล่งใจ ローングジャイ
安全な	ปลอดภัย プロートパイ
案内する	นำทาง ナム・ターング

い

胃	กระเพาะ グラポ
胃が痛い	ปวดท้อง プアート・トーング
いい(よい)	ดี ディー
いいえ	ไม่ใช่ マイ・チャイ
言う	พูด プート
家	บ้าน バーン
いかがですか	
	เป็นยังไงครับ/คะ
	ペン・ヤングガイ・クラップ/カ
怒る	โกรธ グロート

息	ลมหายใจ ロム・ハーイ・ジャイ
息苦しい	หายใจไม่ออก
	ハーイ・ジャイ・マイオーク
生きる	มีชีวิตอยู่
	ミー・チーウィット・ユー
イギリス	อังกฤษ アングリット
行く	ไป パイ
いくつ	กี่อัน ギー・アン
いくら	เท่าไร タウライ
いくらか	จำนวนหนึ่ง ジャムヌアン・ヌング
池	สระน้ำ サナーム
意見	ความคิดเห็น クワーム・キットヘン
居心地がいい	
	อยู่สบาย ユー・サバーイ
石	หิน ヒン
医師/医者	นายแพทย์ ナーイ・ペート
	/หมอ モー
意志	ความตั้งใจ
	クワーム・タング・ジャイ
以上	กว่านี้ クワー・ニー
異常	ไม่ปกติ マイ・パカティ
意地悪い	นิสัยไม่ดี ニサイ・マイ・ディー
椅子	เก้าอี้ ガウイー
いずれにせよ	
	อย่างไรก็ดี
	ヤーングライ・ゴー・ディー
遺跡	โบราณสถาน
	ボーランサターン
忙しい	งานยุ่ง ガーン・ユング
急ぐ	เร่งรีบ レングリープ
痛い/痛み/痛む	

203

	เจ็บ ジェップ		祈る	ภาวนา パワナー
	/ ความเจ็บ クワーム・ジェップ		威張る	เบ่ง ベング
	/ ปวด プーアト		衣服	เสื้อผ้า スーアパー
ひりひり痛む			今	ตอนนี้ トーン・ニー
	แสบ セープ			/ ขณะนี้ カナ・ニー
炒める/炒めた料理			意味	ความหมาย クワームマーイ
	ผัด パット		Eメール	อีเมล イーメーウ
一 (1)	หนึ่ง ヌング		妹	น้องสาว ノング・サーウ
一時間	หนึ่งชั่วโมง ヌング・チューアモーング		いやしい	น่ารังเกียจ ナー・ラングギーアット
一度	ครั้งหนึ่ง クラング・ヌング		嫌だ	ไม่เอา マイ・アウ
一日中	ทั้งวัน タング・ワン		いらっしゃいませ	
市場	ตลาด タラート			เชิญครับ/ค่ะ チューン・クラップ/カ
いちじるしい			入口	ทางเข้า ターング・カーウ
	เด่น デン		要る	ต้องการ トング・ガーン
いつ	เมื่อไร ムーアライ		いらない	ไม่ต้องการ マイ・トング・ガーン
いつか	สักวันหนึ่ง サック・ワン・ヌング		入れる	ใส่ サイ
一生懸命	พยายาม パヤーヤーム		色	สี スィー
一緒に	ด้วยกัน ドゥーアイ・ガン		祝う	ฉลอง チャローング
いつでも	เมื่อไรก็ได้ ムーアライ・ゴー・ダーイ		印刷/印刷する	
いっぱい	มากมาย マーク・マーイ			การพิมพ์ ガーン・ピム
一般に	โดยทั่วไป ドーイ・トゥーア・パイ			/ พิมพ์ ピム
いつまでも	ตลอดกาล タロート・ガーン		印象	ความประทับใจ クワーム・プラタップジャイ
いつも	เสมอ サムー		インド/インド人	
糸	เส้นด้าย セン・ダーイ			อินเดีย インディーア
いとこ	ลูกพี่ลูกน้อง ルーク・ピー・ルーク・ノーング			/ คนอินเดีย コン・インディーア
田舎	บ้านนอก バーンノーク			
犬	สุนัข スナック / หมา マー		**う**	
命	ชีวิต チーウィット		ウイスキー	วิสกี้ ウィッスキー

上	ข้างบน カーング・ボン		クアーイティーアウ・イープン
ウエスト	เอว エーウ	奪う	แย่งชิง イェーングチング
ウェブ	เว็บ ウェッブ	馬	ม้า マー
雨季	ฤดูฝน ルドゥー・フォン	うまい（おいしい）	
受付	แผนกต้อนรับ パネーク・トーンラップ		อร่อย アロイ
		うまく（上手に）	
受け取る	รับไว้ ラップ・ワイ		เก่ง ゲング
動く／動かす		生まれる	เกิด グート
	เคลื่อนไหว クルーアンワイ	海	ทะเล タレー
	／ขับเคลื่อน カップクルーアン	生む	ผลิต パリット
牛	วัว ウーア	産む	ให้กำเนิด ハイ・ガムヌート
失う	สูญเสีย スーンスィーア	恨む	แค้นใจ ケーン・ジャイ
後ろ	ข้างหลัง カーング・ラング	うらやむ	อิจฉา イッチャー
薄い	บาง バーング	売る／売れる	
嘘	โกหก ゴーホック		ขาย カーイ
歌	เพลง プレーング		／ขายดี カーイ・ディー
歌をうたう		うるさい	หนวกหู ヌーアクフー
	ร้องเพลง ローング・プレーング	嬉しい	ดีใจ ディー・ジャイ
疑う	สงสัย ソングサイ	浮気する	นอกใจ ノーク・ジャイ
疑わしい	น่าสงสัย ナー・ソングサイ	噂	ข่าวลือ カーウ・ルー
家（うち）	บ้าน バーン	上着	เสื้อนอก スーア・ノーク
撃つ	ยิง イング	運	โชค チョーク
美しい	งาม ガーム	運がよい	โชคดี チョーク・ディー
写す	ถ่าย ターイ	運河	คลอง クローング
写真を写す		運送	ขนส่ง コンソング
	ถ่ายรูป ターイ・ループ	運賃	ค่าโดยสาร カー・ドーイサーン
腕時計	นาฬิกาข้อมือ ナーリガー・コームー	運転／運転する	
腕	ข้อมือ コームー		ขับขี่ カップキー／ขับ カップ
うどん	อุดง ウドング	運転免許証	ใบขับขี่ バイ・カップキー
	／ก๋วยเตี๋ยวญี่ปุ่น	国際運転免許証	

205

	ใบขับขี่สากล		เลือก ルーアック
	バイ・カップキー・サーゴン	選ぶ	
運動	ออกกำลังกาย	エレベーター	
	オーク・ガムランク・ガーイ		ลิฟต์ リップ
運動場（競技場）		演劇	ละคร ラコーン
	สนามกีฬา サナーム・ギーラー	延期／延期する	
運命	โชคชะตา チョーク・チャター		เลื่อนเวลา ルーアング・ウェーラー
		エンジニア	วิศวกร ウィッサワゴーン
え		炎症	อักเสบ アックセープ
		援助／援助する	
絵	รูปภาพ ループ・パープ		ความช่วยเหลือ
エアコン	เครื่องปรับอากาศ		クワーム・チューアイルーア
	クルーアング・プラップ・アーガート		／ ช่วยเหลือ チューアイルーア
エアメール	ไปรษณีย์อากาศ	演説／演説する	
	プライサニー・アーガート		สุนทรพจน์ ストンラポット
映画	ภาพยนตร์ パーパヨン		／ กล่าวสุนทรพจน์
映画を観る			グラーウ・ストンラポット
	ชมภาพยนตร์ チョム・パーパヨン	鉛筆	ดินสอ ディンソー
映画館	โรงภาพยนตร์ ローング・パーパヨン	遠慮／遠慮する	
英語	ภาษาอังกฤษ		ความเกรงใจ
	パーサー・アングリット		クワーム・グレーング・ジャイ
衛星	ดาวเทียม ダーウ・ティーアム		／ เกรงใจ グレーング・ジャイ
栄誉	เกียรติยศ キアッティヨット		
栄養	โภชนาการ ポートチャナーガーン	**お**	
描く	วาดภาพ ワートパープ	尾	หาง ハーング
駅	สถานีรถไฟ	甥	หลานชาย ラーン・チャーイ
	サターニー・ロットファイ	おいしい	อร่อย アロイ
エスカレーター		王宮	พระราชวัง プララートチャワング
	บันไดเลื่อน バンダイ・ルーアン	王様	พระมหากษัตริย์
絵本	หนังสือภาพ ナングスー・パープ		プラマハーガサット
えび	กุ้ง グング	扇	พัด パット
偉い	ยิ่งใหญ่ イングヤイ	応急手当	ปฐมพยาบาล

206

	パトムパヤーバーン	
横断歩道	ทางม้าลาย	ターング・マー・ラーイ
往復	ไปกลับ	パイ・グラップ
往復切符	ตั๋วไปกลับ	トゥーア・パイ・グラップ
多い	มากมาย	マークマーイ
大いに	อย่างมาก	ヤーング・マーク
大きい	ใหญ่	ヤイ
大きさ	ขนาด	カナート
OK	ตกลง／โอเค	トックロング／オーケー
大通り	ถนนใหญ่	タノン・ヤイ
オートバイ	รถจักรยานยนตร์／มอเตอร์ไซค์	ロット・ジャックグラヤーンヨン／モートゥーサイ
おかしい(妙な)	แปลก／ประหลาด	プレーク／プララート
(おもしろい)	ตลก	タロック
(怪しい)	ไม่น่าไว้ใจ	マイ・ナー・ワイ・ジャイ
おかず	กับข้าว	ガップカーウ
起きる(目を覚ます)	ตื่นนอน	トゥーンノーン
億	ร้อยล้าน	ローイ・ラーン
2億	สองร้อยล้าน	ソーング・ローイ・ラーン
置く	วางไว้	ワーング・ワイ
奥さん	ภรรยา	パンラヤー
臆病者／臆病な	คนขี้ขลาด／ขี้ขลาด	コン・キー・クラート／キー・クラート
送る	ส่ง	ソング
物を送る	ส่งของ	ソング・コーング
人を見送る	ส่งคน	ソング・コン
遅れる	ช้า	チャー
起こす	ปลุก	プルック
怒る	โกรธ	グロート
起こる	เกิด	グート
事件が起こる	เกิดเหตุการณ์	グート・ヘートガーン
火事が起きる	เกิดไฟไหม้	グート・ファイマイ
伯父／叔父(父方・母方とも)	คุณลุง	クン・ルング
おじいさん(父方)	คุณปู่	クン・プー
おじいさん(母方)	คุณตา	クン・ター
教える	สอน	ソーン
おしぼり	ผ้าเย็น	パー・イェン
押す(抑える)	กด	ゴット
雄（おす）	ตัวผู้	トゥーア・プー
お世辞	คำชม	カム・チョム
遅い	ช้า	チャー
襲う	โจมตี	ジョームティー
恐ろしい	น่ากลัว	ナー・グルーア
落ちついた	เข้าที่เข้าทางแล้ว	

207

	カウ・ティー・カウ・ターング・レーウ		オープーレートゥー
落ちる	ตก トック	覚える	จำได้ ジャム・ダーイ
夫	สามี サーミー	おめでとう	ขอแสดงความยินดี
音	เสียง スィーアング		コー・サデーング・クワーム・インディー
弟	น้องชาย ノーング・チャーイ	重い	หนัก ナック
男	ชาย チャーイ	思い出	ความทรงจำ
脅す	ข่มขู่ コム・クー		クワーム・ソンジャツム
訪れる	เยือน ユーアン	思い出す	นึก ヌック
おととい	เมื่อวานซืน ムーアワーンスーン	思う	คิด キット
おととし	ปีก่อนปีที่แล้ว	おもしろい	สนุก サヌック／ตลก タロック
	ピー・ゴーン・ピー・ティー・レーウ	主な	ที่สำคัญ ティー・サムカン
大人	ผู้ใหญ่ プー・ヤイ	親	พ่อแม่ ポー・メー
おとなしい	เรียบร้อย リーアブ・ローイ	おやすみなさい	
踊る	เต้นรำ テンラム		ไปนอนละ パイ・ノーン・ラ
驚く／驚かす		泳ぐ	ว่ายน้ำ ワーイ・ナーム
	ตกใจ トック・ジャイ	降りる	ลง ロング
	／ทำให้ตกใจ	バスを降りる	
	タム・ハイ・トック・ジャイ		ลงรถเมล์ ロング・ロットメー
同じ	อย่างเดียวกัน	下に降りる	
	ヤーングディーアウ・ガン		ลงข้างล่าง
伯母	คุณป้า クン・パー		ロング・カーング・ラーング
叔母(母方)	คุณน้า クン・ナー	お礼	ขอบคุณ コープクン
叔母(父方)	คุณอา クン・アー	折れる	หัก ハック
おばあさん(父方)		オレンジ	ส้ม ソム
	คุณย่า クン・ヤー	オレンジ色	สีส้ม スィー・ソム
おばあさん(母方)		オレンジジュース	
	คุณยาย クン・ヤーイ		น้ำส้ม ナームソム
おはよう	สวัสดี サワッディー	愚かな	โง่เขลา ゴークラウ
オフィス	สำนักงาน サムナックガーン	終わり／終わる	
オペレーター			จบ ジョップ
	โอเปอเรเตอร์		／สิ้นสุด スィンスット

音楽	ดนตรี ドントリー
温泉	สปา サパー
温度	อุณหภูมิ ウンハプーム
女	หญิง イング
オンライン	ออนไลน์ オーンライ

か

蚊	ยุง ユング
ガールフレンド	เพื่อนผู้หญิง プーアン・プー・イング
階	ชั้น チャン
3階	ชั้น ๓ チャン・サーム
海外	ต่างประเทศ ターングプラテート
海外旅行	ท่องเที่ยวต่างประเทศ トングティーアウ・ターングプラテート
海岸	ฝั่งทะเล ファング タレー
会議	ประชุม プラチュム
海軍	ทหารเรือ タハーン・ルーア
会計	คิดเงิน キット・グン
外国	ต่างประเทศ ターングプラテート
外国語	ภาษาต่างประเทศ パーサー・ターングプラテート
外国人	คนต่างชาติ コン・ターングチャート
会社	บริษัท ボリサット
会社員	พนักงานบริษัท パナックガーン・ボリサット
外出/外出する	ออกไปข้างนอก オーク・パイ・カーング・ノーク
快晴	อากาศแจ่มใส アーガート・ジェムサイ
解説する	วิเคราะห์ ウィクロ
改善/改善する	การปรับปรุง ガーン・プラップブルング / ปรับปรุง プラップブルング
海鮮料理	อาหารทะเล アーハーン・タレー
階段	บันได バンダイ
快適な	สบาย サバーイ
ガイド	ไก๊ด์ ガイ
開発/開発する	การบุกเบิก ガーン・ブックブーク / บุกเบิก ブックブーク
新製品を開発する	พัฒนาผลิตภัณฑ์ใหม่ パッタナー・パリッタパン・マイ
買物	ซื้อของ スー・コーング
買物をする	ช็อปปิ้ง チョッピング
会話	การสนทนา ガーン・ソンタナー
会話をする	สนทนา ソンタナー
買う	ซื้อ スー
飼う	เลี้ยง リーアング
カウンター	เคาน์เตอร์ カウトゥー
返す	คืน クーン
換える	แลกเปลี่ยน レーク・プリアン
変える	เปลี่ยน プリアン
帰る	กลับบ้าน グラップ・バーン

顔	ใบหน้า	バイナー
顔色	สีหน้า	スィー・ナー
香り	กลิ่นหอม	グリン・ホーム
価格	ราคา	ラーカー
化学	เคมี	ケーミー
科学	วิทยาศาสตร์	ウィッタヤーサート
鏡	กระจกเงา	グラジョック・ガウ
係員	พนักงาน	パナックガーン
(時間が)かかる	เสียเวลา	スィーア・ウェーラー
3時間かかる	เสียเวลา ๓ ชั่วโมง	スィーア・ウェーラー・サーム・チューアモーング
柿	ลูกพลับ	ルーク プラップ
牡蠣(カキ)	หอยนางรม	ホイ・ナーングロム
鍵	กุญแจ	グンジェー
書留	จดหมายลงทะเบียน	ジョットマーイ・ロングタビーアン
書く	เขียน	キアーン
(絵を)描く	วาดรูป	ワートループ
家具	เครื่องเรือน / เฟอร์นิเจอร์	クルーアング・ルーアン / フーニジュー
確実な	แน่นอน	ネーノーン
学者	นักวิชาการ	ナック・ウィチャーガーン
学習／学習する	การเล่าเรียน / เล่าเรียน	ガーン・ラウリアン / ラウリアン
学生	นักศึกษา	ナック・スックサー
拡大／拡大する	การขยายตัว / ขยายตัว	ガーン・カヤーイトゥーア / カヤーイトゥーア
学長	อธิการบดี	アティガーンボディー
確認／確認する	การยืนยัน / ยืนยัน	ガーン・ユーンヤン / ユーンヤン
学年	ปีการศึกษา	ピー・ガーンスックサー
学部	คณะ	カナ
経済学部	คณะเศรษฐศาสตร์	カナ・セートタサート
革命	ปฏิวัติ	パティワット
学問	วิชาการ	ウィチャーガーン
学歴	ประวัติการศึกษา	プラワット・ガーン・スックサー
影／陰	เงา	ガウ
賭ける	พนัน	パナン
掛ける	แขวน	クウェーン
水を掛ける	สาดน้ำ	サート・ナーム
2に3を掛ける	๒ คูณ ๓	ソーング・クーン・サーム
過去	อดีต	アディート
傘	ร่ม	ロム
飾る	ประดับ	プラダップ
菓子	ขนม	カノム
火事	ไฟไหม้	ファイマイ

賢い	ฉลาด	チャラート
過失	ผิดพลาด	ピット・プラート
歌手	นักร้อง	ナック・ローング
貸す	ให้ยืม	ハイ・ユーム
お金を貸す	ให้ยืมเงิน	ハイ・ユーム・グン
数	จำนวน	ジャムヌーアン
ガス	แก๊ส	ゲース
風	ลม	ロム
風邪	หวัด	ワット
風邪をひく	เป็นหวัด	ペンワット
数える	นับ	ナップ
お金を数える	นับเงิน	ナップ・グン
家族	ครอบครัว	クロープクルーア
ガソリン	น้ำมันรถ	ナームマン・ロット
ガソリンスタンド	ปั้มน้ำมัน	パム・ナームマン
肩	ไหล่	ライ
固い	แข็ง	ケング
片づける	เก็บกวาด	ゲップグワート
片道	เที่ยวเดียว	ティーアウ・ディーアウ
片道切符	ตั๋วเที่ยวเดียว	トゥーア・ティーアウ・ディーアウ
語る	เล่า	ラウ
価値	มูลค่า	ムーンカー
課長	หัวหน้าแผนก	フーアナー・パネーク
勝つ	ชนะ	チャナ
学科	แผนกวิชา	パネーク・ウィチャー
がっかりする	ผิดหวัง	ピットワング
学期	เทอม	トゥーム
楽器	เครื่องดนตรี	クルーアング・ドントリー
かっこいい	เท่ห์	テー
かっこ悪い	เชย	チューイ
学校	โรงเรียน	ローングリーアン
合掌	ไหว้	ワーイ
勝手に	ตามใจ	タームジャイ
家庭	ครัวเรือน	クルーアルーアン
角	มุม	ムム
家内	ภรรยา	パンラヤー
叶う	สมประสงค์	ソム・プラソング
敵う	ยืนหยัด	ユーンヤット
悲しい	เศร้า	サウ
悲しむ	โศกเศร้า	ソークサウ
必ず	แน่ๆ	ネー・ネー
必ず行く	ไปแน่ๆ	パイ・ネー・ネー
かなり	ค่อนข้าง	コーンカーング
かなり上手	เก่งทีเดียว	ゲング・ティーディアウ
かに	ปู	プー
(お)金	เงิน	グン
金を払う	จ่ายเงิน	ジャーイ・グン
金持ち	คนมีเงิน	コン・ミー・グン
彼女(一般的に)	เธอ	トゥー
(恋人)	คู่รัก	クー・ラック
かばん	กระเป๋า	グラパウ
花瓶	แจกัน	ジュー・ガン
株	หุ้น	フン

被る	สวม スーアム
壁	กำแพง カムペーング
貨幣	ธนบัตร タナバット
かぼちゃ	ฟักทอง ファックトーング
我慢する (耐える)	อดทน オットン
神(様)	พระเจ้า プラジャウ
紙	กระดาษ グラダート
髪	ผม ポム
かみそり	มีดโกน ミート・ゴーン
髪の毛	เส้นผม セン・ポム
噛む	เคี้ยว キーアウ
カメラ	กล้องถ่ายรูป グロング・ターイ・ループ
画面	จอภาพ ジョー・パープ
科目	วิชา ウィチャー
粥 (かゆ)	ข้าวต้ม カーウ・トム
かゆい	คัน カン
火曜日	วันอังคาร ワン・アングカーン
～から	ตั้งแต่～ タングテー
カラオケ	คาราโอเค カラーオーケー
辛い	เผ็ด ペット
からし	พริก プリック
カラス	อีกา イーガー
ガラス	แก้ว ゲーウ
体	ร่างกาย ラーング・ガーイ
体がだるい	เมื่อย ムーアイ
カリキュラム	หลักสูตร ラック・スート
仮縫いする	เนา ナウ
借りる	ขอยืม コー・ユーム
金を借りる	ขอยืมเงิน コー・ユーム・グン
軽い	เบา バウ
彼(一般的に)	เขา カウ
彼氏	แฟน フェーン
カレー	แกงกะหรี่ ゲーング・カリー
カレーライス	ข้าวราดแกงกะหรี่ カーウ・ラート・ゲーング・カリー
カレンダー	ปฏิทิน パティティン
カロリー	แคลอรี ケーローリー
川	แม่น้ำ メーナーム
皮	หนัง ナング
かわいい	น่ารัก ナー・ラック
かわいそう	น่าสงสาร ナー・ソングサーン
乾く/乾かす	แห้ง ヘーング / ตากให้แห้ง ターク・ハイ・ヘーング
代わりに	แทน テーン
変わる	เปลี่ยน プリーアン
～間(かん)	ระหว่าง ラワーング
1年間	ช่วง ๑ ปี チュアング・ヌン・ピー
缶	กระป๋อง グラポング
癌(がん)	มะเร็ง マレング
肝炎	ปอดบวม ポート・ブーアム
考え/考える	ความคิด クワーム・キット / คิด キット

	問題を考える		ガーン・パヤーバーン
	คิดแก้ปัญหา		／ พยาบาล パヤーバーン
	キット・ゲー・パンハー	看護師(男/女)	
眼科	แผนกโรคตา		นางพยาบาล
	パネーク・ローク・ター		ナーング・パヤーバーン
感覚	รู้สึกสัมผัส		/บุรุษพยาบาล
	ルースック・サムパット		ブルット・パヤーバーン
間隔	ระยะห่าง ラヤ・ハーング	観察／観察する	
乾季	หน้าแล้ง ナー・レーング		สังเกตการณ์ サングゲートガーン
缶切り	ที่เปิดกระป๋อง	漢字	อักษรจีน アックソーン・ジーン
	ティー・プート・グラポング	患者	คนไข้ コンカイ
環境	สิ่งแวดล้อม	感情	อารมณ์ アーロム
	スィングウェートローム	**勘定／勘定する**	
関係	ความสัมพันธ์ クワーム・サムパン		คิดเงิน キット・グン
国際関係	ความสัมพันธ์ระหว่างประเทศ	お勘定してください	
	クワーム・サムパン・ラワーングプラテート		กรุณาคิดเงินครับ/ค่ะ
	私は関係ない		ガルナー・キット・グン・クラップ/カ
	ผม/ดิฉันไม่เกี่ยว	**感謝／感謝する**	
	ポム/ディチャン・マイ・ギーアウ		ขอบคุณ コープクン
歓迎／歓迎する		感じる	รู้สึก ルースック
	การต้อนรับ	関心	ความสนใจ
	ガーン・トーンラップ		クワーム・ソンジャイ
	／ ต้อนรับ トーンラップ	～に関心がある	
観光	การท่องเที่ยว		สนใจเกี่ยวกับ～
	ガーン・トンゲティーアウ		ソンジャイ・ギーアウガップ
観光旅行	การเดินทางท่องเที่ยว	関節	ข้อต่อ コートー
	ガーン・ドゥーンターング・トンゲティーアウ	肝臓	ตับ タップ
(～に)関しては		勘違いをする	
	เกี่ยวกับ～ ギーアウカップ		เข้าใจผิด カウジャイ・ピット
看護／看護する		官庁	กระทรวงทบวงกรม
	การพยาบาล		グラスーアング・タブーアング・グロム

官庁街	ย่านสถานที่ราชการ ヤーン・サターンティーラーチャガーン
缶詰	เครื่องกระป๋อง クルーアング・グラボング
乾電池	ถ่านไฟฉาย ターンファイチャーイ
頑張る	พยายามสู้ パヤーヤーム・スー
看板	ป้าย パーイ
慣用句	คำพังเพย カム・パンプーイ
管理する	ควบคุมดูแล クーアブクム・ドゥーレー
管理人	ผู้ดูแล プー・ドゥーレー
完了／完了する	จบบริบูรณ์ ジョップ・ボリブーン

き

気に入る	ติดใจ ティット・ジャイ
気にしない	ไม่กังวล マイ・ガンウォン
気をつける	ระวัง ラワング
木／樹	ต้นไม้ トンマーイ
黄色	สีเหลือง スィー・ルーアング
消える	เลือนหายไป ルーアン・ハーイ・パイ
記憶	ความทรงจำ クワーム・ソングジャム
機会	โอกาส オーガート
機械	เครื่องจักร クルーアングジャック
議会	ที่ประชุม ティー・プラチュム
気軽に	ตามสบาย ターム・サバーイ
期間	ระยะเวลา ラヤ・ウェーラー
機関	หน่วยงาน ヌーアイガーン
聞く	ฟัง ファング
音楽を聞く	ฟังดนตรี ファン・ドントリー
危険な	อันตราย アンタラーイ
機嫌が いい／悪い	อารมณ์ ดี／ไม่ดี アーロム ディー／マイ・ディー
期限	หมดเขต モットケート
気候	อากาศ アーガート
記号	เครื่องหมาย クルーアングマーイ
帰国	กลับประเทศ グラップ・プラテート
技師	ช่าง チャーング
汽車	รถไฟ ロット・ファイ
記者	นักข่าว ナック・カーウ
傷	บาดแผล バートプレー
キス／キスをする	จูบ ジューブ
季節	ฤดู ルドゥー
基礎	ฐาน ターン
北	เหนือ ヌーア
汚い	สกปรก ソックカプロック
貴重品	ของมีค่า コーング・ミー・カー
きちんとしている	มีระเบียบ ミー・ラビーアップ
きつい(窮屈な)	คับ カップ
(大変な)	หนัก ナック
(仕事がきつい)	งานหนัก ガーン・ナック

きっと	แน่ๆ	ネー・ネー	救急車	รถพยาบาล	ロット・パヤーバーン
喫茶店	ร้านกาแฟ	ラーン・ガーフェー	**休憩／休憩する**		
切手	แสตมป์	サテム		พัก	パック
切符	ตั๋ว	トゥーア		／หยุดพัก	ユット・パック
絹	ไหม	マイ	休憩時間	เวลาพัก	ウェーラー・パック
昨日	เมื่อวานนี้	ムーアワーン・ニー	急行	รถด่วน	ロット・ドゥーアン
きのこ	เห็ด	ヘット	休日	วันหยุด	ワンユット
厳しい	เข้มงวด	ケムグーアト	宮殿	วัง	ワング
寄付する	บริจาค	ボリジャーク	牛肉	เนื้อวัว	ヌーア・ウーア
気分が いい／悪い			牛乳	นมวัว	ノム・ウーア
	รู้สึก สบาย／ไม่สบาย		給油する	เติมน้ำมัน	トゥーム・ナームマン
	ルースック サバーイ／マイ・サバーイ		きゅうり	แตงกวา	テーングクワー
希望／希望する			給料	เงินเดือน	グン・ドゥーアン
	ความหวัง	クワーム・ワング	**今日**	วันนี้	ワン・ニー
	／หวัง	ワング	**教育／教育する**		
決まる／決める				การศึกษา	ガーン・スックサー
	กำหนด	ガムノット		／ศึกษา	スックサー
	／ตกลงใจ	トクロングジャイ	教科書	ตำราเรียน	タムラー・リアン
奇妙な	ประหลาด	プララート	教師	ครู	クルー
義務	หน้าที่	ナーティー	行事	กิจกรรม	ギットジャガム
客	แขก	ケーク	**教室**	ห้องเรียน	ホング・リアン
キャッシュカード			教授	ศาสตราจารย์	
	บัตรเอทีเอ็ม	バット・エーティーエム		サートトラージャーン	
キャベツ	กะหล่ำปลี	ガラムプリー	狭心症	อาการเจ็บแน่นที่หน้าอก	
キャンセル／キャンセルする				アーガーン・ジェップ・ネーン・ナーオック	
	การยกเลิก		強制／強制する		
	ガーン・ヨックルーク			ข้อบังคับ	コーバングカップ
	／ยกเลิก	ヨックルーク		／บังคับ	バングカップ
キャンパス	วิทยาเขต	ウィッタヤーケート	競争／競争する		
九	เก้า	ガーウ		การแข่งขัน	ガーン・ケングカン
休暇	พักผ่อน	パックポーン			

	/ แข่งขัน ケン_ɡカン
兄弟	พี่น้อง ピー・ノーン_ɡ
興味がある	สนใจ ソン・ジャイ
興味深い	น่าสนใจ ナー・ソン・ジャイ
協力／協力する	
	ความร่วมมือ クワーム・ルーアムムー
	/ ร่วมมือ ルーアムムー
許可／許可する	
	คำอนุญาต カム・アヌヤート
	/ อนุญาต アヌヤート
漁業	การประมง ガーン・プラモン_ɡ
去年	ปีที่แล้ว ピー・ティーレーウ
距離	ระยะทาง ラヤターン_ɡ
嫌いだ	เกลียด クリーアト
気楽に	ตามสบาย ターム・サバーイ
霧	หมอก モーク
切る	หั่น ハン／ ตัด タット
野菜を切る	
	หั่นผัก ハン・パック
爪を切る	ตัดเล็บ タット・レップ
着る	สวม スーアム
服を着る	สวมเสื้อ スーアムスーア
きれいな	สวย スーアイ
キログラム	กิโลกรัม ギロークラム
キロメートル	
	กิโลเมตร ギローメート
金	ทอง トーン_ɡ
金額	จำนวนเงิน ジャムヌーアン・グン
銀	เงิน グン

銀行	ธนาคาร タナーカーン
近視	สายตาสั้น サーイター・サン
禁止／禁止する	
	ข้อห้าม コー・ハーム
	/ ห้าม ハーム
金星	ดาวพระศุกร์ ダーウ・プラスック
金銭	เงินทอง グン・トーン_ɡ
勤勉な	ขยัน カヤン
金曜日	วันศุกร์ ワン・スック

く

空軍	ทหารอากาศ タハーン・アーガート
空港	สนามบิน サナームビン
クーラー	เครื่องทำความเย็น クルーアン_ɡ・タム・クワームイエン
草	หญ้า ヤー
臭い	เหม็น メン
腐る	เน่า ナウ
櫛	หวี ウィー
屑	ผง ポン_ɡ
屑かご	ถังผง タン_ɡ・ポン_ɡ
くすぐったい	
	จั๊กจี้ ジャックガジー
薬	ยา ヤー
管	ท่อ トー
(～を)ください	
	ขอ コー
これをください	
	ขอนี่ コー・ニー
果物	ผลไม้ ポンラマーイ

口	ปาก	パーク
唇	ริมฝีปาก	リムフィーパーク
口紅	ลิปสติก	リップサティック
靴	รองเท้า	ローング・ターウ
靴下	ถุงเท้า	トゥング・ターウ
くっつく	ติดเหนียว	ティットニーアウ
国	ประเทศ	プラテート
首	คอ	コー
熊	หมี	ミー
組合	สหภาพ	サハパープ
労働組合	สหภาพแรงงาน	サハパープ・レーングガーン
雲	เมฆ	メーク
悔しい	เจ็บใจ	ジェップジャイ
暗い	มืด	ムート
グラス	ถ้วยแก้ว	トゥーアイゲーウ
比べる	เปรียบเทียบ	プリーアプティーアプ
グラム	กรัม	グラム
クリスマス	คริสต์มาส	クリットサマート
来る	มา	マー
グループ	กลุ่ม	グルッム
苦しい（肉体的に）	อึดอัด	ウットアット
（精神的に）	ลำบาก	ラムバーク
車	รถ	ロット
車を運転する	ขับรถ	カップ・ロット
車に乗る	ขึ้นรถ	クン・ロット
車を降りる	ลงรถ	ロング・ロット
グレー	สีเทา	スィー・タウ
黒	ดำ	ダム
加える	เพิ่มเติม	プームトゥーム
詳しい	ละเอียด	ライーアト
軍	กองทัพ	ゴーングタップ
軍人	ทหาร	タハーン
軍隊	กองทหาร	ゴーング・タハーン

け

毛（動物の）	ขน	コン
（髪の毛）	ผม	ポム
経営／経営する	การบริหาร／บริหาร	ガーン・ボリハーン／ボリハーン
経営者	ผู้บริหาร	プー・ボリハーン
会社を経営する	บริหารบริษัท	ボリハーン・ボリサット
計画／計画する	แผนงาน／วางแผน	ペーンガーン／ワーング・ペーン
経験／経験する	ประสบการณ์／มีประสบการณ์	プラソップガーン／ミー・プラソップガーン
蛍光灯	นีออน	ニーオーン
経済	เศรษฐกิจ	セートタギット

警察	ตำรวจ タムルーアット		化粧品	เครื่องสำอาง クルーアング・サムアーング	
警察署	สถานีตำรวจ サターニー・タムルーアット		消す	ลบ ロップ／ดับ ダップ	
計算／計算する	การคำนวณ ガーン・カムヌーアン／คำนวณ カムヌーアン		字を消す	ลบตัวอักษร ロップ・トゥーア・アックソーン	
芸術	ศิลป์ スィンラパ		電気を消す	ดับไฟ ダップ・ファイ	
携帯電話	โทรศัพท์มือถือ トーラサップ・ムートゥー		けちな	ขี้เหนียว キー・ニーアウ	
競馬	การแข่งม้า ガーンケングマー		血圧	ความดัน クワーム・ダン	
経費	ค่าใช้จ่าย カー・チャイジャーイ		血圧が 高い／低い	ความดัน สูง／ต่ำ クワーム・ダン スーング／タム	
軽蔑／軽蔑する	การดูถูก ガーン・ドゥートゥーク／ดูถูก ドゥートゥーク		結果	ผล ポン	
契約／契約する	สัญญา サンヤー／ทำสัญญา タム・サンヤー		月給	เงินเดือน グンドゥーアン	
			結構です（いらない）	พอแล้ว ポー・レーウ	
			（褒める時）	ดีทีเดียว ディー・ティーディーアウ	
経歴	ประวัติ プラワット		結婚／結婚する	สมรส ソムロット／แต่งงาน テングガーン	
けいれん	ชัก チャック				
けが	บาดเจ็บ バートジェップ				
ケーキ	ขนมเค้ก カノム・ケーク		決心／決心する	การตัดสินใจ ガーン・タットスィンジャイ／ตัดสินใจ タットスィンジャイ	
劇	ละคร ラコーン				
今朝	เช้านี้ チャウ・ニー				
景色	วิว ウィウ				
消しゴム	ยางลบ ヤーングロップ		欠席する（会議を）	ขาด（ประชุม） カート（プラチュム）	
下車する	ลงรถ ロング・ロット				
下旬	ปลายเดือน プラーイ・ドゥーアン		月賦	ผ่อนรายเดือน ポーン・ラーイ・ドゥーアン	
化粧／化粧する	แต่งหน้า テング・ナー				

月曜日	วันจันทร์ ワン・ジャン
解熱剤	ยาแก้ไข้ ヤー・ゲー・カイ
下痢／下痢をする	
	ท้องเสีย トーング・スィーア
蹴る	เตะ テ
原因	สาเหตุ サーヘート
けんか／けんかする	
	วิวาท ウィワート
	／ทะเลาะ タロ
見学／見学する	
	ทัศนศึกษา タッサナスックサー
玄関	ทางเข้าบ้าน ターング・カウ・バーン
元気です	สบายดี サバーイディー
研究／研究する	
	การค้นคว้า ガーン・コンクワー
	／ค้นคว้า コンクワー
研究所	สถานค้นคว้าวิจัย サターン・コンクワー・ウィジャイ
科学を研究する	
	ค้นคว้าวิทยาศาสตร์ コンクワー・ウィッタヤーサート
現金	เงินสด グン・ソット
言語	ภาษา パーサー
健康	สุขภาพ スックカパープ
検査／検査する	
	การตรวจ ガーン・トルーアット
	／ตรวจ トルーアット
現在	ปัจจุบัน パッジュバン
検索／検索する	
	การค้นหา ガーン・コンハー
	／ค้นหา コンハー
減少／減少する	
	ลดลง ロット・ロング
現代	สมัยใหม่ サマイ・マイ
建築／建築する	
	สิ่งก่อสร้าง スィンゴーサーング
	／ก่อสร้าง ゴーサーング
検討／検討する	
	การพิจารณา ガーン・ピジャラナー
	／พิจารณา ピジャラナー
見物する	ทัศนศึกษา タッサナスックサー
憲法	รัฐธรรมนูญ ラッタタマヌーン
権利	สิทธิ スッティ

こ

子	เด็ก デック
五	ห้า ハー
濃い	เข้มข้น ケムコン
恋	ความรัก クワーム・ラック
恋人	คนรัก コン・ラック
乞う	ขอ コー
合意／合意する	
	ความเห็นชอบ クワーム・ヘンチョープ
	／เห็นด้วย ヘンドゥーアイ
幸運な	โชคดี チョーク・ディー
公園	สวนสาธารณะ スーアン・サータラナ
後悔／後悔する	
	ความเสียดาย

219

		クワーム・スィーアダーイ		バンチー・グンファーク
		／ เสียดาย スィーアダーイ	銀行口座	บัญชีธนาคาร
郊外	ชานเมือง チャーンムーアング			バンチー・タナーカーン
公害	มลพิษ モンラピット		公衆	สาธารณะ サータラナ
合格／合格する			公衆電話	โทรศัพท์สาธารณะ
	การสอบผ่าน			トーラサップ・サータラナ
		ガーン・ソープパーン	交渉／交渉する	
	／ สอบผ่าน ソープパーン			การต่อรอง ガーン・トーローング
交換／交換する				／ ต่อรอง トーローング
	การแลกเปลี่ยน		工場	โรงงาน ローングガーン
		ガーン・レークプリーアン	香水	น้ำหอม ナーム・ホーム
	／ แลกเปลี่ยน レークプリーアン	洪水	น้ำท่วม ナーム・トゥーアム
講義／講義する			抗生物質	ยาปฏิชีวนะ
	การบรรยาย			ヤー・パティチーワナ
		ガーン・バンヤーイ	高速道路	ทางด่วน ターング・ドゥーアン
	／ บรรยาย バンヤーイ		紅茶	ชาฝรั่ง チャー・ファラング
工業	อุตสาหกรรม ウットサハガム		校長	ผู้อำนวยการโรงเรียน
航空会社	สายการบิน サーイ・ガーン・ビン			プーアムヌーアイガーン・ローングリアン
航空機	เครื่องบิน クルーアング・ビン	交通	การจราจร
航空券	ตั๋วเครื่องบิน			ガーン・ジャラージョーン
		トゥーア・クルーアング・ビン	交通事故	อุบัติเหตุการจราจร
				ウバットティヘート・ガーン・ジャラージョーン
航空便	เที่ยวบิน ティーアウビン		交通渋滞	รถติด ロット・ティット
合計	รวมเงิน ルーアム・グン			
高校	โรงเรียนมัธยมปลาย	**交番**	ป้อมตำรวจ ポム・タムルーアット
		ローングリアン・マッタヨム・プラーイ	幸福	ความสุข クワーム・スック
広告	โฆษณา コートサナー		興奮／興奮する	
交際／交際する				ความตื่นเต้น
	คบหาสมาคม			クワーム・トゥーンテン
		コップハー・サマーコム		／ ตื่นเต้น トゥーンテン
	／ คบกัน コップ・ガン		公務員	ข้าราชการ カーラーチャガーン
口座	บัญชีเงินฝาก		声	เสียง スィーアング

	きれいな声 เสียงไพเราะ สィーアンག・パイロ	試みる	ลองดู ローンག・ドゥー
		腰	เอว エーウ
コーヒー	กาแฟ ガーフェー	乞食	ขอทาน コーターン
コーラ	โคล่า コーラー	胡椒	พริกไทย プリック・タイ
氷	น้ำแข็ง ナームケンག	個人	ส่วนตัว スーアン・トゥーア
誤解／誤解する ความเข้าใจผิด クワーム・カウ・ジャイ・ピット／เข้าใจผิด カウ・ジャイ・ピット		小銭	เศษสตางค์ セートサターンག
		午前	ตอนเช้า トーン・チャーウ
		午前中	ช่วงเช้า チューアン・チャーウ
		答／答える	คำตอบ カム・トープ／ตอบ トープ
五月	เดือนพฤษภาคม ドゥーアン・プルサパーコム		
		ご馳走さま(＝ありがとう) ขอบคุณ コープクン (もしくは合掌で挨拶)	
小切手	เช็ค チェック		
ゴキブリ	แมลงสาบ マレーンགサープ		
国王	พระเจ้าแผ่นดิน プラジャーウペンディン	こちら	ทางนี้ ターンག・ニー
		国家	ประเทศชาติ プラテートチャート
国際的	สากล サーゴン		
黒板	กระดานดำ グラダーンダム	国歌	เพลงชาติ プレーンག・チャート
国民	ประชาชน プラチャーチョン	国会	รัฐสภา ラッタサパー
国立の	แห่งชาติ ヘンགチャート	国会議員	สมาชิกรัฐสภา サマーチック・ラッタサパー
国立図書館 หอสมุดแห่งชาติ ホー・サムット・ヘンチャート			
		国旗	ธงชาติ トンག・チャート
		国境	พรมแดน プロムデーン
ご苦労さま(＝ありがとう) ขอบคุณ コープクン		こっけいな	ตลก タロック
		小包	ห่อของ ホー・コーンག
ここ(で)	ที่นี่ ティー・ニー	郵便小包	พัสดุไปรษณีย์ パッサドゥ・プライサニー
ここから	จากที่นี่ ジャーク・ティー・ニー		
午後	บ่าย バーイ	コップ	ถ้วย トゥーアイ
午後に	ช่วงบ่าย チューアン・バーイ	今年	ปีนี้ ピー・ニー
ココア	โกโก้ ゴーゴー	異なった	แตกต่าง テークターンག
心	ใจ ジャイ	古典	คลาสสิก クラースィック
志す	ตั้งใจ タンགジャイ	言葉	คำพูด カム・プート

子ども	เด็ก デック		小麦	แป้งสาลี ペーング・サーリー
ことわざ	สุภาษิต スパースィット		米	ข้าว カーウ
断る	ปฏิเสธ パティセート		ゴルフ	กอล์ฟ ゴーフ
粉	ผง ポング		これ	นี้ ニー
コネ	เส้น セン		～頃	ราว～ ラーウ
この	นี้ ニー		殺す	ฆ่า カー
この頃	ระยะนี้ ラヤ・ニー		怖い	กลัว グルーア
この辺	แถวนี้ テウ・ニー		壊す	ทำแตก タム・テェーク
この本	หนังสือเล่มนี้ ナングスー・レム・ニー		壊れる	แตก テェーク
			今回	ครั้งนี้ クラング・ニー
この様な	อย่างนี้ ヤーング・ニー		今月	เดือนนี้ ドゥーアン・ニー
好む	ชอบ チョープ		今後	คราวหน้า クラーウ・ナー
ご飯	ข้าว カーウ		今週	สัปดาห์นี้ サップダー・ニー
ご飯を食べる	ทานข้าว ターンカーウ		今度	คราวนี้ クラーウ・ニー
			コンドーム	ถุงยางอนามัย トゥングヤーング・アナーマイ
ご無沙汰する	ไม่ได้ติดต่อกันนาน マイ・ダーイ・ティットー・ガン・ナーン		こんな	อย่างนี้ ヤーング・ニー
			こんにちは	สวัสดี サワッディー
(水が)こぼれる	(น้ำ)หก (ナーム) ホック		こんばんは	สวัสดี サワッディー
胡麻(調味料)	งา ガー		コンピューター	คอมพิวเตอร์ コームピウトゥー
細かい	ละเอียด ライーアト		今夜	คืนนี้ クーン・ニー
困る	ลำบาก ラムバーク		婚約／婚約する	การหมั้น ガーン・マン ／ หมั้น マン
ゴミ	ขยะ カヤ			
ゴミ箱	ถังขยะ タング・カヤ		婚約者(男女とも)	คู่หมั้น クー・マン
小道	ตรอก トローク／ ซอย ソーイ			
混む	แน่น ネン		## さ	
道が混む(渋滞)	รถติด ロット・ティット		サービス	บริการ ボリガーン
ゴム	ยาง ヤーング		サービス料	

	ค่าบริการ カー・ボリガーン	昨夜	คืนวาน クーン・ワーン
～歳	อายุ ～ ปี アーユ～ピー	酒	เหล้า ラウ
最近	ระยะนี้ ラヤ・ニー	酒を飲む	ดื่มเหล้า ドゥーム・ラウ
財産	ทรัพย์สมบัติ サップ・ソムバット	酒に酔う	เมาเหล้า マウ・ラウ
最後の	สุดท้าย スットターイ	叫ぶ	เรียก リーアㇰ
最初の	แรกสุด レークスット	下げる	ลด ロット
最新の	ใหม่สุด マイ・スット	値段を下げる	
サイズ	ขนาด カナート		ลดราคา ロット・ラーカー
再入国	รีเอนทรี่ リーエントリー	刺身	ปลาดิบ プラー・ディップ
才能	อัจฉริยะ アッチャリヤ	査証	วีซ่า ウィーサー
裁判	ขึ้นศาล クン・サーン	指す	ชี้ チー
裁判所	ศาล サーン	指をさす	ชี้นิ้ว チー・ニウ
財布	กระเป๋าสตางค์ グラパウ・サターンㇰ	刺すような	เหมือนถูกแทง ムーアン・トゥーㇰ・テーンㇰ
サイン／サインする		**座席**	ที่นั่ง ティーナング
	ลายเซ็น ラーイセン	座席に座る	
	／เซ็นชื่อ センチュー		นั่งบนที่นั่ง ナング・ボン・ティーナング
探す	หา ハー	左折する	เลี้ยวซ้าย リーアウサーイ
魚	ปลา プラー	～冊	～ เล่ม レム
魚を釣る	ตกปลา トック・プラー	撮影／撮影する	
下がる	ลดลง ロットロンㇰ		การถ่ายทำ ガーン・ターイタム
先	ก่อน ゴーン		／ถ่ายภาพ ターイパーㇷ゚
お先に失礼		作家	นักประพันธ์ ナック・プラパン
	ขอโทษที่ต้องกลับก่อน コートート・ティー・トンㇰ・グラップ・ゴーン	さっき	เมื่อกี้ ムーアギー
咲く	บาน バーン	**雑誌**	นิตยสาร ニッタヤサーン
花が咲く	ดอกไม้บาน ドークマーイ・バーン	殺虫剤	ยาฆ่าแมลง ヤー・カー・マレーンㇰ
昨日	เมื่อวาน ムーア・ワーン	早速	โดยเร็ว ドーイレウ
昨年	ปีที่แล้ว ピー・ティーレーウ	さつまいも	มันเทศ マンテート
作文	เรียงความ リーアングワーム		

223

砂糖	น้ำตาล ナームターン
砂漠	ทะเลทราย タレー・サーイ
錆／錆びる	สนิม サニム
	／เป็นสนิม ペン・サニム
寂しい	เหงา ガウ
寒い	หนาว ナーウ
寒気	ครั่นเนื้อครั่นตัว クランヌーア・クラントーア
寒気がする	รู้สึกครั่นเนื้อครั่นตัว ルースック・クランヌーア・クラントーア
さもないと	ไม่อย่างนั้น マイ・ヤーング・ナン
さようなら	ลาละนะ ラー・ラ・ナ
皿	จาน ジャーン／ชาม チャーム
サラダ	สลัด サラット
更に	ยิ่งกว่านั้น イング・グワー・ナン
猿	ลิง リング
触る	จับ ジャップ
三	สาม サーム
参加／参加する	การเข้าร่วม ガーン・カウ・ルーアム／ร่วม ルーアム
産業	อุตสาหกรรม ウットサーハガム
産業廃棄物	ขยะอุตสาหกรรม カヤ・ウットサーハガム
残業	งานล่วงเวลา ガーン・ルーアングウェーラー
サンダル	รองเท้าแตะ ローングターウ・テ
残念／残念です	น่าเสียดาย ナー・スィーアダーイ／เสียดาย スィーアダーイ
散髪する	ตัดผม タット・ポム
散歩する	เดินเล่น ドゥーンレン

し

四	สี่ スィー
死	ความตาย クワーム・ターイ
～時	～ นาฬิกา ナーリガー
字	ตัวอักษร トゥーア・アックソーン
ＣＤ	ซีดี スィーディー
幸せ	ความสุข クワーム・スック
しいたけ	เห็ดหอม ヘットホーム
寺院	วัด ワット
塩	เกลือ グルーア
塩辛い	เค็ม ケム
鹿	กวาง グワーング
歯科	หมอฟัน モー・ファン
次回	ครั้งต่อไป クラング・トーパイ
市外電話	โทรทางไกล トー・ターング グライ
しかし	แต่ テー
しかしながら	ถึงกระนั้น トゥング・グラナン
仕方がない	ไม่มีทาง マイ・ミー・ターング
四月	เดือนเมษายน ドゥーアン・メーサーヨン
叱る	ดุ ドゥ
時間	เวลา ウェーラー
時間がかかる	

224

	กินเวลา ギン・ウェーラー	下	ข้างล่าง カーング・ラーング
四季	สี่ฤดู スィー・ルドゥー	〜したい	อยาก 〜 ヤーク
試験	สอบ ソープ	時代	ยุคสมัย ユック・サマイ
試験問題	ข้อสอบ コー・ソープ	慕う	คิดถึง キットゥング
資源	ทรัพยากร サップパヤーゴーン	従う	ตาม タ―ム
事故	อุบัติเหตุ ウバッティヘート	下着	ชุดชั้นใน チュット・チャンナイ
交通事故	อุบัติเหตุการจราจร	〜したことがある	
	ウバッティヘート・ガーン・ジャラージョーン		เคย 〜 クーイ
時刻表	ตารางเวลา	親しい	สนิทสนม サニット・サノム
	ターラーング・ウェーラー	〜した方がよい	
自己紹介する			〜 ดีกว่า ディー・グワー
	แนะนำตัวเอง	七	เจ็ด ジェット
	ネナム・トゥーア・エーング	七月	กรกฎาคม ガラガダーコム
仕事	งาน ガーン	試着する	ลองเสื้อ ローング・スーア
仕事をする		シーツ	ผ้าปูที่นอน パー・プー・ティノーン
	ทำงาน タム・ガーン	実業家	นักธุรกิจ ナック・トゥラギット
仕事を休む		失業／失業する	
	หยุดงาน ユット・ガーン		ตกงาน トック・ガーン
辞書	พจนานุกรม	実に	จริงๆ ジングジング
	ポットジャナーヌグロム	失敗／失敗する	
試食する	ชิม チム		ความผิดพลาด
自信／自信がある			クワームピットプラート
	ความมั่นใจ		／ทำผิดพลาด
	クワーム・マンジャイ		タムピットプラート
	／มีความมั่นใจ	質問／質問する	
	ミー・クワーム・マンジャイ		คำถาม カム・ターム
地震	แผ่นดินไหว ペンディン・ワイ		／ถาม ターム
静かな	เงียบสงบ ギーアプ・サゴップ	失礼／失礼する	
システム	ระบบ ラボップ		ขอโทษ コートート
自然	ธรรมชาติ タムマチャート	失礼だ	ไม่มีมารยาท
舌	ลิ้น リン		マイ・ミー・マーラヤート

225

失恋する	อกหัก	オックハック
支店	ร้านสาขา	ラーン・サーカー
自転車	จักรยาน	ジャックグラヤーン
指導／指導する	การแนะนำ ／ แนะนำ	ガーン・ネナム／ネナム
自動車	รถยนต์	ロットヨン
市内	ในเมือง	ナイ・ムーアング
品物	สินค้า	スィンカー
死ぬ	ตาย	ターイ
芝居	ละคร	ラコーン
支配人	ผู้จัดการ	プージャットガーン
しばしば	บ่อยๆ	ボイボイ
芝生	สนามหญ้า	サナームヤー
支払い／支払う	การชำระเงิน ／ จ่าย	ガーン・チャムラ・グン／ジャーイ
しばらく	ครู่หนึ่ง	クルー・ヌング
縛る	ผูก	プーク
耳鼻科医	หมอแผนกโสตรนาสิก	モー・パネーク・ソートナースィック
自分	ตนเอง	トンエーング
自分自身	ตัวของตัวเอง	トゥア・コーング・トゥアエーング
自分で	ด้วยตนเอง	ドゥーアイ・トンエーング
脂肪	ไขมัน	カイマン
絞る	บีบ	ビープ
資本	ทุน	トゥン
資本主義	ลัทธิทุนนิยม	ラットティ・トゥンニヨム
島	เกาะ	ゴ
事務所	สำนักงาน	サムナックガーン
氏名	ชื่อ	チュー
使命	หน้าที่	ナーティー
示す	บ่งชี้	ボングチー
閉める	ปิด	ピット
締めつけるような	เหมือนลูกบีบรัด	ムーアン・トゥーク・ビープラット
社員	พนักงานบริษัท	パナックガーン・ボリサット
社会	สังคม	サングコム
じゃがいも	มันฝรั่ง	マンファラング
車庫	โรงรถ	ローング・ロット
車掌	พนักงานประจำรถ	パナックガーン・プラジャム・ロット
写真	ภาพถ่าย	パープターイ
ジャスミン	มะลิ	マリ
社長	ผู้อำนวยการ	プーアムヌーアイガーン
シャツ	เสื้อเชิ้ต	スーアチュート
若干の	จำนวนเล็กน้อย	ジャムヌーアン・レックノーイ
借金	หนี้	ニー
邪魔する	รบกวน	ロップグーアン
ジャム	แยม	イェーム
シャワー	ฝักบัว	ファックブーア
週	สัปดาห์	サップダー
十	สิบ	スィップ
銃	ปืน	プーン

自由	อิสระ イサラ	充分です	พอแล้ว ポー・レーウ
周囲	รอบๆ ロープ・ロープ	シューマイ	ขนมจีบ カノム・ジープ
十一月	พฤศจิกายน プルサジガーヨン	週末	สุดสัปดาห์ スット・サップダー
十月	ตุลาคม トゥラーコム	十万	แสน セーン
習慣	ปกติวิสัย パカティ・ウィサイ	重要な	สำคัญ サムカン
週刊誌	นิตยสารรายสัปดาห์ ニッタヤサーン・ラーイ・サップダー	修理／修理する	การซ่อมแซม ガーン・ソムセーム／ซ่อมแซม ソムセーム
集金／集金する	การเก็บเงิน ガーン・ゲップグン／เก็บเงิน ゲップグン	授業	วิชาเรียน ウィチャー・リアン
		宿題	การบ้าน ガーンバーン
宗教	ศาสนา サートサナー	宿泊／宿泊する	การพักแรม ガーン・パックレーム／พักแรม パックレーム
従業員	พนักงาน パナックガーン		
集合する	มารวมตัวกัน マー・ルーアムトゥーア・ガン		
修士	ปริญญาโท パリンヤー・トー	手術／手術する	การผ่าตัด ガーン・パータット／ผ่าตัด パータット
住所	ที่อยู่ ティー・ユー		
就職する	เข้าทำงาน カウ・タムガーン		
ジュース	น้ำผลไม้ ナーム・ポンラマーイ	首相	นายกรัฐมนตรี ナーヨック・ラッタモントリー
修正／修正する	การแก้ไข ガーン・ゲーカイ／แก้ไข ゲーカイ	主人	สามี サーミー
		出血する	เลือดออก ルーアト・オーク
渋滞／渋滞する	รถติด ロット・ティット	出発／出発する	ออกเดินทาง オーク・ドゥーンターング
じゅうたん	พรม プロム		
（鉄道の）終点	ปลายทาง (สถานีรถไฟ) プラーイ・ターング（サターニー・ロットファイ）	首都	เมืองหลวง ムーアングルーアング
		主婦	แม่บ้าน メー・バーン
		趣味	งานอดิเรก ガーン・アディレーク
		寿命	อายุใช้งาน アーユ・チャイガーン
十二月	ธันวาคม タンワーコム		
充分な	เพียงพอ ピーアングポー	種類	ชนิด チャニット

準備する	เตรียม トリーアム
しょうが	ขิง キング
消化／消化する	
	การย่อยอาหาร ガーン・ヨイアーハーン
	／ย่อยอาหาร ヨイアーハーン
消火する	ดับเพลิง ダップ・プルーング
紹介する	แนะนำ ネナム
正月	ปีใหม่ ピー・マイ
小学校	โรงเรียนประถม ローングリアン・プラトム
乗客	ผู้โดยสาร プー・ドーイサーン
商業	การค้า ガーン・カー
証券	พันธบัตร パンタバット
条件	เงื่อนไข グーアンカイ
証拠	หลักฐาน ラックターン
正午	เที่ยง ティーアング
詳細	รายละเอียด ラーイ・ライアート
正直な	ซื่อตรง スートロング
乗車する	ขึ้นรถ クン・ロット
乗車券	ตั๋วโดยสาร トゥーア・ドーイサーン
上旬	ต้นเดือน トン・ドゥーアン
上手な	เก่ง ゲング
招待／招待する	
	การเชิญ ガーン・チューン
	／เชิญ チューン
状態	สภาวะ サパーワ
冗談／冗談を言う	
	ล้อเล่น ローレン
	／พูดเล่น プート・レン

冗談でしょう？	
	พูดเล่นใช่ไหม プート・レン・チャイ・マイ
商人	พ่อค้า ポー・カー
使用人	ลูกจ้าง ルーク・ジャーング
商売	ค้าขาย カーカーイ
商標	เครื่องหมายการค้า クルーアングマーイ・ガーンカー
商品	สินค้า スィンカー
上品な	มีสง่าราศี ミー・サガー・ラースィー
丈夫な	แข็งแรง ケングレーング
証明する	รับรอง ラップローング
身分証明書	
	บัตรประจำตัว バット・プラジャムトゥーア
正面	ด้านหน้า ダーン・ナー
醤油	ซีอิ๊วญี่ปุ่น シーイウ・イープン
	／โชยุ ショウユ
将来	อนาคต アナーコット
奨励／奨励する	
	การให้กำลังใจ ガーン・ハイ・ガムラングジャイ
	／ให้กำลังใจ ハイ・ガムラングジャイ
初回(初めて)	
	ครั้งแรก クラングレーク
除外する	คัดออก カットオーク
職員	เจ้าหน้าที่ ジャウナーティー
職業	อาชีพ アーチープ
食事	อาหาร アーハーン

	食事をする	ทานอาหาร ターン・アーハーン	進学する	เรียนต่อ リアントー
			心筋梗塞	เส้นโลหิตหัวใจตีบตัน センローヒット・フーアジャイ・ティーブタン
職場	ที่ทำงาน ティー・タムガーン		神経	ประสาท プラサート
食堂	โรงอาหาร ローング・アーハーン		人口	ประชากร プラチャーゴーン
植物	พืช プート		審査／審査する	
食欲	เจริญอาหาร ジャルーン・アーハーン			การตรวจสอบ ガーン・トゥルーアットソープ
	食欲がない	ไม่เจริญอาหาร マイ・ジャルーン・アーハーン		／ตรวจสอบ トゥルーアットソープ
			診察	ตรวจโรค トゥルーアット・ローク
処女	สาวบริสุทธิ์ サーウ・ボリスット	紳士	สุภาพบุรุษ スパープブルット
女性	สตรี サトリー	神社	ศาลเจ้า サーンジャーウ
しょっぱい	เค็ม ケム	寝室	ห้องนอน ホング・ノーン
	ショッピング	ช้อปปิ้ง チョッピング	真珠	ไข่มุก カイムック
			人種	มนุษยชาติ マヌットサヤチャート
初日	วันแรก ワン・レーク			
	署名／署名する	ลายมือชื่อ ラーイムー・チュー／ลงนาม ロングナーム	信じる	เชื่อ チューア
			申請する	ยื่นคำร้อง ユーン・カムローング
			親戚	ญาติ ヤート
書類	เอกสาร エーガサーン	親切な	ใจดี ジャイ・ディー
知らせる	แจ้ง ジェーング	新鮮な	สด ソット
調べる	ตรวจสอบ トゥルーアットソープ	心臓	หัวใจ フーアジャイ
尻	ก้น ゴン	身体	ร่างกาย ラーングガーイ
私立	เอกชน エーカチョン	寝台車	รถนอน ロット・ノーン
	私立大学	มหาวิทยาลัยเอกชน マハーウィッタヤーライ・エーカチョン	診断	วินิจฉัยโรค ウィニットチャイ・ローク
			新年	ปีใหม่ ピーマイ
知る	รู้ ルー		新年おめでとう	สวัสดีปีใหม่ サワッディー・ピーマイ
汁(スープ)	น้ำแกง ナム・ゲーング			
白	ขาว カーウ			
城	ปราสาท プラサート			

心配する	เป็นห่วง ペンフーアング
新聞	หนังสือพิมพ์ ナングスーピム
進歩する	ก้าวหน้า ガウナー
深夜	ดึก ドゥック
信用する	เชื่อถือ チューアトゥー
信頼する	พึ่งพา プングパー
診療所	คลินิก クリニック

す

酢	น้ำส้ม ナーム・ソム
巣	รัง ラング
水泳	ว่ายน้ำ ワーイナーム
すいか	แตงโม テーングモー
水牛	ควาย クワーイ
水産	ผลผลิตประมง ポンパリット・プラモング
水準	มาตรฐาน マートラターン
水晶	แก้วผลึก ゲーウ・プルック
水上マーケット	ตลาดน้ำ タラート・ナーム
彗星	ดาวหาง ダーウ・ハーング
すいている	ว่าง ワーング
推測	เดา ダウ
水田	นาข้าว ナー・カーウ
水道	ประปา プラパー
水道水	น้ำประปา ナーム・プラパー
睡眠	นอนหลับ ノーンラップ
水曜日	วันพุธ ワン・プット
吸う	ดูด ドゥート
数字	ตัวเลข トゥーアレーク
スーツ	สูท スート
スープ	ซุป スップ
スカート	กระโปรง グラプローング
好きだ	ชอบ チョープ
～すぎる	～ เกินไป グーンパイ
過ぎる	ผ่านไป パーンパイ
(お腹が)すく	หิว ヒウ
すぐに	ทันที タンティー
少ない	น้อย ノーイ
少なくとも	อย่างน้อย ヤーング・ノーイ
スケジュール	กำหนดการ ガムノットガーン
すごい	ยอดเยี่ยม ヨートイーアム
少し	เล็กน้อย レックノーイ
涼しい	เย็น イェン
すずめ	นกกระจอก ノック・グラジョーク
勧める	แนะนำ ネナム
スター	ดารา ダーラー
スタッフ	ผู้ร่วมงาน プールーアムガーン
頭痛	ปวดหัว プーアトフーア
ずっと	ตลอดมา タロートマー
酸っぱい	เปรี้ยว プリーアウ
ステーキ	สเต๊ก サテーク
すてきだ	เก๋ ゲー
すでに～	～ แล้ว レーウ
捨てる	ทิ้ง ティング
ストライキ	สไตร๊ サトライク
ストッキング	ถุงน่อง トゥングノング
砂	ทราย サーイ

230

すなわち	กล่าวคือ グラーウクー
すばらしい	วิเศษ ウィセート
スプーン	ช้อน チョーン
〜すべきだ	ควร〜 クアン
すべて	ทั้งสิ้น タングスィン
滑る	ลื่น ルーン
スポーツ	กีฬา ギーラー
ズボン	กางเกง ガーングゲーング
炭	ถ่าน ターン
隅	มุม ムム
すみません	ขอโทษ コートート
住む	อาศัยอยู่ アーサイ・ユー
スリッパ	รองเท้าแตะ ローングターウ・テ
する	ทำ タム
仕事をする	ทำงาน タムガーン
ずるい	เจ้าเล่ห์ ジャウレー
鋭い	คม コム
座る	นั่ง ナング

せ

背	หลัง ラング
姓	นามสกุล ナームサグン
税	ภาษี パースィー
性格	นิสัย ニサイ
正確な	ถูกต้อง トゥークトング
生活	การดำรงชีวิต ガーン・ダムロング・チーウィット
税関	ศุลกากร スンラガーゴーン
税金	ภาษี パースィー
清潔な	สะอาด サアート
制限/制限する	
	ข้อจำกัด コー・ジャムガット
	/จำกัด ジャムガット
成功/成功する	
	ความสำเร็จ クワーム・サムレット
	/สำเร็จ サムレット
政策	นโยบาย ナヨーバーイ
生産/生産する	
	การผลิต ガーン・パリット
	/ผลิต パリット
政治	การเมือง ガーンムーアング
政治家	นักการเมือง ナック・ガーンムーアング
性質	อุปนิสัย ウッパニサイ
正常	ปกติ パカティ
製造/製造する	
	การผลิต ガーン・パリット
	/ผลิต パリット
生徒	นักเรียน ナック・リアン
青年	เยาวชน ヤウワチョン
生年月日	วันเดือนปีเกิด ワン・ドゥーアン・ピー・グート
性病	โรคทางเพศ ロー ク・ターングペート
政府	รัฐบาล ラッタバーン
制服	เครื่องแบบ クルーアングベープ
生命	ชีวิต チーウィット
西洋人	ชาวตะวันตก チャーウ・タワントック
西洋料理	อาหารฝรั่ง

	アーハーン・ファラング		背中	หลัง	ラング
生理	ประจำเดือน プラジャムドゥーアン		ぜひ	แน่ๆ	ネーネー
			背広	สูท	スート
整理する	จัดให้เป็นระเบียบ ジャット・ハイ・ペン・ラビーアブ		狭い	แคบ	ケープ
			セメント	ซีเมนต์	スィーメン
世界	โลก ローク		ゼロ	ศูนย์	スーン
席	ที่นั่ง ティーナング		千	พัน	パン
席を外している			線	เส้น	セン
	ไม่อยู่ที่โต๊ะ マイ・ユー・ティー・ト		選挙/選挙する		
咳	ไอ アイ			การเลือกตั้ง	
責任	ความรับผิดชอบ			ガーン・ルーアックタング	
	クワーム・ラップピットチョープ			/เลือกตั้ง ルーアックタング	
責任者	ผู้รับผิดชอบ		先月	เดือนก่อน ドゥーアン・ゴーン	
	プー・ラップピットチョープ		専攻科目/専攻する		
責任をとる				วิชาเอก ウィチャー・エーク	
	รับผิดชอบ		先日	วันก่อน ワン・ゴーン	
	ラップピットチョープ		先週	สัปดาห์ก่อน サップダー・ゴーン	
石油	น้ำมัน ナームマン		扇子	พัด パット	
積極的	อย่างจริงจัง		先生	ครู クルー	
	ヤーング・ジングジャング		全然	โดยสิ้นเชิง	
設計/設計する				ドーイ・スィンチューン	
	การออกแบบ		戦争	สงคราม ソングクラーム	
	ガーン・オークベープ		全体に	ทั้งหมด タングモット	
	/ออกแบบ オークベープ		洗濯機	เครื่องซักผ้า	
石鹸	สบู่ サブー			クルーアング・サックパー	
絶対に	อย่างแน่นอน		洗濯する	ซักผ้า サックパー	
	ヤーング・ネーノーン		センチメートル		
説明/説明する				เซ็นติเมตร センティメート	
	คำอธิบาย カム・アティバーイ		栓抜き	ที่เปิดขวด	
	/อธิบาย アティバーイ			ティー・プート・クアート	
節約する	ประหยัด プラヤット		洗髪する	สระผม サポム	

全部	ทั้งหมด タングモット
扇風機	พัดลม パットロム
専門家	ผู้เชี่ยวชาญ プー・チーアウチャーン
専門学校	โรงเรียนอาชีวะ ローングリアン・アーチーワ

そ

象	ช้าง チャーング
増加／増加する	การเพิ่มขึ้น ガーン・プームクン ／เพิ่ม プーム
送金／送金する	การส่งเงิน ガーン・ソンググン ／ส่งเงิน ソング・グン
送迎／送迎する	การรับส่ง ガーン・ラップ・ソング ／รับส่ง ラップ・ソング
掃除／掃除する	กวาดบ้าน グワート・バーン
ソース	ซ้อส ソース
ソーセージ	ไส้กรอก サイグローク
葬式	งานศพ ガーン・ソップ
相談／相談する	คำปรึกษา カム・プルックサー ／ปรึกษา プルックサー
双方	ทั้งสองฝ่าย タング・ソーング・ファーイ
総理大臣	นายกรัฐมนตรี ナーヨック・ラッタモントリー
僧侶	พระสงฆ์ プラソング

俗語	แสลง サレーング
速達	ไปรษณีย์ด่วน プライサニー・ドゥーアン
ソケット	เต้าเสียบ タウスィーアプ
底	ก้น ゴン
そして	และ レ
育つ／育てる	เติบโต トゥープトー ／เลี้ยง リーアング
そちら	ทางนั้น ターングナン
卒業する	สำเร็จการศึกษา サムレット・ガーン・スックサー
袖	แขนเสื้อ ケーン・スーア
外	ข้างนอก カーング・ノーク
その通り	เช่นนั้น チェンナン
そのような	อย่างนั้น ヤーングナン
側(そば)	ข้าง カーング
ソファー	โซฟา ソーファー
染める	ย้อม ヨーム
髪を染める	ย้อมผม ヨーム・ポム
空	ท้องฟ้า トーングファー
剃る	โกน ゴーン
それ	นั้น ナン
それから	จากนั้น ジャーク・ナン
それだけ	เท่านั้น タウ・ナン
それでは	อย่างนั้น ヤーング・ナン
それとも	หรือ ルー
揃う	จัดรวม ジャット・ルーアム
損害	ความเสียหาย クワーム・スィーアハーイ

尊敬／尊敬する	ความนับถือ クワーム・ナップトゥー／นับถือ ナップトゥー	代表	ตัวแทน トゥーアテーン
損をする	ขาดทุน カートゥン	だいぶ	ส่วนใหญ่ スアーン・ヤイ
		大部分	ส่วนมาก スアーン・マーク
		大変(非常に)	มาก マーク
		大変な仕事	งานยาก ガーン・ヤーク

た

大学	มหาวิทยาลัย マハーウィッタヤーライ	大便	อุจจาระ ウッジャーラ
大学生	นักศึกษา ナック・スックサー	代名詞	คำสรรพนาม カム・サッパナーム
代議士	สมาชิกรัฐสภา サマーチック・ラッタサパー	タイヤ	ยางรถยนต์ ヤーング・ロットヨン
代理	ตัวแทน トゥーアテーン	ダイヤモンド	เพชร ペット
大工	ช่างไม้ チャングマーイ	太陽	ดวงอาทิตย์ ドゥーアン・アーティット
退屈な	น่าเบื่อ ナーブーア	代理	ตัวแทน トゥーアテーン
体験	ประสบการณ์ プラソップガーン	代理店	ร้านตัวแทน ラーン・トゥーアテーン
代金	ค่าสินค้า カー・スィンカー	彼の代理で	ตัวแทนเขา トゥーアテーン・カウ
大根	หัวผักกาดขาว フーア・パックガート・カーウ	大理石	หินอ่อน ヒンオーン
大使館	สถานทูต サターントゥート	耐える	ทน トン
体重	น้ำหนัก ナームナック	タオル	ผ้าเช็ดตัว パー・チェットトゥーア
大丈夫	ไม่เป็นไร マイ・ペン・ライ	高い(高さが)	สูง スーング
大豆	ถั่วเหลือง トゥーア・ルーアング	(価格が)	แพง ペーング
大臣	รัฐมนตรี ラッタモントリー	だから(それゆえに)	ดังนั้น ダングナン
大切な	สำคัญ サムカン	宝くじ	สลากกินแบ่ง サラーク・ギンベング
だいたい	ประมาณ プラマーン		
たいてい	โดยทั่วไป ドーイ・トゥーアパイ		
台所	ครัว クルーア		
タイトル	ชื่อเรื่อง チュー・ルーアング		

滝	น้ำตก ナーム・トック
炊く	หุง フング
ご飯を炊く	
	หุงข้าว フング・カーウ
抱く(抱き合う)	
	กอด ゴート
たくさん	มากมาย マークマーイ
タクシー	รถแท๊กซี่ ロット・テックスィー
竹	ไม้ไผ่ マイパイ
～だけ	～เท่านั้น タウナン
確かに	แน่นอน ネーノーン
足す	บวก ブーアク
助け合う	ช่วยกัน チューアイ・ガン
助ける	ช่วยเหลือ チューアイルーア
訪ねる	เยี่ยมเยือน イーアムユーアン
尋ねる	ถาม ターム
闘う	ต่อสู้ トースー
叩く	ตี ティー
正しい	ถูก トゥーク
直ちに	ทันที タンティー
たたむ	พับ パップ
服をたたむ	
	พับเสื้อ パップ・スーア
立ち上がる	ลุกขึ้น ルック・クン
立つ	ยืน ユーン
断つ	ตัด タット／ระงับ ラガップ
建物	อาคาร アーカーン
建てる	ก่อสร้าง ゴーサーング
例えば	อย่างเช่น ヤーング・チェン
棚	ชั้น チャン
他人	คนอื่น コン・ウーン

種	เมล็ดพืช マレット・プート
他の	อื่น ウーン
楽しい	สนุก サヌック
頼む	ขอร้อง コーローング
たばこ	บุหรี่ ブリー
たばこを吸う	
	สูบบุหรี่ スープ・ブリー
旅	เดินทาง ドゥーンターング
度々	เสมอ サマー
ダブルベッド	
	เตียงนอนสองคน
	ティアングノーン・ソーングコン
多分	บางที バーングティー
食べ物	ของกิน コーングギン
食べる	ทาน ターン／กิน ギン
卵	ไข่ カイ
玉子焼き	ไข่เจียว カイ・ジーアウ
だます	หลอก ローク
玉ねぎ	หอม ホーム
だめだ	ไม่ได้ マイ・ダーイ
保つ	รักษาไว้ ラックサー・ワイ
温度を保つ	
	รักษาอุณหภูมิ
	ラックサー・ウンハプーム
足りない	ไม่พอ マイ・ポー
お釣りが足りなかった	
	เงินทอนไม่พอ
	グントーン・マイ・ポー
誰	ใคร クライ
短気な	โกรธง่าย グロート・ガーイ
単語	คำ カム

誕生日	วันเกิด ワングート	地方	ต่างจังหวัด ターング・ジャングワット
ダンス／ダンスをする	เต้นรำ テンラム	(お)茶	น้ำชา ナーム・チャー
男性	ผู้ชาย プーチャーイ	茶色	สีน้ำตาล スィー・ナームターン
旦那	สามี サーミー	茶碗	ถ้วยน้ำชา トゥーアイ・ナーム・チャー
たんぱく質	โปรตีน プローティーン	チャンネル	ช่องทีวี チョング・ティーウィー
暖房	ฮีตเตอร์ ヒートゥー	注意する	ระวัง ラワング
		中央	ส่วนกลาง スーアン・グラーング

ち

血	เลือด ルーアト／โลหิต ローヒット	中学校	โรงเรียนมัธยมต้น ローングリアン・マッタヨム・トン
小さい	เล็ก レック	中華料理	อาหารจีน アーハーン・ジーン
チーズ	เนยแข็ง ヌーイケング	中国	จีน ジーン
近い	ใกล้ グライ	中国人	คนจีน コン・ジーン
近いうちに	ในอนาคตอันใกล้ ナイ・アナーコット・アン・グライ	中国語	ภาษาจีน パーサー・ジーン
		中止する	หยุด ユット
		駐車する	จอดรถ ジョート・ロット
違う	ต่างกัน ターングガン	駐車場	ที่จอดรถ ティー・ジョート・ロット
近頃	ระยะนี้ ラヤ・ニー		
地下鉄	รถไฟใต้ดิน ロット・ファイ・ターイ・ディン	注射／注射する	ฉีดยา チート・ヤー
近道	ทางลัด ターングラット	中旬	กลางเดือน グラーング・ドゥーアン
力	แรง レーング		
地球	โลก ローク	**昼食**	อาหารกลางวัน アーハーン・グラーング・ワン
遅刻する	มาสาย マー・サーイ		
知識	ความรู้ クワーム・ルー	中心	แกนกลาง ゲーン・グラーング
地図	แผนที่ ペーン・ティー	虫垂炎	ไส้ติ่งอักเสบ サイティン・アックセープ
父	พ่อ ポー		
縮む	หด ホット	注目／注目する	ความสนใจ クワーム・ソン・ジャイ
秩序	ระเบียบ ラビーアプ		
チップ	ทิป ティップ		

	/สนใจ ソン・ジャイ		パイ・ローングリアン
注文／注文する		通勤する	ไปทำงาน パイ・タムガーン
	การสั่งซื้อ ガーン・サングスー	通常	ตามปกติ ターム・パカティ
	/สั่งซื้อ サングスー	通信／通信する	
蝶	ผีเสื้อ ピースーア		การสื่อสาร ガーン・スーサーン
腸	ไส้ サイ		/สื่อสาร スーサーン
長距離	ระยะทางไกล	通信衛星	ดาวเทียมสื่อสาร
	ラヤ・ターング・グライ		ダーウ・ティーアム・スーサーン
彫刻	แกะสลัก ゲサラック	通訳／通訳する	
頂上	ยอดเขา ヨート・カウ		ล่าม ラーム
朝食	อาหารเช้า アーハーン・チャーウ	使う	ใช้ チャイ
ちょうどいい(ぴったり)		捕まえる	จับตัว ジャップ・トゥーア
	พอดี ポー・ディー	つかむ	จับ ジャップ
直接	โดยตรง ドーイ・トロング	疲れる	เหนื่อย ヌーアイ
直線	เส้นตรง セン・トロング	月	เดือน ドゥーアン
貯蓄	สะสม サソム	～については	
ちょっとの間			เกี่ยวกับ ～ ギーアウガップ
	เดี๋ยวเดียว ディーアウ・ディーアウ	次	ต่อไป トー・パイ
ちょっと待って		尽きる	ใช้หมด チャイ・モット
	รอเดี๋ยว ロー・ディーアウ	着く	ถึง トゥング
地理	ภูมิศาสตร์ プーミサート	机	โต๊ะ ト
賃金	หนี้ ニー	つくる	ทำ タム
賃貸・借／賃貸・借する		漬物	ผักดอง パック・ドーング
	การเช่า/การยืม	告げる	แจ้ง ジェーング
	ガーン・チャウ/ガーン・ユーム	都合	ความสะดวก
	/เช่า/ยืม チャウ/ユーム		クワーム・サドゥーアック
		都合がよい／都合が悪い	
つ			สะดวก／ไม่สะดวก
ツアー	ทัวร์ トゥーア		サドゥーアック／マイ・サドゥーアック
ついに	ในที่สุด ナイ・ティースット	土	ดิน ディン
通学する	ไปโรงเรียน	続く／続ける	

	ต่อไป โー・パイ	手を上げる	
包む	ห่อ ホー		ยกมือ ヨック・ムー
努める	พยายาม パヤヤーム	手に持つ	ถือ トゥー
綱	เชือก チューアック	出会う	พบกัน ポップ・ガン
つなぐ	เชื่อมต่อ チューアム・トー	～である	คือ～ クー
唾（つば）	น้ำลาย ナーム・ラーイ	提案／提案する	
つぶれる／つぶす			ข้อเสนอ コー・サヌー
	พัง パング／ทะลาย タラーイ		／เสนอ サヌー
箱がつぶれる		データ	ข้อมูล コームーン
	กล่องยุบ グロング・ユップ		／เดต้า データー
会社がつぶれる		デート	นัดพบ ナットポップ
	บริษัทล่ม ボリサット・ロム		／เดด デート
つぼみ	ดอกตูม ドーク トゥーム	テーブル	โต๊ะ ト
妻	ภรรยา パンラヤー	Tシャツ	ทีเชิ้ต ティーチュート
つまずく	สะดุด サドゥット	テープレコーダー	
つまむ	เด็ด デット		เครื่องอัดเทป
爪楊枝	ไม้จิ้มฟัน マイ・ジム・ファン		クルーアング・アットテープ
つまらない	ไม่สนุก マイ・サヌック	定期券	ตั๋วเดือน トゥーア・ドゥーアン
詰まる	อุดตัน ウットタン	抵抗／抵抗する	
罪	บาป バープ		การต่อต้าน
爪	เล็บ レップ		ガーン・トーターン
爪切り	ที่ตัดเล็บ ティー・タット・レップ		／ต่อต้าน トーターン
爪を切る	ตัดเล็บ タット・レップ	定食	อาหารชุด
冷たい	เย็น イェン		アーハーン・チュット
強い	แข็งแรง ケングレーング	停車／停車する	
つらい	ขมขื่น コムクーン		จอดรถ ジョート・ロット
釣り銭	เศษสตางค์ セートサターング	提出する	ยื่นเอกสาร ユーン・エーカサーン
連れて行く	พาไป パー・パイ	程度	ระดับขั้น ラダップ・カン
		丁寧な	สุภาพ スパープ
		手紙	จดหมาย ジョットマーイ

て

手	มือ ムー	手紙を出す	

	ส่งจดหมาย		点	คะแนน カネーン
	ソング・ジョットマーイ		100点	๑๐๐ คะแนน ローイ・カネーン
敵	ศัตรู サットルー		その点	จุดนั้น ジュット・ナン
適当な	ที่เหมาะสม ティー・モソム		店員	พนักงาน パナック ガーン
～できる	ทำ～เป็น タム～ペン		**天気**	อากาศ アーガート
	サッカーができる		**電気の**	ไฟฟ้า ファイファー
	เล่นฟุตบอลเป็น		電気代	ค่าไฟฟ้า カー・ファイファー
	レン・フットボーン・ペン		伝記	ชีวประวัติ チーワプラワット
出口	ทางออก ターング・オーク		電球	หลอดไฟ ロートファイ
デザート	ขนม カノム		天国	สวรรค์ サワン
デザイン／デザインする		**伝言**	ฝากข้อความ
	แบบ ベープ			ファーク・コークワーム
	／ออกแบบ オーク・ベープ		電子の	อิเล็กทรอนิคส์
手数料	ค่าธรรมเนียม			イレックトローニック
	カー・タムニーアム		**電車**	รถไฟฟ้า ロット・ファイファー
鉄	เหล็ก レック		店主	เจ้าของร้าน
手付金	เงินมัดจำ グン・マットジャム			ジャウコーング・ラーン
手伝う	ช่วย チューアイ		天井	เพดาน ペーダーン
鉄道	รถไฟ ロット・ファイ		点数	คะแนน カネーン
出て行く	ออกไป オーク・パイ		電子レンジ	เตาไมโครเวฟ
テニス	เทนนิส テーンニット			タウ・マイクローウェーブ
デパート	ห้างสรรพสินค้า		伝染病	โรคระบาด ローク・ラバート
	ハーング・サッパスィンカー		電池	แบตเตอรี่ ベットトゥーリー
手放す	ปล่อยไป プロイ・パイ		伝統	ขนบธรรมเนียม
出迎えに行く				カノップタムニーアム
	ไปรับ パイ・ラップ		天皇陛下	สมเด็จพระจักรพรรดิ
デモ	เดินขบวน ドゥーン・カブーアン			ソムデット・プラジャクカパット
でも	แต่ テー		伝票	ใบเสร็จ バイセット
寺	วัด ワット		でんぷん	แป้ง ペーング
テレビ	โทรทัศน์ トーラタット		電報	โทรเลข トーラレーク
出る	ออก オーク		**電話**	โทรศัพท์ トーラサップ

電話をする		
	ต่อโทรศัพท์	トー・トーラサップ
電話を切る		
	วางสาย	ワーング・サーイ
電話番号	หมายเลขโทรศัพท์	
		マイレーク・トーラサップ

と

~と~	~และ~	レ
戸／ドア	ประตู	プラトゥー
度	องศา	オングサー
20℃	๒๐ องศา	イースィップ・オングサー
一度に	ในทีเดียว	ナイ・ティーディーアウ
問い合わせる		
	สอบถาม	ソープターム
ドイツ	เยอรมนี	ユーラマニー
ドイツ語	ภาษาเยอรมัน	
		パーサー・ユーラマン
ドイツ人	คนเยอรมัน	コン・ユーラマン
トイレ	ห้องน้ำ	ホング・ナーム
党	พรรค	パック
同意する	เห็นด้วย	ヘン・ドゥーアイ
どういたしまして		
	ไม่เป็นไร	
		マイ・ペンライ
同一の	อย่างเดียวกัน	
		ヤーングディーアウガン
唐辛子	พริก	プリック
登記／登記する		
	ทะเบียน	タビーアン
	／ลงทะเบียน	ロング・タビーアン

動悸	ใจเต้น	ジャイ・テン
道具	เครื่องมือ	クルーアング・ムー
統計	สถิติ	サティティ
同行する	ไปด้วย	パイ・ドゥーアイ
投資／投資する		
	การลงทุน	ガーン・ロングトゥン
	／ลงทุน	ロングトゥン
どうしたの	เป็นอะไรไป	ペン・アライ・パイ
どうして	ทำไม	タムマイ
同時に	ในเวลาเดียวกัน	
		ナイ・ウェーラー・ディーアウガン
同情する	เห็นใจ	ヘン・ジャイ
当然	เป็นธรรมดา	ペン・タムマダー
どうぞ	เชิญ	チューン
どうぞよろしく		
	ยินดีที่ได้พบคุณ	
		インディー・ティー・ダーイ・ポップ・クン
到着／到着する		
	มาถึง	マー・トゥング
どうですか	เป็นอย่างไร	ペン・ヤーング・ライ
東南アジア	เอเชียอาคเนย์	
		エーチア・アーカネー
豆腐	เต้าหู้	タウフー
動物	สัตว์	サット
動物園	สวนสัตว์	スーアン・サット
東北部	ภาคอีสาน	パーク・イサーン
とうもろこし		
	ข้าวโพด	カーウ・ポート
同様の	อย่างเดียวกัน	
		ヤーングディーアウガン
遠い	ไกล	グライ

240

通す	พาเข้ามา パー・カウ・マー
トースト	ขนมปังปิ้ง カノムパング・ピング
盗難	โจรกรรม ジョンラガム
通り	ถนน タノン
通り過ぎる	ผ่านเลยไป パーン・ルーイ・パイ
とかげ	ตุ๊กแก トゥックゲー
溶かす／溶ける	ละลาย ララーイ
尖った	แหลม レーム
時	เวลา ウェーラー
時々	บางครั้ง バーング・クラング
毒	พิษ ピット
独身	โสด ソート
特に	โดยเฉพาะ ドーイチャポ
特別な	เป็นพิเศษ ペン・ピセート
とげ	หนาม ナーム
時計	นาฬิกา ナーリカー
どこ	ที่ไหน ティーナイ
床屋	ร้านตัดผม ラーン・タットポム
所	สถานที่ サターンティー
都市	เมืองใหญ่ ムーアング・ヤイ
年	ปี ピー
年とった	แก่ ゲー
図書館	ห้องสมุด ホング・サムット
閉じる	ปิด ピット
土地	ที่ดิน ティー・ディン
途中	ระหว่างทาง ラワーング・ターング
どちら	อันไหน アン・ナイ
どちらでもいい	อันไหนก็ได้ アン・ナイ・ゴー・ダーイ
特価	ราคาพิเศษ ラーカー・ピセート
どっち	อันไหน アン・ナイ
届ける	ส่ง ソング
どなた	คนไหน コン・ナイ
どのくらい	แค่ไหน ケー・ナイ
どのように	อย่างไร ヤーングライ
飛ぶ	บิน ビン
トマト	มะเขือเทศ マクーアーテート
泊まる	พักแรม パックレーム
止まる／止める	หยุด ユット
ともかく	อย่างไรก็ดี ヤーングライ・ゴー・ディー
友達	เพื่อน プアーン
共に	ด้วยกัน ドゥーアイ・ガン
土曜日	วันเสาร์ ワン・サウ
とら	เสือ スーア
ドライクリーニング	ซักแห้ง サックヘーング
ドライバー（運転手）	คนขับรถ コン・カップロット
（ネジ回し）	ไขควง カイクーアング
ドライブ	ขับรถเล่น カップロット・レン
トラブル	ความลำบาก クワーム・ラムバーク
トラブルにあう	ประสบความลำบาก プラソップ・クワーム・ラムバーク
トラベラーズチェック	

241

		เช็คเดินทาง		โต-ไซ-ปายใน
		เช็คเดินทาง		โต-ไซ-ปายใน
		チェック・ドゥーンターング	内閣	คณะรัฐมนตรี
トランプ	ไพ่ パイ			カナ・ラッタモントリー
鳥	นก ノック	ナイフ	มีด ミート
鶏肉	เนื้อไก่ ヌーア・ガイ	内部	ภายใน パーイナイ
取り消す	ยกเลิก ヨックルーク	内容	เนื้อหา ヌーアハー
取り締まる	ปราบปราม プラープラーム	ナイロン	ไนลอน ナイローン
努力する	พยายาม パヤーヤーム	直す	แก้ ゲー
取る	รับ ラップ	治す	รักษา ラックサー
ボールを取る		歯を治す	รักษาฟัน ラックサー・ファン
	รับลูกบอล	長い	ยาว ヤーウ
	ラップ・ルークボン	長靴	รองเท้าบู๊ท
撮る	ถ่าย ターイ		ローングターウ・ブート
写真を撮る		長袖	แขนยาว ケーンヤーウ
	ถ่ายภาพ ターイ・パープ	仲間	พรรคพวก パックプーアク
ドル	ดอลลาร์สหรัฐฯ	眺める	มองดู モーングドゥー
	ドンラー・サハラット	流れる	ไหล ライ
どれ	อันไหน アン・ナイ	泣く	ร้องไห้ ローングハーイ
ドレッシング		鳴く	ร้อง ローング
	น้ำสลัด ナーム・サラット	犬が鳴く	หมาเห่า マー・ハウ
泥棒	ขโมย カモーイ	猫が鳴く	แมวร้อง メーウ・ローング
どんな	อย่างไร ヤーングライ	牛が鳴く	วัวร้อง ウーア・ローング
トンネル	อุโมงค์ ウモーング	小鳥が鳴く	
どんぶり	ชามโคม チャームコーム		นกร้อง ノック・ローング
とんぼ	แมลงปอ マレーング・ポー	なくす	ทำหาย タム・ハーイ
		財布をなくす	
な			ทำกระเป๋าสตางค์หาย
無い	ไม่มี マイ・ミー		タム・グラパウサターング・ハーイ
内科	แผนกอายุรเวช	なくなる	หายไป ハーイ・パイ
	パネーク・アーユラウェート	なぜ	ทำไม タムマイ
内線	ต่อสายภายใน	なぜなら	เพราะว่า プロワー

242

夏	ฤดูร้อน ルドゥー・ローン
夏休み	หยุดฤดูร้อน ユット・ルドゥー・ローン
懐かしい	ระลึกความหลัง ラルック・クワームラング
～など	～ และอื่นๆ レ・ウーン・ウーン
七	เจ็ด ジェト
何	อะไร アライ

これは何ですか
　　　　　นี่อะไรครับ/คะ
　　　　　ニー・アライ・クラップ/カ

何時ですか
　　　　　กี่โมงแล้วครับ/คะ
　　　　　ギーモーング・レーウ・クラップ/カ

ナフキン	ผ้าเช็ดปาก パー・チェット・パーク
ナプキン	ผ้าอนามัย パー・アナーマイ
鍋	หม้อ モー
名前	ชื่อ チュー
怠け者	คนขี้เกียจ コン・キー・ギーアット
怠ける	ขี้เกียจ キー・ギーアット
生の	ดิบ ディップ
波	คลื่น クルーン
並木道	ถนนต้นไม้ タノン・トンマーイ
涙	น้ำตา ナーム・ター
舐(な)める	เลีย リーア
悩む	เป็นทุกข์ ペン・トゥック
習う	เรียนรู้ リアン・ルー
並べる	เรียง リアング
縄	เชือก チューアック
(～に)なる	กลายเป็น グラーイ・ペン
ナンバー	หมายเลข マーイレーク
南部	ภาคใต้ パーク・ターイ

に

二	สอง ソーング
似合う	เหมาะดี モ・ディー
匂う	ได้กลิ่น ダーイ・グリン
苦い	ขม コム
二月	กุมภาพันธ์ グムパーパン
握る	กำไว้ ガム・ワイ
手を握る	กุมมือไว้ グム・ムー・ワイ
肉	เนื้อ ヌーア
憎む	เกลียดชัง グリーアットチャング
憎らしい	น่าชัง ナー・チャング
逃げる	หนี ニー
煮込む	ต้มเคี่ยว トムキーアウ
西	ตะวันตก タワントック
にせ物／にせの	ของปลอม コーング・プローム ／ ปลอม プローム
日時	วันเวลา ワン・ウェーラー
日常の	ประจำวัน プラジャム・ワン
日曜日	วันอาทิตย์ ワン・アーティット
～について	เกี่ยวกับ～ ギーアウガップ
日記	ไดอารี่ ダイアーリー
日中	ตอนกลางวัน トーン・グラーングワン
似ている	เหมือน ムーアン

＜彼は母親に似ている＞
　　　　　เขาหน้าเหมือนแม่
　　　　　カウ・ナー・ムーアン・メー

日本	ญี่ปุ่น イープン
日本語	ภาษาญี่ปุ่น パーサー・イープン
日本人	คนญี่ปุ่น コン・イープン
日本料理	อาหารญี่ปุ่น アーハーン・イープン
荷物	ข้าวของ カーウ・コーング
入院	เข้าโรงพยาบาล カウ・ローングパヤーバーン
入会する	เข้าเป็นสมาชิก カウ・ペン・サマーチック
入学する	เข้าโรงเรียน カウ・ローングリアン
入国管理局	สำนักงานตรวจคนเข้าเมือง サムナックガーン・トルーアット・コン・カウ・ムーアング
入場料	ค่าผ่านประตู カー・パーン・プラトゥー
ニュース	ข่าว カーウ
尿	ปัสสาวะ パッサーワ
煮る	ต้ม トム
庭	สวน スーアン
にわとり	ไก่ ガイ
人形	ตุ๊กตา トゥックカター
人間	มนุษย์ マヌット
妊娠	ตั้งครรภ์ タングカン
人参	แครอท ケーロット
にんにく	กระเทียม グラティーアム

ぬ

縫う	เย็บ イェップ
ヌード	เปลือย プルーアイ

脱ぐ	ถอด トート
盗む	ลักขโมย ラックカモーイ
布	ผ้า パー
沼	บึง ブング
塗る	ทา ター
薬を塗る	ทายา ター・ヤー
ぬるい	อุ่น ウン
濡れる	เปียก ピーアク
雨に濡れる	เปียกฝน ピーアク・フォン

ね

根	ราก ラーク
値	ค่า カー
値上げする	ขึ้นราคา クン・ラーカー
願う	ขอร้อง コーローング
〈〜さんをお願いします(会いに行った時)〉	ขอพบคุณ 〜 コー・ポップ・クン
〈内線5をお願いします〉	กรุณาต่อสายภายในหมายเลข ๕ ガルナー・トー・サーイパーイナイ・マーイレーク・ハー
葱(ねぎ)	ต้นหอม トン・ホーム
値切る	ต่อราคา トー・ラーカー
ネクタイ	เนคไท ネックタイ
ネグリジェ	ชุดนอน チュット・ノーン
猫	แมว メーウ
値下げする	ลดราคา ロット・ラーカー
ねずみ	หนู ヌー
ねたむ	อิจฉา イッチャー / ริษยา リッサヤー

＜私は彼女をねたんだ＞
ฉันอิจฉาเธอ
チャン・イッチャー・トゥー
値段	ราคา	ラーカー
熱	ไข้	カイ
ネックレス	สร้อยคอ	ソイ・コー

ネットワーク　　เครือข่าย クルーアカーイ

値引きする	ลดราคาให้	ロット・ラーカー・ハイ
寝坊する	ตื่นสาย	トゥーン・サーイ
眠い	ง่วง	グアーン
眠る	นอนหลับ	ノーンラップ
寝る	เข้านอน	カウ・ノーン
〜年	ปี	〜ピー
年金	เงินปี	グン・ピー
捻挫	แพลง	プレーン
年始	ต้นปี	トン・ピー
年末	ปลายปี	プライ・ピー
年齢	อายุ	アーユ

の

ノイローゼ	ประสาทเสีย	プラサート・スィーア
脳	สมอง	サモーン
脳梗塞	เส้นโลหิตในสมองตีบตัน	センローヒット・ナイ・サモーン・ティープタン
脳出血	โลหิตตกในสมอง	ローヒット・トック・ナイ・サモーン
ノート	สมุดโน้ต	サムット・ノート
農業	การเกษตร	ガーン・ガセート
農家	ครอบครัวเกษตร	クローブクルーア・ガセート
農民	เกษตรกร	ガセートタゴーン
納税する	เสียภาษี	スィーア・パースィー
能率	ศักยภาพ	サックカヤパープ
能力	ความสามารถ	クワーム・サーマート
除く	ยกเว้น	ヨックウェン
後ほど	ภายหลัง	パーイ・ラン
のど	ลำคอ	ラムコー
のどが痛い		
	เจ็บคอ	ジェップ・コー
のどが渇く		
	คอแห้ง	コー・ヘーン
伸ばす	ขยาย	カヤーイ
写真を伸ばす		
	ขยายรูป	カヤーイ・ループ
延ばす	ยืดเวลา	ユート・ウェーラー
野原	ทุ่งหญ้า	トゥンヤー
登る	ปีน	ピーン
山に登る	ปีนภูเขา	ピーン・プーカウ
昇る	ขึ้น	クン
日が昇る	พระอาทิตย์ขึ้น	プラアーティット・クン
〜のみ	〜 เท่านั้น	タウナン
飲み水	น้ำดื่ม	ナーム・ドゥーム
飲物	เครื่องดื่ม	クルーアン・ドゥーム
飲む	ดื่ม	ドゥーム
海苔	สาหร่าย	サーラーイ
糊	กาว	ガーウ

(電車やバスを)乗り換える

	เปลี่ยนรถ プリーアン・ロット	歯医者	หมอฟัน モー・ファン
乗り物	พาหนะ パーハナ	配達／配達する	
(電車やバスを)乗り継ぐ			การส่งของ ガーン・ソングコーング
	ต่อรถ トー・ロット		／ส่งของ ソングコーング
乗る	ขึ้น クン	パイナップル	
車に乗る	ขึ้นรถ クン・ロット		สับปะรด サッパロット
のんびり	ตามสบาย ターム・サバーイ	パイプ	ท่อ トー
		俳優	ดารา ダーラー

は

葉	ใบไม้ バイマーイ	入る	เข้า カウ
歯	ฟัน ファン	蠅(はえ)	แมลงวัน マレーングワン
歯が痛い	ปวดฟัน プーアト・ファン	ばか	บ้า バー
歯ブラシ	แปรงสีฟัน	ばかにする	
	プレーング・スィー・ファン		ดูหมิ่น ドゥーミン
パーセント	เปอร์เซ็นต์ プーセント	葉書	ไปรษณียบัตร
パーティー	ปาร์ตี้ パーティー		プライサニーヤバット
パーマ／パーマをかける		〜ばかり	เพิ่ง〜 ブング
	ดัดผม ダットポム	今帰ったばかり	
肺	ปอด ポート		เพิ่งกลับมา
灰	ขี้เถ้า キータウ		プン・グラップ・マー
〜倍	〜เท่า タウ	計る(重さを)	
2倍	๒ เท่า ソーング・タウ		ชั่ง チャング
3倍	๓ เท่า サーム・タウ	(長さを)วัด ワット	
灰色	สีเทา スィー・タウ	寸法を計る	
ハイウェー	ทางด่วน ターング ドゥーアン		วัดขนาด ワット・カナート
排気ガス	ไอเสีย アイ・スィーア	はく	สวม スーアム
ハイキング	เดินชมธรรมชาติ	靴下をはく	
	ドゥーン・チョム・タムマチャート		สวมถุงเท้า
配偶者	คู่สมรส クー・ソムロット		スーアム・トゥングタウ
灰皿	ที่เขี่ยบุหรี่	吐く	อาเจียน アージーアン
	ティー・キーア・ブリー	掃く	กวาด グワート
		落葉を掃く	

	กวาดใบไม้ร่วง		場所	สถานที่ サターンティー
	グワート・バイマーイ・ルーアング		柱	เสา サウ
白菜	ผักกาดขาว		走る	วิ่ง ウィング
	パックガート・カーウ		蓮(はす)	ดอกบัว ドーゥプーア
爆発／爆発する			バス	รถประจำทาง
	ระเบิด ラブート			ロット・プラジャムターング
博物館	พิพิธภัณฑ์ ピピッタパン		恥ずかしい	อาย アーイ
禿(は)げた			バスタオル	ผ้าเช็ดตัว
	หัวล้าน フーアラーン			パー・チェットゥーア
バケツ	ถังน้ำ タング・ナーム		バス停	ป้ายรถเมล์ パーイ・ロット・メー
励ます	ให้กำลังใจ		パスポート	หนังสือเดินทาง
	ハイ・ガムラングジャイ			ナングスー・ドゥーンターング
箱	กล่อง グロング			／พาสปอร์ต パースポート
運ぶ	ขน コン		パスワード	รหัสผ่าน ラハット・パーン
はさみ	กรรไกร ガングライ			／พาสเวิร์ด パースワート
挟む	หนีบ ニープ		パソコン	คอมพิวเตอร์ コームピウトゥー
手を挟む			旗	ธง トング
	หนีบมือ ニープ・ムー		バター	เนย ナーイ
橋	สะพาน サパーン		畑	ไร่ ライ
箸	ตะเกียบ タギーアプ		働く	ทำงาน タムガーン
端	ปลายสุด プラーイ・スット		蜂	ผึ้ง プング
はしか	โรคหัด ローゥ・ハット		八	แปด ペート
始まる／始める			発音／発音する	
	เริ่ม ルーム			ออกเสียง オーゥスィーアング
会議が始まる			はっきり	ชัดเจน チャットジェーン
	เริ่มประชุม		発見／発見する	
	ルーム・プラチュム			การค้นพบ ガーン・コンポップ
初めて	ครั้งแรก クラングレーゥ			／ค้นพบ コンポップ
はじめまして			発展／発展する	
	สวัสดีครับ/ค่ะ			การพัฒนา ガーン・パッタナー
	サワッディー・クラップ/カ			／พัฒนา パッタナー

発表／発表する		速い	เร็ว レウ
	การประกาศ	早い	เช้า チャーウ
	ガーン・プラガート	林	ป่าไม้ パーマーイ
	／ประกาศ プラガート	腹	ท้อง トーング
派手な	ฉูดฉาด チュートチャート	払う	จ่าย ジャーイ
鼻	จมูก ジャムーク	お金を払う	
鼻血が出る			จ่ายเงิน ジャーイ・グン
	เลือดกำเดาไหล	ゴミを払う	
	ルーアト・ガムダウ・ライ		ปัดฝุ่น パット・フン
花	ดอกไม้ ドークマーイ	針	เข็ม ケム
話／話す	คำพูด カム・プート	馬力	แรงม้า レーングマー
	／พูด プート	貼りつける	แปะ ペ
話し合いがつく		春	ฤดูใบไม้ผลิ
	เจรจาสำเร็จ		ルドゥー・バイマーイ・プリ
	ジェーラジャー サムレット	腫(は)れる	บวม ブーアム
話し中(電話)		パン	ขนมปัง カノム・パング
	สายไม่ว่าง	繁栄する	เจริญรุ่งเรือง
	サーイ・マイ・ワーング		ジャルーン・ルングルアング
日本語を話す		ハンカチ	ผ้าเช็ดหน้า
	พูดภาษาญี่ปุ่น		パー・チェットナー
	プート・パーサー・イープン	パンク	ยางแตก ヤーング・テーク
バナナ	กล้วย グルーアイ	番組	รายการ ラーイガーン
離れる	ออกห่าง オーク・ハーング	判決	คำพิพากษา
母	แม่ メー		カム・ピパークサー
幅	ความกว้าง	番号	หมายเลข マーイレーク
	クワーム・グワーング	犯罪	อาชญากรรม
省く	ย่อ ヨー		アートヤーガム
歯ブラシ	แปรงสีฟัน	万歳	ไชโย チャイヨー
	プレーング・スィー・ファン	晩ご飯	อาหารเย็น アーハーン・イェン
歯磨き粉	ยาสีฟัน ヤー・スィー・ファン	ハンサムな	รูปหล่อ ループロー
ハム	แฮม ヘーム	半ズボン	กางเกงขาสั้น

半袖	แขนสั้น ケーンサン ガーングゲーング・カーサン		ガーン・プリーアップティーアップ／เปรียบเทียบ
反対／反対する	คำคัดค้าน カム・カットカーン／คัดค้าน カットカーン		プリーアップティーアップ AとBを比較する เปรียบเทียบ A กับ B プリーアップティーアップ・A・ガップ・B
反対側	ด้านตรงข้าม ダーン・トロングカーム	東	ตะวันออก タワン・オーク
パンツ	กางเกงใน ガーングゲーング・ナイ	光／光る	ลำแสง ラムセーング／ส่องแสง ソングセーング
バンド	วงดนตรี ウォング・ドントリー	引き出し	ลิ้นชัก リンチャック
ハンドバッグ	กระเป๋าถือ グラパウ・トゥー	引き伸ばす	ขยาย カヤーイ 写真を引き伸ばす ขยายรูป カヤーイ・ループ
ハンバーガー	แฮมเบอเกอร์ ヘームブーグー	引く	ชัก チャック／ลาก ラーク カーテンを引く ชักม่าน チャック・マーン
販売／販売する	การจำหน่าย ガーン・ジャムナーイ／จำหน่าย ジャムナーイ	弾く	ดีด ディート ピアノを弾く ดีดเปียโน ディート・ピアンノー
パンフレット	แผ่นพับ ペンパップ	(背が)低い	เตี้ย ティーア
半分	ครึ่งหนึ่ง クルングヌング	ひげ	หนวด ヌーアト ひげを剃る โกนหนวด ゴーン・ヌーアト
判を押す	ประทับตรา プラタップ・トラー		

ひ

火	ไฟ ファイ	飛行機	เครื่องบิน クルーアング・ビン
ピーナッツ	ถั่วลิสง トゥーア・リソング	飛行場	สนามบิน サナーム・ビン
ピーマン	พริกหยวก プリックユーアク	ビザ	วีซ่า ウィーサー
ビール	เบียร์ ビーア	ピザ	พิชซ่า ピッサー
比較／比較する	การเปรียบเทียบ	膝(ひざ)	หัวเข่า フーアカウ
		久しぶり	ไม่ได้พบกันนาน

249

			マイ・ダーイ・ポップ・ガン・ナーン
肘(ひじ)	ข้อศอก コーソーク		カム・プラナーม
ビジネス	ธุรกิจ トゥラギット		／ประณาม プラナーม
ビジネスマン		避妊／避妊する	
	นักธุรกิจ ナック・トゥラギット		การคุมกำเนิด
美術	ศิลปะ スィンラパ		ガーン・クムガムヌート
秘書	เลขานุการ レーカーヌガーン		／คุมกำเนิด
微笑／微笑する			クムガムヌート
	ยิ้ม イム	ひねる	บิด ビット
非常に	มากเหลือเกิน	手をひねって痛い	
	マーク・ルーア・グーン		เจ็บเพราะมือเคล็ด
美人	คนสวย コン・スーアイ		ジェップ・プロ・ムー・クレット
左	ซ้าย サーイ	皮膚	ผิวหนัง ピウナング
びっくりする		暇	เวลาว่าง ウェーラー・ワーング
	ตกใจ トックジャイ	秘密	ความลับ クワーム・ラップ
日付	วันที่ ワンティー	紐(ひも)	เชือก チューアック
引っ越す	ย้ายบ้าน ヤーイ・バーン	百	ร้อย ローイ
羊	แกะ ゲ	百万	ล้าน ラーン
必要な	จำเป็น ジャムペン	表	ตาราง ターラーング
否定する	ปฏิเสธ パティセート	秒	วินาที ウィナーティー
ビデオ	วิดีโอ ウィディーオー	病院	โรงพยาบาล
人	คน コン		ローング・パヤーバーン
等しい	เท่าเทียมกัน	美容院	ร้านเสริมสวย
	タウティーアム・ガン		ラーン・スームスーアイ
一つ	อันเดียว アン・ディーアウ	病気	ป่วย プーアイ
一人	คนเดียว コン・ディーアウ	病人	ผู้ป่วย プー・プーアイ
一人で行く		評判	ชื่อเสียง チュースィーアング
	ไปคนเดียว	表面	ด้านหน้า ダーン・ナー
	パイ・コン・ディーアウ	開く	เปิด プート
非難／非難する		昼	เที่ยง ティーアング
	คำประณาม	昼ご飯	ข้าวเที่ยง カーウ・ティーアング
		昼休み	พักเที่ยง パック・ティーアング

ビル	ตึก	トゥック
広い	กว้าง	グワーング
拾う	เก็บตก	ゲップ・トック
広げる	แผ่กว้าง	ペー・グワーング
広さ	ความกว้าง	クワーム・グワーング
広場	จตุรัส	ジャトゥラット
瓶(びん)	ขวด	クーアト
品質	คุณภาพสินค้า	クンナパープ・スィンカー
便箋	กระดาษเขียนจดหมาย	グラダート・キーアン・ジョットマーイ
貧乏人	คนจน	コンジョン

ふ

ファックス	แฟ็กซ์	フェック
部	แผนก	パネーク
技術部	แผนกวิศวกรรม	パネーク・ウィトサワガム
フィルム	ฟิล์ม	フィム
風景	ทิวทัศน์	ティウタット
封筒	ซองจดหมาย	ソーング・ジョットマーイ
夫婦	แม่บ้าน	メー・バーン
プール	สระว่ายน้ำ	サ・ワイナーム
増える	เพิ่มขึ้น	プーム・クン
フォーク	ช้อนส้อม	チョーン・ソーム
深い	ลึก	ルック
布巾	ผ้าเช็ดชาม	パー・チェット・チャーム
拭く	เช็ด	チェット
吹く	พัด	パット
服	เสื้อผ้า	スーアパー
服を着る	สวมเสื้อผ้า	スーアム・スーアパー
服を仕立てる	ตัดเสื้อ	タット・スーア
複雑な	สับสน	サップソン
福祉	สวัสดิการ	サワッディガーン
復習／復習する	การทบทวน	ガーン・トップトゥーアン／トップトゥーアン
福利厚生	อนามัยและสวัสดิการ	アナーマイ・レ・サワッディガーン
袋	ถุง	トゥング
不幸	ความทุกข์	クワーム・トゥック
不十分な	ไม่เพียงพอ	マイ・ピーアングポー
婦人	สุภาพสตรี	スパープ・サトリー
不正な	ทุจริต	トゥジャリット
防ぐ	ป้องกัน	ポングガン
ふた	ฝา	ファー
豚	หมู	ムー
豚肉	เนื้อหมู	ヌーア・ムー
二つ	สองอัน	ソーング・アン
(帽子などの)縁	ขอบ	コープ
部長	หัวหน้าแผนก	フーアナー・パネーク
ぶつ(殴る)	ต่อย	トイ
普通の	ธรรมดา	タムマダー

二日酔い	เมาค้าง マウ・カーンダ			คนฝรั่งเศส コン・ファランダセート
ぶつかる	ชน チョン		フランス語	
車にぶつかる				ภาษาฝรั่งเศส パーサー・ファランダセート
	รถชน ロット・チョン		ブランド	เครื่องหมายการค้า クルーアンダマーイ・ガーンカー
仏教	พุทธศาสนา プットタサートサナー		降る	ตก トッヶ
仏像	พระพุทธรูป プラプットタルーブ		雨が降る	ฝนตก フォン・トッヶ
ぶどう	องุ่น アグン		古い	เก่า ガウ
ぶどう酒	ไวน์ ワーイ		震える	สั่น サン
太い／太った／太る			ブレーキ	เบรค ブレーヶ
	อ้วน ウーアン		ブレスレット	
布団	ที่นอน ティー・ノーン			สร้อยข้อมือ ソイ・コームー
船	เรือ ルーア		プレゼント	ของขวัญ コーンダクワン
部品	ชิ้นส่วน チンスーアン		触れる	แตะต้อง テトンダ
部分	ส่วน スーアン		風呂	อ่างแช่น้ำร้อน アーンダ・チェー・ナームローン
不平／不平を言う			風呂に入る	
	คำบ่น カム・ボン／บ่น ボン			แช่น้ำร้อน チェー・ナームローン
不便な	ไม่สะดวก マーイ・サドゥーアッヶ		ブローチ	เข็มกลัด ケムグラット
踏む	เหยียบ イーアブ		プログラム	โปรแกรม プローグレーム
増やす	เพิ่ม プーム		フロント	แผนกต้อนรับ パネーヶ・トーンラップ
冬	ฤดูหนาว ルドゥー・ナーウ		文	ประโยค プラヨーヶ
フライ	ทอด トート		文化	วัฒนธรรม ワッタナタム
フライト	เที่ยวบิน ティーアウビン		文学	วรรณคดี ワンナカディー
フライパン	กะทะ ガタ		文法	ไวยากรณ์ ワイヤーゴーン
ブラシ	แปรง プレーンダ		文房具	เครื่องเขียน クルーアンダ・キーアン
プラスチック	พลาสติก プラートサティッヶ			
フランス	ฝรั่งเศส ファランダセート			
フランス人				

へ

平均／平均する	เฉลี่ย チャリーア
平方メートル	ตารางเมตร タラーング・メート
ベーコン	เบคอน ベーコーン
ページ	หน้า ナー
閉店する	ปิดร้าน ピット・ラーン
平和	สันติภาพ サンティパープ
下手な	ไม่เก่ง マイ・ゲング
ベッド	เตียง ティーアング
別に／別の	ต่างหาก ターング・ハーク ／ อันอื่น アン・ウーン
蛇	งู グー
部屋	ห้อง ホング
ベランダ	เฉลียง チャリアング
へり	ริม リム
ベル	กระดิ่ง グラディング
ベルト	เข็มขัด ケムカット
ペン	ปากกา パークカー
変化／変化する	ความเปลี่ยนแปลง クワーム・プリーアンプレーング ／ เปลี่ยนแปลง プリーアンプレーング
ペンキ／ペンキを塗る	สี スィー ／ ทาสี ター・スィー
弁解する	แก้ตัว ゲー・トゥーア
返却／返却する	การคืน ガーン・クーン ／ คืน クーン
勉強／勉強する	การเรียน ガーン・リアン ／ เรียน リアン
変更／変更する	การเปลี่ยน ガーン・プリーアン ／ เปลี่ยน プリーアン
弁護士	ทนายความ タナーイクワーム
返事	คำตอบ カムトープ
便所	ห้องส้วม ホング・スーアム
弁当	ข้าวกล่อง カーウ・グロング
変な	แปลก プレーク
便秘する	ท้องผูก トーング・プーク
便利な	สะดวก サドゥーアック

ほ

ボーイ	บ๋อย ボーイ
ボーイフレンド	แฟน フェーン
貿易	การค้าต่างประเทศ ガーンカー・ターングプラテート
方角／方向	แนวทาง ネーウターング ／ ทิศทาง ティットターング
ほうき	ไม้กวาด マイ・グワート
方言	ภาษาท้องถิ่น パーサー・トーングティン
報告	รายงาน ラーイガーン
帽子	หมวก ムーアク
宝石	เพชรพลอย ペット・プローイ
放送	ออกอากาศ オーク・アーガート

253

包丁	มีดทำครัว ミート・タムクルーア		募集／募集する	รับสมัคร ラップ・サマック
ボート	เรือ ルーア		保証金	เงินค้ำประกัน グン・カムプラガン
方法	วิธี ウィティー		保証／保証する	การค้ำประกัน ガーン・カムプラガン／ค้ำประกัน カムプラガン
訪問／訪問する	การเยี่ยมเยียน ガーン・イーアムイーアン／เยี่ยม イーアムイーアン		干す	ตากแห้ง ターク・ヘーング
法律	กฎหมาย ゴットマーイ		洗濯物を干す	ตากผ้า ターク・パー
ボーナス	โบนัส ボーナッス		ポスト	ตู้จดหมาย トゥー・ジョットマーイ
ボール(球)	ลูกบอล ルーク・ボーン		細い	บาง バーング／ผอม ポーム
(台所用の)	อ่าง アーング		ボタン	กระดุม グラドゥム
ボールペン	ปากกาลูกลื่น パークガー・ルークルーン		ホテル	โรงแรม ローングレーム
他の	อื่นๆ ウーンウーン		歩道橋	สะพานข้ามถนน サパーン・カーム・タノン
補給／補給する	การเติม ガーン・トゥーム／เติม トゥーム		ほとんど	เกือบทั้งหมด グーアプ・タングモット
ボクシング	มวย ムーアイ		骨	กระดูก グラドゥーク
北部	ภาคเหนือ パーク・ヌーア		微笑む	ยิ้ม イム
ポケット	กระเป๋า グラパウ		褒める	ชม チョム
保険	ประกัน プラガン		ボランティア	อาสาสมัคร アーサーサマック
埃	ฝุ่น フン		掘る	ขุด クット
誇り	ความภูมิใจ クワーム・プームジャイ		本	หนังสือ ナングスー
星	ดาว ダーウ		本当の〜	〜จริง ジング
欲しい	อยากได้ ヤーク・ダーイ		本当に	จริงๆ ジング・ジング
これが欲しい	อยากได้อันนี้ ヤーク・ダーイ・アン・ニー		本物	ของจริง コーング・ジング
			本屋	ร้านหนังสือ ラーン・ナングスー

翻訳する	แปล プレー

ま

マーガリン	เนยเทียม ヌーイ・ティーアム
マーク	เครื่องหมาย クルーアンヶマーイ
犯人をマークする	หมายหัวผู้ร้าย マーイフーア・プーラーイ
マーケット	ตลาด タラート
まあまあです	พอใช้ได้ ポー・チャイ・ダーイ
枚	แผ่น ペン
毎（朝／日／月／年）	ทุก (เช้า/วัน/เดือน/ปี) トゥッヶ(チャーウ/ワン/ドゥーアン/ピー)
マイクロバス	ไมโครบัส マイクロー・バッス
前	ข้างหน้า カーンヶ・ナー
前金	เงินมัดจำ グン・マットジャム
前もって	ล่วงหน้า ルーアンヶナー
前払いする	จ่ายล่วงหน้า ジャーイ・ルーアンヶナー
曲がった	งอ ゴー
曲がる	เลี้ยว リーアウ
巻く	ม้วน ムーアン
枕	หมอน モーン
枕カバー	ปลอกหมอน プローヶ・モーン
負ける	แพ้ ペー
試合に負ける	แพ้การแข่งขัน ペー・ガーン・ケンヶカン
曲げる	งอ ゴー
孫	หลาน ラーン
混ざる	ปะปนกัน パポン・ガン
まずい	ไม่อร่อย マイ・アロイ
貧しい	ยากจน ヤーヶジョン
混ぜる	ผสม パソム
＜お湯に砂糖を混ぜる＞	ผสมน้ำตาลลงในน้ำร้อน パソム・ナームターン・ロンヶ・ナイ・ナームローン
また	อีก イーヶ
まだ	ยัง ヤンヶ
町／街	เมือง ムーアンヶ
間違い	ผิด ピット
間違う／間違える	ผิด ピット ／ ทำผิด タム・ピット
待つ	คอย コーイ
マッサージ	นวด ヌーアト
まっすぐ	ตรง トロンヶ
まったく～ない	ไม่ ～ เลย マイ～ルーイ
マッチ	ไม้ขีด マイキート
祭	งานฉลอง ガーン・チャローンヶ
～まで	ถึง～ トゥンヶ
～までに	ภายใน～ パーイ・ナイ
午前７時までに	ภายใน ๗ โมง パーイ・ナイ・ジェット・モーンヶ
窓	หน้าต่าง ナーターンヶ
窓口	แผนกติดต่อ

		パネーク・ティットー		
まとめる	สรุป サルップ		## み	
まな板	เขียง キーアング		見える	มองเห็น モーングヘン
学ぶ	เรียน リアン		見送る／見送りに行く	
間に合う	ทันเวลา タンウェラー			ไปส่ง パイ・ソング
マニュアル	คู่มือ クームー		磨く	ขัด カット
マネージャー			みかん	ส้ม ソム
	ผู้จัดการ プー・ジャットガーン		右	ขวา クワー
まねる	เลียนแบบ リアンベープ		右の	ข้างขวา カーング・クワー
魔法瓶	กระติกน้ำ グラティック・ナーム		短い	สั้น サン
豆	ถั่ว トゥーア		ミス（未婚女性）	
間もなく	อีกไม่ช้า イーク・マイ・チャー			นางสาว ナーング・サーウ
守る	คุ้มครอง クムクローング		水	น้ำ ナーム
真夜中	กลางดึก グラーング・ドゥック		水色	สีฟ้า スィー・ファー
丸	วงกลม ウォング・グロム		湖	ทะเลสาบ タレーサープ
丸い	กลม グロム		水着	ชุดว่ายน้ำ
まるで	ดูเหมือนเป็นอย่างนั้นจริงๆ			チュット・ワーイナーム
	ドゥー・ムーアン・ペン・ヤーングナン・ジングジング		水虫	ฮ่องกงฟุต ホングコング・フート
まれに	ไม่มีบ่อยๆ マイ・ミー・ボイ・ボイ		（ウイスキーの）水割り	
周り	รอบๆ ロープロープ			วิสกี้น้ำ ウィッスギー・ナーム
まわる	หมุน ムン		店	ร้านค้า ラーンカー
万	หมื่น ムーン		ミセス	นาง ナーング
3万円	๓ หมื่นเยน サーム・ムーン・エン		見せる	ให้ดู ハイ・ドゥー
漫画	การ์ตูน ガートゥーン		見せてください	
まんじゅう	ซาลาเปา サーラパウ			ขอดูหน่อย コー・ドゥー・ノイ
マンション	คอนโดมีเนียม		味噌	เต้าเจี้ยวญี่ปุ่น
	コンドーミーニーアム			タウジーアウ・イープン
満足する	พอใจ ポージャイ		道	ทาง ターング
真ん中	ตรงกลาง トロング・グラーング		見つける	หาพบ ハーポップ
万年筆	ปากกาหมึกซึม		見つめる	จ้อง ジョング
	パークガー・ムックスム		見積もる	ประเมิน プラムーン

見積書	ใบประเมินราคา
	バイ・プラムーン・ラーカー
密輸入品	สินค้าลักลอบ
	スィンカー・ラックローブ
認める	รับรอง ラップローング
緑(色)	(สี)เขียว (スィー)キィーウ
港	ท่าเรือ ター・ルーア
南	ใต้ ターイ
みにくい	น่าเกลียด ナーグリーアト
ミネラルウォーター	
	น้ำแร่ ナーム・レー
身分証明書(ID)	
	บัตรประจำตัว
	バット・プラジャムトゥーア
見本	ตัวอย่าง トゥーアヤーング
見舞う	เยี่ยมไข้ イーアム・カイ
耳	หู フー
土産物	ของฝาก コーングファーク
都	เมืองหลวง ムーアングルーアング
苗字	นามสกุล ナームサクン
未来	อนาคต アナーコット
見る	ดู ドゥー
ミルク	นม ノム
民衆	ประชาชน
	プラチャーチョン
民主主義	ประชาธิปไตย
	プラチャーティパタイ
民族	เผ่าพันธุ์ パウパン

む

無	ไม่มี マイ・ミー

迎える	ต้อนรับ トンラップ
昔	สมัยก่อน サマイゴーン
麦(小麦)	ข้าวสาลี カーウ・サーリー
むくみ	บวม ブーアム
虫	แมลง マレーング
蒸し暑い	ร้อนอบอ้าว
	ローン・オップアーウ
虫歯	ฟันผุ ファン・プ
蒸す	นึ่ง ヌング
難しい	ยาก ヤーク
息子	ลูกชาย ルーク・チャーイ
結ぶ	ผูก プーク
娘	ลูกสาว ルーク・サーウ
無駄	เสียเปล่า スィーアプラウ
夢中になる	คร่ำเคร่ง クラムクレング
胸	หน้าอก ナーオック
紫	ม่วง ムーアング
無理だ	เป็นไปไม่ได้
	ペン・パイ・マイ・ダーイ
無料	ฟรี フリー

め

目	ตา ター
目が痛い	ตาเจ็บ ター・ジェップ
姪	หลาน ラーン
名刺	นามบัตร ナームバット
名所	สถานที่มีชื่อ
	サターンティー・ミー・チュー
名物	สินค้ามีชื่อ
	スィンカー・ミー・チュー
名簿	บัญชีรายชื่อ

パンチー・ラーイチュー

名誉 เกียรติยศ ギーアティヨット
名誉を傷つける
　　　　　ทำให้เสียเกียรติ
　　　　　タム・ハイ・スィーア・ギーアト

命令／命令する
　　　　　คำสั่ง カム・サン／สั่ง サン

メーカー 　ผู้ผลิต プー・パリット
メートル 　เมตร メート
眼鏡 　　แว่นตา ウェンター
目薬 　　　ยาหยอดตา ヤー・ヨートター
雌（めす） ตัวเมีย トゥーア・ミーア
珍しい 　　แปลก プレーク
目玉焼 　　ไข่ดาว カイ・ダーウ
メダル 　　เหรียญ リーアン
メニュー 　เมนู メーヌー
メモ／メモする
　　　　　บันทึก バントゥック
　　　　　／จดบันทึก
　　　　　ジョット・バントゥック

メール 　　เมล メーウ
めまい 　　ตาลาย ター・ラーイ
免許 　　　ใบอนุญาต バイ・アヌヤート
免税 　　　ปลอดภาษี
　　　　　プロート・パースィー
面積 　　　พื้นที่ プーンティー
面倒くさい ยุ่งยาก ユンヤーク
メンバー 　สมาชิก サマーチック

も

〜も 　　　〜ด้วย ドゥーアイ

私も行く ผม/ดิฉันไปด้วย
　　　　　ポム／ディチャン・パイ・ドゥーアイ
もう 　　　แล้ว レーウ
もう既に終わった
　　　　　จบไปตั้งนานแล้ว
　　　　　ジョップ・パイ・タン・ナーン・レーウ
もう一度 อีกครั้งหนึ่ง
　　　　　イーク・クランヌン
儲(もう)ける
　　　　　ได้กำไร ダーイ・ガムライ
申し込む สมัคร サマック
もうすぐ จะได้แล้ว
　　　　　ジャ・ダーイ・レーウ
毛布 　　　ผ้าห่ม パー・ホム
燃える 　　ลุกไหม้ ルックマイ
モーター 　มอเตอร์ モートゥー
目的 　　　จุดมุ่งหมาย
　　　　　ジュット・ムンマーイ
木曜日 　　วันพฤหัสบดี
　　　　　ワン・パルハトサッパディー
もし〜 　　ถ้า〜 ター
文字 　　　ตัวอักษร
　　　　　トゥーア・アックソーン
もしもし ฮัลโหล ハロー
持ち上げる ยกขึ้น ヨック・クン
持ち主 　　เจ้าของ ジャウコーング
もちろん 　แน่นอน ネーノーン
持つ／手で持つ
　　　　　มี ミー／ถือ トゥー
持ってくる เอามา アウ・マー
もっと 　　อีก イーク

元の	แต่เดิม ティードゥーム			สัญญา サンヤー
求める	เรียกร้อง リーアクローング		役に立つ	เป็นประโยชน์ ペン・プラヨート
戻る	กลับ グラップ		役人	ข้าราชการ カー・ラートチャガーン
物語	เรื่องเล่า ルーアング・ラウ		火傷／火傷する	
木綿	ฝ้าย ファーイ			แผลไฟลวก
桃色	สีชมพู スィー・チョムプー			プレー・ファイルーアク
もやし	ถั่วงอก トゥアゴーク		**野菜**	ผัก パック
もらう	ได้รับ ダーイ・ラップ		**易しい**	อย่างง่าย ヤーング・ガーイ
森	ป่า パー		**優しい**	ใจดี ジャイ・ディー
漏(も)れる	รั่ว ルーア		**養う**	เลี้ยงดู リアーングドゥー
門	ประตู プラトゥー		**安い**	ถูก トゥーク
問題	ปัญหา パンハー		**休み**	หยุดพัก ユットパック
文部科学省	กระทรวงศึกษา		休み時間	เวลาพัก ウェーラー・パック
	グラスーアング・スックサー		休む	พัก パック
			会社を休む	
				หยุดงาน ユット・ガーン
やあ！	หวัดดี ワッディー		やせた／やせる	
やかましい	หนวกหู ヌーアクフー			ผอม ポーム
夜間	กลางคืน グラーングクーン		家賃	ค่าเช่าบ้าน
やかん	กาน้ำ ガー・ナーム			カー・チャウ・バーン
山羊	แพะ ペ		薬局	ร้านขายยา ラーン・カーイ・ヤー
焼き魚	ปลาย่าง プラー・ヤーング		やっと	ในที่สุด ナイ・ティースット
野球	เบสบอล ベースボーン		雇い主	นายจ้าง ナーイ・ジャーング
焼く	ย่าง ヤーング／ปิ้ง ピング		雇う	จ้าง ジャーング
約	ประมาณ プラマーン		家主	เจ้าของบ้าน
薬剤師	เภสัชกร ペーサッチャゴーン			ジャウコーング・バーン
役所	สถานที่ราชการ		屋根	หลังคา ラングカー
	サターンティー・ラートチャガーン		山	ภูเขา プーカウ
役職	ตำแหน่ง タムネング		**やめる**	หยุด ユット
訳す	แปล プレー		辞める	เลิก ルーク
約束／約束する			ややこしい	ยุ่งยาก ユングヤーク

259

やり直す	ทำใหม่ ตัม・マイ
やわらかい	นิ่ม ニム

ゆ

湯	น้ำร้อน ナーム・ローン
有益な	มีประโยชน์ ミー・プラヨート
夕方	เย็น イェン
夕食	อาหารเย็น アーハーン・イェン
郵便	ไปรษณีย์ プライサニー
郵便切手	ดวงตราไปรษณียากร ドゥーアングトラー・プライサニーヤーゴーン
郵便局	ที่ทำการไปรษณีย์ ティー・タムガーン・プライサニー
昨夜(ゆうべ)	คืนก่อน クーン・ゴーン
有名な	มีชื่อ ミー・チュー
ユーモア	อารมณ์ขัน アーロムカン
床	พื้น プーン
愉快な	ตลก タロック
雪	หิมะ ヒマ
～行き	สุดทางที่～ スット・ターング・ティー
輸出	ส่งออก ソングオーク
ゆっくり	ช้าๆ チャー・チャー
ゆで卵	ไข่ต้ม カイ・トム
輸入	นำเข้า ナムカウ
指	นิ้ว ニウ
指輪	แหวน ウェーン
夢	ความฝัน クワーム・ファン
ゆるい	หลวม ルーアム
許す	อนุญาต アヌヤート

よ

夜明け	ย่ำรุ่ง ヤムルング
よい	ดี ディー
酔う	เมา マウ
用意する	เตรียมตัว トリーアムトゥーア
容易な	อย่างง่าย ヤーング・ガーイ
要求する	เรียกร้อง リアークローング
用事	ธุระ トゥラ
用心する	ระวัง ラワング
幼稚園	โรงเรียนอนุบาล ローングリアン・アヌバーン
洋服	เสื้อผ้า スーアパー
ようやく	ในที่สุด ナイ・ティースット
ヨーロッパ	ยุโรป ユローブ
余暇	เวลาว่าง ウェーラー・ワーング
預金／預金する	เงินฝาก グン・ファーク ／ฝากเงิน ファーク・グン
よく(しばしば)	บ่อย ボイ
翌日	วันรุ่งขึ้น ワン・ルングクン
横	ข้างๆ カーング・カーング
汚れる	สกปรก ソックグラプロック
～によって	โดย～ ドーイ
酔っぱらい	เมาเหล้า マウ・ラウ
予定／予定する	กำหนดการ ガムノット・ガーン ／กำหนด ガムノット
呼ぶ	เรียก リーアック

予防／予防する		ラブレター	จดหมายรัก
	การป้องกัน ガーン・ポンｇガン		ジョットマーイ・ラッｋ
	／ป้องกัน ポンｇガン	ランチ	อาหารกลางวัน
読む	อ่าน アーン		アーハーン・グラーンｇワン
嫁	เจ้าสาว ジャウ・サーウ		
予約／予約する			

り

	การจอง ガーン・ジョーンｇ		
	／จอง ジョーンｇ	利益	ผลกำไร ポンガムライ
夜	กลางคืน グラーンｇクーン	理解する	เข้าใจ カウ・ジャイ
喜ぶ	ดีใจ ディージャイ	陸軍	ทหารบก タハーン・ボッｋ
よろしい	ดี ディー	利口な	ฉลาด チャラート
よろしく	ความหวังดี	離婚する	หย่า ヤー
	クワーム・ワンｇディー	リコンファーム	
弱い	อ่อนแอ オーンエー		รีคอนเฟิร์ม リーコンフーム
四	สี่ スィー	リサイクル	รีไซเคิล リーサイクン
		利子	ดอกเบี้ย ドーｋピーア

ら

		リストラ	ปรับโครงสร้าง
ラーメン	บะหมี่น้ำ バミー・ナーム		プラッｐ・クローンｇサーンｇ
来（月／週／年）		理想	อุดมการณ์ ウドｍガーン
	(เดือน/สัปดาห์/ปี)หน้า	リゾート	รีสอร์ต リーソート
	(ドゥーアン/サッｐダー/ピー) ナー	率	อัตรา アットラー
ライター	ไฟแช็ค ファイチェッｋ	陸橋	สะพานลอย サパーン・ローイ
落第／落第する		リットル	ลิตร リット
	สอบตก ソーｐ・トッｋ	理髪店	ร้านตัดผม ラーン・タッｔ・ポｍ
楽な	สบาย サバーイ	理由	เหตุผล ヘートポン
落雷	ฟ้าผ่า ファー・パー	留学	เรียนเมืองนอก
ラジオ	วิทยุ ウィッタユ		リアン・ムーアンノーｋ
ラジカセ	วิทยุคาสเซ็ท	留学生	นักเรียนนอก
	ウィッタユ・カーセット		ナッｋリアン・ノーｋ
ラッシュアワー		流行する	เป็นที่นิยม ペン・ティー・ニヨｍ
	ช่วงเวลาเร่งด่วน	寮	หอพัก ホー・パッｋ
	チューアン・ウェーラー・レンｇドゥーアｎ		

両替する	แลกเงิน レーク・グン
旅館	โรงแรม ローングレーム
料金	ค่าบริการ カー・ボリガーン
領事館	สถานกงศุล サターン・ゴングスン
領収証	ใบเสร็จรับเงิน バイセット・ラップ・グン
両親	พ่อแม่ ポー・メー
料理	อาหาร アーハーン
旅行／旅行する	การเดินทาง ガーン・ドゥーンターング／เดินทาง ドゥーンターング
履歴	ประวัติส่วนตัว プラワット・スーアントゥーア
履歴書	ใบแสดงประวัติส่วนตัว バイ・サデーング・プラワット・スーアントゥーア
理論	ทฤษฎี トリットサディー
りんご	แอ๊ปเปิ้ล エップブン
臨時の	ชั่วคราว チューア・クラーウ

る

留守	ไม่อยู่บ้าน マイ・ユー・バーン
ルビー	ทับทิม タップティム

れ

例	ตัวอย่าง トゥーアヤーング
零	ศูนย์ スーン
礼儀正しい	มารยาทงาม マーラヤート・ガーム
冷静な	เยือกเย็น ユアクイエン
冷蔵庫	ตู้เย็น トゥー・イエン
例文	ประโยคตัวอย่าง プラヨーク・トゥーアヤーング
冷房	เครื่องทำความเย็น クルーアング・タム・クワームイエン／แอร์ エー
レインコート	เสื้อฝน スーアフォン
歴史	ประวัติศาสตร์ プラワットティサート
レストラン	ภัตตาคาร パットターカーン
レタス	ผักกาดแก้ว パックカート・ゲーウ
列車	รถไฟ ロット・ファイ
レモン	มะนาว マナーウ
レポート	รายงาน ラーイガーン
恋愛	รัก ラック
練習／練習する	การฝึกหัด ガーン・フックハット／ฝึกหัด フックハット
レンタカー	รถเช่า ロット・チャウ
連絡／連絡する	การติดต่อ ガーン・ティットー／ติดต่อ ティットー

ろ

廊下	ระเบียง ラビーアング
老人	คนชรา コン・チャラー
ロータリー	วงเวียน ウォングウィーアン
労働	แรงงาน レーングガーン

労働者	ผู้ใช้แรงงาน
	プー・チャイ・レーンガーン
労働組合	สหภาพแรงงาน
	サハパープ・レーンガーン
六	หก ホック
録音／録音する	
	บันทึกเสียง
	バントゥック・スィーアング
録画／録画する	
	บันทึกภาพ
	バントゥック・パープ
六月	มิถุนายน ミトゥナーヨン
路線バス	รถประจำทาง
	ロット・プラジャムターング
ロビー	ล็อบบี้ ロップビー
論じる	ถกปัญหา トック・パンハー
論文	วิทยานิพนธ์
	ウィッタヤーニポン

わ

ワイシャツ	เสื้อเชิ้ต スーア・チュート
賄賂（わいろ）	
	สินบน スィンボン
ワイン	ไวน์ ワーイ
若い	หนุ่มสาว ヌム・サーウ
沸かす	ต้มน้ำ トム・ナーム
わがまま	เอาแต่ใจตัวเอง
	アウ・テー・ジャイ・トゥーア・エーング
わかる	เข้าใจ カウ・ジャイ
別れる	แยก イェーク
わける	แบ่ง ベング

わざわざ	อุตส่าห์ ウットサー
わずか	เพียงเล็กน้อย
	ピアング・レック・ノーイ
わずらわしい	
	น่ารำคาญ ナー・ラムカーン
忘れる	ลืม ルーム
綿	ฝ้าย ファーイ
話題	หัวข้อเรื่อง
	フーアコー・ルーアング
私	ฉัน チャン
私たち	เรา ラウ
渡る	ข้าม カーム
川を渡る	ข้ามแม่น้ำ カーム・メーナーム
笑い／笑う	หัวเราะ フーアロ
割合	อัตราส่วน アットラー・スーアン
割る／割れる	
	หาร ハーン／ แบ่ง ベング
6割る2は？	
	๖ หาร ๒ เป็นเท่าไร
	ホック・ハーン・ソーング・ペン・タウライ
悪い	ไม่ดี マイ・ディー
悪口	นินทาว่าร้าย
	ニンター・ワーラーイ
湾	อ่าว アーウ
ワンピース	กระโปรงชุด
	グラプローング・チュット

Language Research Associates 編

● ฉวีวงศ์ (อัศวเสนา) ซากุไร　チャウィウォン・(アサワセナ・)櫻井
(東京外国語大学日本語学科卒業、翻訳・執筆活動中)

● จักรกฤษณ์ พุมไพศาลชัย　チャックリット・プンパイサンチャイ
(タイ語アナウンサー):吹込

● ศิริวรรณ อดิชาตพงษ์สุข　シリワン・アティチャートポンスック
(タイ Nation Channel アナウンサー):吹込

● 勝田直樹(ナレーター):日本語吹込

● 上原みどりこ(東京外国語大学インドシナ語学科(タイ語専攻)卒業、
(財)アジア学生文化協会　タイ語講座講師):校正協力

スーパー・ビジュアル　すぐに使えるタイ語会話

2004年10月1日　初版発行
2016年9月10日　第9刷発行
著者　　　:Language Research Associates©
発行者　　:片岡　研
印刷所　　:シナノ書籍印刷(株)
発行所　　:(株)ユニコム　UNICOM Inc.
　　　　　　TEL(03)5496-7650　FAX(03)5496-9680
　　　　　　〒153-0064 東京都目黒区下目黒 1-2-22-1004
　　　　　　ホームページ:　http://www.unicom-lra.co.jp
　　　　　　　　　　　　　　　　　　ISBN 978-4-89689-441-7

■本文・CD等を許可なしに転載・複製することを禁じます。